本书受到西北民族大学民族学省级一流学科建设项目、西北民族大学创新培育团队项目（31920190033）、西北民族大学创新团队投资管理学科建设经费、甘肃省哲学社会科学重大研究基地民族地区经济社会发展研究中心经费（Z14143）、国家民委人才项目"三区三州精准扶贫农户满意度调查"（XBMU-2019-AB-26）等的资助

中国区域经济脆弱性综合评价及其空间分析

任崇强　著

中国社会科学出版社

图书在版编目(CIP)数据

中国区域经济脆弱性综合评价及其空间分析/任崇强著. —北京：
中国社会科学出版社，2020.8
ISBN 978-7-5203-6968-8

Ⅰ.①中… Ⅱ.①任… Ⅲ.①区域经济—研究—中国 Ⅳ.①F127

中国版本图书馆 CIP 数据核字(2020)第 145685 号

出 版 人	赵剑英
责任编辑	谢欣露
责任校对	周晓东
责任印制	王 超

出 版	中国社会科学出版社
社 址	北京鼓楼西大街甲 158 号
邮 编	100720
网 址	http://www.csspw.cn
发 行 部	010-84083685
门 市 部	010-84029450
经 销	新华书店及其他书店

印 刷	北京明恒达印务有限公司
装 订	廊坊市广阳区广增装订厂
版 次	2020 年 8 月第 1 版
印 次	2020 年 8 月第 1 次印刷

开 本	710×1000 1/16
印 张	16.5
插 页	2
字 数	214 千字
定 价	96.00 元

前　言

　　最近几十年全球环境变化、气候变化、社会以及政治突发事件等问题与经济问题叠加，"黑天鹅事件"频发，使全球经济面临复杂的局面和不确定性的形势，经济脆弱性问题凸显。克劳斯·施瓦布在首届世界经济论坛（2002）明确提出，要实现可持续发展，首先就要减少发展中的脆弱性。2015 年 9 月 25 日，在联合国可持续发展峰会上通过的《变革我们的世界——2030 年可持续发展议程》提出，加强全球宏观经济稳定、实现可持续的经济增长，成为经济可持续发展的新目标。经济脆弱性是经济增长可持续性科学的核心问题，中国经济增长的可持续性成为世界尤为关注的议题。2010 年之后，中国经济增长速度出现了明显的下行趋势；2015 年，中国经济脆弱性成为世界经济重点关注的两个主题之一。在此背景下，对中国经济增长中的区域经济脆弱性进行评价和研究，在理论上，可以丰富经济地理和经济增长的学科理论；在方法上，可以科学量化区域经济脆弱性的大小；在实践上，有助于区域经济增长的健康运行和可持续发展，有助于进行科学合理的区域经济规划，为区域经济可持续增长、地方政府决策提供科学依据。

　　本书首先提出了经济脆弱性研究的背景、意义、目标、内容、方法和技术路线；梳理了经济脆弱性研究的理论基础；详细分析了自中国市场化改革以来经济增长中经济脆弱性的特征；采用多级可拓评价方法对全国和省域经济脆弱性进行了综合评价；分析了经济脆弱性的系统内部产生机制，并衡量了经济脆弱性对经济增长造成潜在损失的大小；利用空间分析方法，分析了经济脆弱性的区域差异空间格局特征及其演化、空间关联特征、空间溢出效应；最后提出降低中国经济脆弱性的调控方向和调控措施。

本书通过对中国区域经济脆弱性的研究，得出的主要结论：①中国经济脆弱性在逐渐下降，省域经济脆弱性呈现出西高东低的空间分布特点，经济脆弱性类型显著增加。②经济脆弱性对于经济增长造成较大的潜在损失，降低经济脆弱性将使各省域经济增长具有较大的空间。③社会子系统脆弱性是经济脆弱性产生的主要根源，经济适应性处于严重不协调状态和衰退的发展方向。④中国经济脆弱性的区域差异呈现逐渐扩大的趋势，区域内部差异是导致经济脆弱性差异扩大的主要原因。⑤经济增长与经济脆弱性具有明显的空间关联特征，经济脆弱性对大部分邻近区域经济增长具有明显的负溢出效应，但在西部地区却具有轻微的正溢出效应。⑥为实现降低经济脆弱性的目的，采取的主要措施需落实在产业安全、金融、扶贫、卫生健康、环境治理、城镇化、科技创新、要素价格等方面，需将经济脆弱性分析应用到区域经济规划之中。

任崇强

2020 年 3 月

目　录

第一章　绪论

第一节　研究背景

一　全球经济面临复杂性和不确定性，区域经济脆弱性问题凸显

全球化为世界经济提供了巨大的推动力，资本、劳动力、技术、自然资源和市场实现重新优化与配置，各国经济相互联系和相互依赖程度日益加深，国际分工和国际交换得到了扩展和深化。但是，由于世界各国不同的经济制度、政治和社会环境，在经济全球化的融合过程中，各国不断发生碰撞、竞争和渗透，使经济形势复杂多变。再加上最近几十年全球环境变化、气候变化、社会以及政治突发事件等问题与经济问题叠加，"黑天鹅事件"（Black Swan Event）[①] 频发（见表1-1），全球经济面临更加复杂的局面和不确定性的形势（Suárez-

---

[①]　黑天鹅事件：17世纪之前的欧洲人认为天鹅都是白色的，随着在澳大利亚发现第一只黑天鹅，只有白天鹅的信念崩溃。黑天鹅的存在寓意着不可预测的重大稀有事件，它在意料之外，却又改变着一切。经济发展中的"黑天鹅事件"指非常难以预测，且不寻常的事件，通常会引起市场连锁负面反应甚至颠覆性的事件（汤敏，2013）。

Lledó，2011）。"黑天鹅事件"频发对于世界经济产生意外性、不可预见性，并且由于它的冲击力大，直接造成经济的巨大损失，使得世界经济发展具有较高的脆弱性（冯振环、赵国杰，2005）。2002 年，在首届世界经济论坛上，克劳斯·施瓦布（Klaus Schwab，2002）指出：脆弱性是世界面对的一个现实。① 近期，全球经济增长乏力，经济下行风险显著。当世界经济处于下行期的时候，经济增长和分配、资本和劳动、效率和公平的矛盾就会更加突出，发达国家和发展中国家都会感受到冲击。在全球市场化、一体化的背景下，由于溢出效应的存在，全球多个经济体同属于一个大的供应链，外部的冲击必然会殃及区域内部的经济增长，使得区域经济增长乏力，收入增长停滞，失业率居高不下，金融困顿，公共债务和赤字居高不下，必然导致区域经济脆弱性的增加（陈惟杉，2017）。

可持续发展已成为人类发展的共识。2015 年 9 月 25 日，联合国可持续发展峰会上通过了《变革我们的世界——2030 年可持续发展议程》，其中加强全球宏观经济稳定，实现可持续的经济增长成为可持续发展的新目标。要实现可持续发展，首先就要减少发展中的脆弱性（Klaus Schwab，2002）。经济增长中存在的脆弱性是对可持续发展的巨大挑战。在经济、政治、社会、气候变化、自然灾害等领域不断发生的"黑天鹅事件"导致脆弱性增加的形势下，对区域经济脆弱性进行科学评价，可以明晰经济脆弱性的影响，进而释放经济增长的缓冲空间，防止经济增长出现无序和急剧下滑，实现可持续的经济增长，必然成为学者关注的方向和研究的焦点。

---

① 克劳斯·施瓦布、潘莉莉：《21 世纪的全球治理》，《外交评论》2008 年第 6 期。

表1-1   20世纪90年代以来全球典型"黑天鹅事件"及影响

黑天鹅事件	发生时间（年）	影响程度
亚洲金融危机	1997	亚洲金融危机从1997年7月开始，各国货币贬值，东亚和东南亚金融都受到冲击。这场金融危机使得大部分东亚货币贬值38%、国际股市暴跌60%、多国社会秩序陷入混乱，甚至政权更迭
美国"9·11"恐怖袭击事件	2001	2001年9月11日，纽约世贸中心双子塔遭到被劫持的民航客机撞击后倒塌，美国国防部五角大楼也遭客机袭击导致局部结构损坏并坍塌。一时间，举世震惊。这一袭击造成的直接损失达1780亿美元，间接损失不计其数。恐怖主义成了全球经济的"黑天鹅"
印度洋海啸	2004	2004年12月26日，印度洋发生矩震级9.3级大地震并引发海啸，造成22.6万人死亡，是世界近200多年来死伤最惨重的海啸灾难，直接经济损失高达130亿美元。其中斯里兰卡、泰国、印度和印度尼西亚等亚洲国家受到的打击最严重，经济增长放缓
美国"卡特里娜"飓风	2005	2005年8月末，飓风"卡特里娜"登陆美国南部沿海，并影响中东部数个州，造成全美1836人死亡，经济损失达1000亿美元，"卡特里娜"成为美国历史上损失最为严重的自然灾害
中国汶川地震	2008	2008年5月12日，中国汶川发生矩震级7.9级地震，严重受灾地区达10万平方千米，69227人遇难，374643人受伤，17923人失踪，直接经济损失达8452亿元
中国雪灾	2008	2008年春节期间，中国自西向东连续出现大范围雨雪天气，涉及浙江、江苏、安徽、江西等14个省份。造成农作物受灾面积4219.8千公顷，倒塌房屋10.7万间，损坏房屋39.9万间；因灾直接经济损失220.9亿元
国际金融危机	2008	2008年9月15日，美国第四大投资银行、拥有25000名员工的雷曼兄弟申请破产保护，债务高达6190亿美元。10月全球股票市场缩水了10万亿美元，美国次贷危机最终演变成了国际金融危机。美国政府通过了7000亿美元的救市方案。这场次贷危机可以说是美国大萧条以来最大的金融危机

续表

黑天鹅事件	发生时间（年）	影响程度
欧洲主权债务危机	2008	欧洲主权债务危机始于 2008 年，冰岛的银行体系率先崩溃。2009 年 10 月希腊被全球三大评级公司下调主权信用评级，欧洲主权债务危机正式爆发，葡萄牙、西班牙、爱尔兰、意大利等国相继爆出财政问题
日本福岛核事故	2011	2011 年 3 月 11 日，日本发生里氏 9.0 级大地震，继而发生海啸，导致世界最大的在役核电站福岛核电站放射性物质外泄，该事故根据国际核事件分级被评为最高级 7 级，与切尔诺贝利核电站泄漏事故等级相同。受此影响，全球股市震动。日本央行紧急向市场投放 26 万亿日元资金，以保持充足的流动性。此次事故引发了全球金融市场的震动
英国脱欧	2016	对于经济全球化进程来说，英国脱欧是一个历史性的事件。最终投票结果显示，脱离欧盟的支持者获得 51.9% 的选票，以微弱优势决定退出欧盟。英国脱欧会引发"连锁反应"，走上了一条"逆全球化"的危险道路。英国脱欧公投的结果，引发了全球股市、汇市、黄金、大宗商品等价格剧烈波动，英国脱欧会使全球经济进入不稳定期
特朗普赢得美国大选	2016	2016 年 11 月 8 日，美国进行第 58 届总统选举。特朗普逆转希拉里赢得大选胜利，成为美国选举历史上最大的"黑天鹅事件"。随之，全球市场瞬间受到极大冲击，股市大跌，避险情绪急剧升温

二 中国需降低经济脆弱性，实现可持续的经济增长

20 世纪 90 年代，中国确立了市场经济为主体的经济体制改革之后，在经济发展中经历过一些"黑天鹅事件"，如表 1-1 所示的亚洲金融危机、国际金融危机、汶川地震和雪灾等。经济全球化背景下，中国经济容易受到全球化的冲击和干扰。中国经济内部也存在一些潜

伏的"黑天鹅"，譬如在房地产投资、产业发展与转型、金融风险、城市化、居民收入、社会保障、环境投资与治理等方面（汤敏，2013）。这些方面既是中国经济增长中的"机会窗口"①，也是对经济增长造成较大负面影响潜在的因素，使中国经济呈现出较高的脆弱性。

2015 年世界经济的两大主题：国际油价暴跌和中国经济脆弱性（R. Bootle，2016）。中国经济脆弱性主要体现在 2010 年之后经济增长速度出现了明显下滑，进入增速换挡期、经济结构调整期和经济刺激政策消化期的"三期叠加"，使经济增长面临更多的不确定性，引发世界对于中国经济的担忧（郎丽华、周明生，2014）。经济脆弱性的增加，导致经济增长中的潜在溢出效用被削弱，经济风险加大，必须采取对应的调整政策。因此，对中国经济增长中经济脆弱性进行科学定量化的综合评价，可以防止经济脆弱性的加剧和预防经济增长中的系统性风险，并找到应对风险的正确约束组合，从而实现降低区域经济脆弱性的目的，释放出更多的经济增长缓冲空间，缩小区域经济差异，进而更好地促进可持续的经济增长。

三　多学科发展，为经济脆弱性评价和分析提供了理论基础和方法手段

2001 年 4 月，《科学》（Science）杂志将脆弱性研究列为可持续性科学的 7 个核心问题之一（Kates et al.，2001）。脆弱性研究已经成为当代地理学以及相关学科人地相互作用机制的重要科学途径和学科前沿的重大科学问题（史培军、王静爱等，2006）。脆弱性理论已经成

---

① 机会窗口：组织每隔一段时间系统化地发现可能成为机会的变革，称为机会窗口（汤敏，2013）。

为分析人地相互作用程度、机理与过程、区域可持续发展的一个非常基础性的科学知识体系（李鹤、张平宇等，2008）。脆弱性研究多集中于地学领域，随着自然灾害脆弱性、生态系统脆弱性、地下水系统脆弱性、区域发展系统脆弱性、社会脆弱性、贫困脆弱性等方面的研究内容不断丰富，脆弱性的研究范围也有了较大的扩展（见图1－1）（Birkmann，2006）。脆弱性研究已涵盖地理学、经济学、生态学、社会学、管理学、工程学、政治学等多个学科领域（王岩、方创琳等，2013）。各个学科由于在脆弱性的研究内容和研究重点上存在不同，对脆弱性概念与内涵的理解存在一些差异性。Birkmann（2006）和Adger（2006）认为，脆弱性的概念很难进行准确定义和统一，但是却能够进行度量。综合指数评价法、模糊数学评价法、GIS空间方法、脆弱性曲线法、数据包络分析、BP神经网络模型、脆弱性函数模型等评价方法被广泛应用在脆弱性度量之中（石勇，2010；王红毅，2012）。

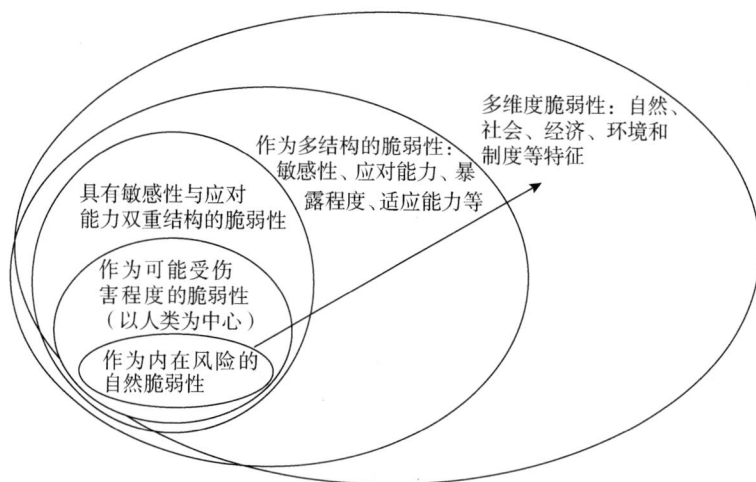

图1－1　脆弱性研究范围的拓展

资料来源：Birkmann（2006）。

1999 年，针对最不发达国家（Least Developed Countries，LDC）[①]的经济脆弱性，联合国设计了经济脆弱性指标（UN EVI）进行评价，以作为进行物质援助的依据（Briguglio，1995；Crowards，1999）。在此基础上，一系列的经济脆弱性指标被构建和丰富起来。经济脆弱性是系统内部的本质属性，一些人均 GDP 高的国家也会呈现较高的经济脆弱性，例如经济脆弱性中的"新加坡悖论"[②]（Briguglio et al.，2009）。2010 年之后，中国经济增长的乏力和存在的经济脆弱性有极大关联，影响到经济增长的可持续性。

目前关于区域经济增长的研究，多从经济增长理论、经济增长模式、经济增长结构方面进行研究（朱姗姗，2014），对于可持续经济增长的经济脆弱性研究还没有完全开展起来。2005 年，国际全球环境变化人文因素计划（IHDP）提出进行跨学科脆弱性评估的框架（史培军、王静爱等，2006）。但目前在经济脆弱性的研究中，经济脆弱性多是包含在以自然生态脆弱性为主要研究方向的跨学科研究框架之中，专门化的经济脆弱性研究框架较少。经济脆弱性作为衡量经济风险的性能指标，是经济增长可持续性科学的核心问题，研究的最终目的是为经济可持续增长、地方政府决策提供科学依据（王岩、方创琳等，2013）。因此，在借鉴脆弱性多学科发展的理论基础、方法手段和丰硕成果的基础上，亟须构建专门的区域经济脆弱性研究

---

① 最不发达国家，亦称为未开发国家，是指那些社会经济发展水平以及联合国人类发展指数最低的一系列国家。"最不发达国家"一词最早出现在 1967 年"77 国集团"通过的《阿尔及利亚宪章》中。1971 年联合国大会通过了正式把最不发达国家作为国家类别的 2678 号决议，并制定了衡量最不发达国家的经济和社会标准。2000 年至今的 LDC 标准有三条：低收入标准、人文资源的匮乏标准和经济脆弱性标准。根据该标准，截至 2015 年，全世界经联合国批准的最不发达国家已经有 44 个，包括亚洲 9 国、非洲 31 国、大洋洲 3 国和北美洲 1 国（资料来源：https：//macauhub.com.mo/）。

② 新加坡悖论：新加坡经济发达，但由于国家面积小，经济单一，容易受到冲击，与其他不发达国家一样，具有较高的经济脆弱性（Briguglio，2009）。

理论框架。本书从多尺度多系统的视角，对经济脆弱性的概念和内涵进行全面的理解，并提出系统性经济脆弱性理论框架和科学的评价方法，以经济增长为视角，对中国区域经济脆弱性进行深入的理论研究和实践应用。

第二节 研究意义

一 理论意义

经济脆弱性的研究从联合国对不发达国家进行评价以来，已经扩展到对发达国家和区域的评价。目前，对于经济脆弱性的形成机制、评价方法、评价指标体系有不少的研究成果，但由于涉及不同的研究对象和研究区域，经济脆弱性研究的侧重点不同，还没有一个统一的学术共识，也没有形成比较完整的理论框架。中国学者关于经济脆弱性的研究多集中于某一特定区域，如省域（王红毅，2012），如特殊城市包括资源型城市（李鹤、张平宇，2008，2009，2011，2014）、旅游城市（梁增贤、解利剑，2011；李峰，2013；李峰等，2014）、沿海城市（李博、韩增林，2010，2011）的实例研究。总体上，目前研究还缺乏系统性的理论体系构建。本书基于经济增长的现实背景，构建了区域经济脆弱性研究理论框架，从多尺度多系统的视角对区域经济脆弱性进行科学评价，探究区域经济脆弱性与经济增长两者的关系，对于推进经济增长在空间结构上的有序化转变，丰富经济增长中空间治理的理论研究具有特殊价值。并且在区域学科发展中，探究经济脆弱性的区域差异规律，实行差别化的经济增长模式和空间布局规划，可以明确不同区域可持续经济增长的路径模式和空间治理方向，丰富经济地理和经济增长的学科理论，能够实现跨越地理学、经济学、区域规划的集成研究。

二 方法意义

联合国经济脆弱性的评价指标体系和评价方法对于中国经济增长中的经济脆弱性评价并不完全适用，缺乏从多尺度多系统的角度进行科学的评价，评价方法忽略了经济增长作为系统具有相互关联的本质特征，评价结果往往采取主观的数理标准进行脆弱性类型的划分。本书在研究方法上进行了有益的尝试，以可持续经济增长作为研究视角，将经济增长作为一个由经济、社会、自然—资源—环境多个子系统组成的复合系统，从全国和省域两个尺度，采用多级可拓评价方法对中国经济增长中区域经济脆弱性进行了综合评价，量化经济脆弱性的大小，科学划分了经济脆弱性的类型；采用 VAR 模型和隶属函数模型进行系统内部机制分析；采用地理信息技术（GIS）直观进行空间格局展示，从区域差异、空间关联、空间溢出方面进行经济脆弱性的空间分析，以探究区域经济脆弱性的空间形成机制；采用障碍度模型和适应性效率模型，定量化分析降低和防范经济脆弱性的主要指标，为中国实现可持续经济增长提出明确的调控方向。

三 实践意义

对中国经济增长中经济脆弱性的科学评价，有助于分析出区域经济脆弱性的现状、趋势；有助于掌握经济增长中各子系统经济脆弱性的内部扰动机制和协调机制，明晰经济增长中的潜在损失，释放出更多的经济增长空间，促进可持续的经济增长；有助于掌握经济脆弱性的区域差异特征和空间演化趋势、空间关联特点以及经济脆弱性的空间溢出效应，从而在空间上防范经济风险的发生；有助于根据区域经济脆弱性提出对应的地域经济政策，为经济增长的健康运行和可持续发展，提出明确的空间治理和调控方向；有助于不同层面的政府和管理人员对区域经济脆弱性进行诊断和识别，明晰时空格局变化，把握住经济增长中的脆弱性因素，进行科学合理的区域经济规划布局、管理和实施。

第三节　研究目标和研究内容

一　研究目标

本书基于脆弱性和经济脆弱性理论，构建可持续经济增长视角下的区域经济脆弱性研究理论框架，对中国区域经济脆弱性进行综合评价和分析，并提出降低经济脆弱性的调控方向和措施。具体的研究目标主要包括以下几点。

（1）梳理和述评脆弱性和经济脆弱性的概念、内涵以及理论体系，构建区域经济脆弱性的研究框架；

（2）建立经济脆弱性的综合评价模型、评价指标和评价方法；

（3）综合评价中国经济增长中的区域经济脆弱性，进行各子系统经济脆弱性内部扰动分析和协调分析，衡量经济脆弱性对经济增长造成的损失；

（4）对经济脆弱性进行区域差异、空间关联和空间溢出等空间分析；

（5）提出降低经济脆弱性的调控方向和措施。

二　研究内容

本书共包括十章的内容。

第一章绪论。主要介绍经济脆弱性研究的背景和意义、目标、内容、方法和技术路线。

第二章理论基础。①梳理脆弱性的概念及其内涵、理论框架、研究方法和形成机制；②梳理经济脆弱性的概念、内涵及其评价指标；③对经济敏感性、经济适应性、经济风险等相关的概念进行解析；④相关理论概述；⑤研究述评。

第三章经济脆弱性特征分析。①对中国经济增长进行分析，包括中国与世界经济增长的比较分析，各省域经济增长的空间格局分析；②对中国经济增长中经济脆弱性特征进行分析，包括面对扰动的敏感性、进行应对的适应性，以及从多维度多系统特征进行分析。

第四章经济脆弱性综合评价。①建立经济脆弱性评价的流程，分析评价的目标、对象、原则、模型等；②构建经济脆弱性综合评价指标体系、评价步骤和评价方法等；③评价全国经济子系统、社会子系统和自然—资源—环境子系统的经济敏感性、经济适应性和经济脆弱性；④综合评价全国和各省域的经济敏感性、经济适应性和经济脆弱性；⑤分析经济脆弱性的趋势变化和空间格局特征。

第五章经济脆弱性系统内部产生机制及损失衡量。①采用 VAR 模型，对各子系统的经济敏感性与经济脆弱性进行响应和影响分析；②采用隶属函数协调度模型，对各子系统经济适应性进行静态协调度和动态协调度分析；③将经济脆弱性作为独立要素纳入柯布—道格拉斯生产函数模型中，构建含有经济脆弱性的生产函数模型，定量分析经济脆弱性和经济增长的关系，据此关系衡量出全国和各省域经济增长的潜在损失。

第六章经济脆弱性的区域差异特征分析。利用区域差异分析方法，分析经济脆弱性区域差异的时序特征、空间结构特征和空间演化特征。

第七章经济脆弱性的空间关联特征分析。采取空间关联方法，分析经济增长、经济脆弱性、经济增长与经济脆弱性的全局空间关联和局部空间关联特征。

第八章经济脆弱性与经济增长的空间计量分析。构建空间滞后模型、空间误差模型和空间杜宾模型，对经济脆弱性与经济增长的关系进行空间计量分析。

第九章经济脆弱性的调控方向与措施。根据经济脆弱性调整和适应性的原则，以降低经济脆弱性为调控目标，采用障碍度模型和效率模型进行主要指标分析，提出相应的调控方向和调控措施。

第十章结论和展望。梳理本书的研究结论，研究中的不足、创新点和需进一步解决的问题。

第四节　研究方法和技术路线

一　研究方法

本书主要采用了以下研究方法。

1. 多级可拓综合评价方法

经济脆弱性涉及经济子系统、社会子系统和自然—资源—环境子系统，三个子系统相互关联。各子系统之间具有涌现性、竞争协同、反馈与选择机制，且指标变量之间具有较大的关联性，因此对经济脆弱性进行科学评价须考虑这些特点。已有的经济脆弱性研究成果中，对脆弱性类型的划分往往采取数理统计方法进行数据的阈值划分，根据每一个阈值进行脆弱性类型的定性。多级可拓评价方法根据可拓集合理论、关联度理论、关联函数、经典域、节域等主要内容，从系统角度，可以定量化经济脆弱性的评价结果，同时可以科学定性划分经济脆弱性的类型，实现了定量分析与定性分析在方法上的统一。

2. 空间数据分析方法

为了探究经济脆弱性的空间关联特征，本书运用目前较为完善的探索性空间数据分析（Exploratory Spatial Data Analysis，ESDA）方法，采用 ArcGIS 9.3 软件进行相关的计算和图形的绘制。通过 ESDA 方法中的全局空间自相关和局部空间自相关两种方法，对经济增长与经济脆弱性之间的关系进行空间关联的验证。ESDA 是基础性分析，为证实性空间数据分析（Confirmatory Spatial Data Analysis，CSDA）模型的构建和评价提供了重要的基础性工作和依据。本书采用空间滞后模型（Spatial Lag Model，SLM）、空间误差模型（Spatial Error Componments Model，SEM）和空间杜宾模型（Spatial Durbin Model，SDM）进行空间计量模型的构建和分析，进一步证实经济增长和经济脆弱性的空间关系。

3. 计量经济学的分析方法

通过建立 VAR 模型，采用脉冲响应函数方法（Impulse Response Function method，IRF）探讨系统内部受到扰动后各子系统敏感性对经济脆弱性的响应和影响，以及各子系统经济脆弱性对经济脆弱性的响应和影响。通过方差分解方法（Variance Partitioning）分析各子系统敏感性对于各子系统脆弱性影响的重要性，以及各子系统脆弱性对于经济脆弱性的响应和影响。通过构建经济脆弱性的生产函数模型，用计量经济学方法分析经济脆弱性和经济增长的关系，依据此关系测度出经济脆弱性对经济增长造成的损失。

4. 其他分析方法

本书采用区域差异的时序分析方法和泰尔指数进行中国各省域和不同经济带经济脆弱性区域差异的空间结构特征和空间格局演化分析；采取协调度模型进行经济适应性的静态协调度和动态协调度分析；采用障碍度模型进行经济敏感性的影响因素分析，采用效率模型进行经济适应性能力的分析。此外，还包括统计分析中的相关分析和回归分析，以及确定指标权重的熵权法等。

二　技术路线

本书遵循以下技术路线（见图1-2）。

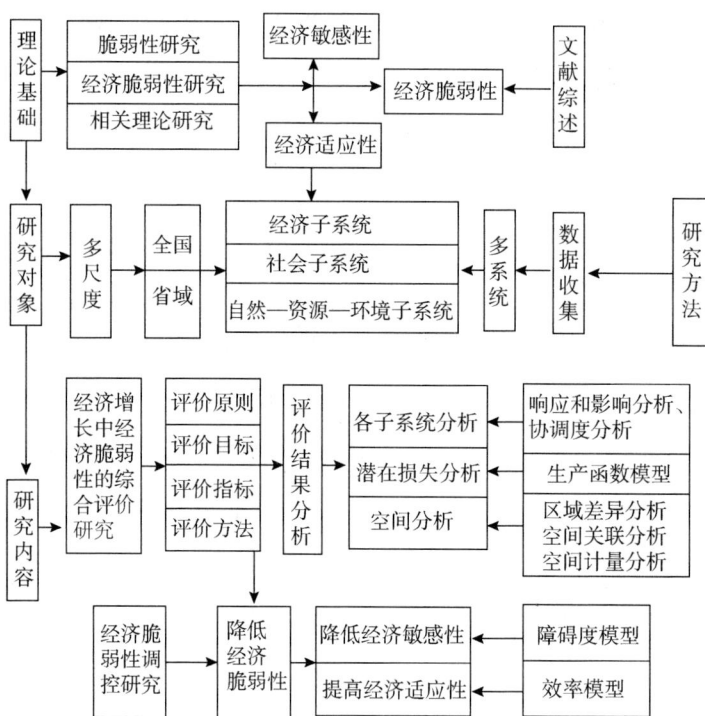

图1-2　技术路线

第二章　理论基础

本章分析脆弱性的概念及内涵、脆弱性研究的分类、理论框架、方法和形成机制，经济脆弱性的概念及内涵、经济脆弱性的评价指标，并对经济敏感性、经济适应性、经济风险的概念进行了解析，对相关理论进行了综述。

第一节　脆弱性

一　脆弱性的概念及内涵

脆弱性研究从最初的以自然生态环境系统为研究对象，现在已经扩展到人文系统的研究。随着研究角度的延伸，其概念和内涵也有了较大的拓展（Birkmann，2006；方修琦、殷培红，2007；王红毅，2012；哈斯巴根，2013）。

美国地理学家怀特（White，1945）对洪水灾害的研究中最早出现了脆弱性概念的雏形（杨文健、李晓明，2017）。法国学者 Albinet 和 Margat（1968）最早提出了"水下脆弱性"的概念（Gogu et al.，2003；

于维洋, 2012; 王红毅, 2012)。Timmerman (1981) 将脆弱性概念应用在地学领域, 目的是研究自然灾害。Timmerman (1981) 和 Turner 等 (2003) 认为, 脆弱性是一种度的概念, 强调系统面对扰动的结果, 主要指系统在灾害事件发生时产生不利响应的程度。Bogard (1988) 定义脆弱性是一种状态, 这种状态是人们无法采取有效措施减轻不利损失的无能的状态, 人们对这样的状态具有感知。Mitchell 将脆弱性定义为一种遭受损失的潜在趋势 (李鹤、张平宇等, 2008)。Dow (1992) 和 Vogel (1998) 定义脆弱性是系统承受不利影响的能力, 强调系统自身应对能力。Cutter (1993) 认为, 脆弱性是系统暴露于不利影响或遭受损害的可能性, 与风险类似。Blaikie (1994) 将脆弱性定义为一种能力的特性, 这种特性是在自然灾害的冲击下, 个体和群体具有的在预测、应对、维持和恢复方面的能力。政府间气候变化专门委员会 (Intergovernmental Panel on Climate Change, IPCC) 在四次气候变化评估报告中不断提及脆弱性, 明确提出, 脆弱性是指系统容易遭受和没有能力应对气候变化 (包括气候变率和极端事件) 不利影响的程度; 脆弱性是系统对所受到的气候变化的特征、幅度和变化速率及其敏感性、适应能力的函数 (方修琦、殷培红, 2007; O'Brien, 2004; IPCC, 2001, 2004, 2007, 2012)。Adger (2006) 强调脆弱性的表征, 认为脆弱性是一种概念的集合, 包括暴露、敏感性、适应性及恢复力等。美国克拉克大学的地理工作者把脆弱性概念划分为两组: 一组侧重于受影响的生态系统和人类系统本身; 另一组侧重于系统的变化属性 (如类型、速率、尺度等) (B. Kochunov、李国栋, 1993; 闫白洋, 2016)。联合国国际减灾战略 (United Nations International Strategy for Disaster Reduction, UNISDR) 认为, 脆弱性是由自然、社会、经济、环境等共同决定的增强社区面临灾害敏感性的因素 (UNISDR, 2004; 刘婧, 史培军, 2006; 商彦蕊, 2013)。

除了以上自然、生态、环境、灾害系统的脆弱性概念，脆弱性也应用在人文系统领域。

人文科学学者倾向于将脆弱性视为决定人们有无应对扰动的能力以及从不利事件中恢复的能力（王岩、方创琳等，2013）。社会领域：在可持续生计和贫困研究中，脆弱性被解释为谋生能力对环境变化的敏感性以及不能维持生计的状态（Sen，1981，1984；Watts and Bohle，1993；Adger，2006；方修琦、殷培红，2007），高脆弱性是贫困的特征之一；在食物安全问题上，脆弱性主要指人们处于粮食不安全或者营养不良的各种风险中（FAO，1996）。城市发展领域：王岩、方创琳等（2013）归纳了8类城市脆弱性的概念，提出城市脆弱性是对城市发展水平的一种综合度量，是指在自然因素和人为因素的共同作用下，城市发展过程中的人口增长、经济发展、资源利用、环境污染、生态破坏等超过了现有社会经济和科学技术水平所能维持城市长期发展的能力。

随着研究的深入，脆弱性概念不断地变化和丰富。脆弱性概念的内涵从早期的基于自然脆弱性的内源性风险因子，扩展到了融合自然、经济、社会、人文和环境、组织和机构等特征的多维度的综合范畴；从敏感性与应对能力的双重结构，已经发展到敏感性、应对能力、暴露程度和适应能力的多重结构（见图1-1）（Birkmann，2006）。

程林（2010）认为，脆弱性客体具有多样性和多尺度性；在脆弱性研究客体上的扰动具有复杂性；脆弱性与弹性、适应等概念有强相关性，敏感性和应对能力是脆弱性的重要构成要素。周利敏（2012）总结了脆弱性四个方面的典型定义，即"冲击论"定义、"风险论"定义、"社会关系呈现论"定义和"暴露性"定义。李鹤、张平宇（2011）对于脆弱性的概念总结了一些共识：①脆弱性研究客体具有多层次性；②脆弱性研究客体上的扰动具有多尺度性，扰动既有系统内部的，也有系统外部的，并且扰动之间存在复杂的相互作用，对于不同的扰动，系统会表现出不同的脆弱性；③脆弱性概念的界定中出现了一些共同的术语，比如敏感性、应对能力、恢复力和适应能力等。

综上所述，脆弱性的概念逐渐演变成包含敏感性、适应性、风险等一系列相关概念在内的一个概念集合（孙平军、修春亮，2011）。其内涵主要包括以下四层含义（王岩、方创琳等，2013；李鹤、张平宇等，2008；赵国杰、张炜熙，2006；刘燕华、李秀彬，2007）：

（1）脆弱性表明系统存在内在的不稳定性，是系统的本质属性；

（2）脆弱性是系统面对扰动的结果，指系统遭受不利影响或损害的可能性，并且遭受的损失或损害难以复原；

（3）脆弱性表征为敏感性、应对和适应内外扰动及压力的能力；

（4）脆弱性是系统缺乏适应能力而导致其内部结构和功能容易受到损害的一种状态。

二 脆弱性研究的分类

Cutter 等（1996，2003）把脆弱性研究分为三种类型：自然脆弱性、社会脆弱性和特定区域的脆弱性。第一种是把脆弱性理解为一种暴露状况，即使人或地区陷入危险的自然条件；第二类是把脆弱性看成各种社会因素，衡量其对灾害的抵御能力；第三类则是把可能的敏感性与适应能力在特定的地区结合起来。

通过对脆弱性相关研究文献的梳理（李莉、王晓婷等，2010；韩瑞玲、佟连军等，2012；王岩、方创琳等，2013），将脆弱性研究主要分为四类（见表2-1）。

表 2 - 1　　　　　　　　　　　脆弱性研究的分类

研究类型	研究重点
单一系统脆弱性研究	以某一要素或子系统为研究对象，如生态系统、经济系统、社会系统、生命线系统、地下水系统等子系统（要素）脆弱性的研究
耦合系统脆弱性研究	从自然、经济、社会等多角度对脆弱性进行探讨
全球气候变化背景下的脆弱性研究	强调人类社会对全球环境变化的影响及人类社会对全球变化的响应与适应问题。评估和预测气候变化背景下可能受到的影响，以及可以采取的应对措施
自然灾害脆弱性研究	强调承灾体对自然灾害的抵抗能力和恢复能力

资料来源：王岩、方创琳等（2013）。

三　脆弱性的研究框架

随着脆弱性研究的深入，研究理论框架也不断得到拓展。本书梳理了一些典型脆弱性研究的理论框架（见表 2 - 2 和图 2 - 1 至图 2 - 7）（黄建毅、刘毅等，2012；黄晓军、黄馨等，2014）。不同学者和研究机构通过构建相应的脆弱性理论框架来开展系列研究，由于研究目标和脆弱性关注的重点不同，研究理论框架很难统一。针对经济脆弱性研究理论框架进行构建的文献比较少，经济脆弱性被涵盖在脆弱性研究框架体系之中。因此，亟须根据区域经济可持续发展的现实背景，进行区域经济脆弱理论框架的构建，以指导和广泛应用于区域经济增长和区域规划的实践之中。

表 2 - 2　　　　　　　　　　　典型脆弱性研究框架

研究框架	主要人物和机构	研究框架的基本阐释
R - H 框架	Burton 等（1978）、Kates 等（1985）	早期框架基于灾害风险分析，强调灾害风险是暴露和敏感性的函数，脆弱性的概念不够明晰，不涉及经济、政治等社会结构和制度在风险中的作用

续表

研究框架	主要人物和机构	研究框架的基本阐释
PAR 框架	Blaiki 等（1994，1996）	Blaiki（1994）给出了脆弱性压力累积的 PAR 概念框架，认为灾害系统的脆弱性是处于动态变化之中的，变化的压力来自然和社会。Wisner 等（2004）给出了政治经济学视角下的 PAR 框架，强调政治和经济系统是脆弱性的根源，通过改善政治和经济系统可以缓解脆弱性
DFID 框架	DFID（2000）	DFID 框架在脆弱性语境中，包括各种外部冲击、发展趋向及季节性变化特征。其中生计和可持续性是该框架的两个核心概念
HOP 模型	Cutter（1996，2003）	该框架认为，地方风险主要由地理环境（如海拔或邻近性）和社会环境（社会经历、感知和建成环境）决定。地理环境决定了地方的生物物理脆弱性，社会环境影响社区或社会对风险的响应、处理、恢复和适应的能力。生物物理脆弱性与社会脆弱性的相互作用形成地方脆弱性
"钻石模型"框架	Bohle（2001）	Bohle 创建了脆弱性分析的"钻石模型"，该模型对脆弱性内外两个方面的相互作用及其辩证关系进行研究，包括对应对资源使用权、冲突和危机理论的研究，并且将权利理论、人类生态学和政治经济学等概念及理论融入到脆弱性分析中，促进了脆弱性研究的进一步发展
AHV 理论模型	Turner 等（2003）、Lankao 等（2011）	该框架由三个层次构成：一是耦合系统中的人文条件与环境条件；二是人文、环境条件及其相互作用过程中面临的扰动或压力；三是表征耦合系统脆弱性的暴露、敏感性和恢复力（响应、应对、调整、适应等）。人—环境耦合系统结合起来，强调了扰动的多重性与多尺度性，突出了脆弱性产生的内因机制、地方特性及其跨尺度的转移传递过程，人—环境耦合系统脆弱性的多因素、多反馈、跨尺度特点得到较好的刻画，对于探讨人—环境耦合系统相互作用机理具有重要的借鉴意义
VSD 评价模型	Polsky 等（2007）	Polsky 等受美国公共空间计划整合框架的启示，把脆弱性分解为"暴露—敏感—适应"三个组成部分，使用 VSD 评价框架来组织数据、统一概念和构建脆弱性评价指标体系

续表

研究框架	主要人物和机构	研究框架的基本阐释
ADV 评价模型	Acosta-Michlik 和 Mark（2005）	该框架更能体现将脆弱性形成的时间和空间的动态变化过程以及包括气候变化和全球化过程在内的多种全球变化过程结合起来的脆弱性评价理念，并且提出要将大多数研究中的一般性指标评价方法转变为面向适应者的脆弱性评价

1. R - H 框架

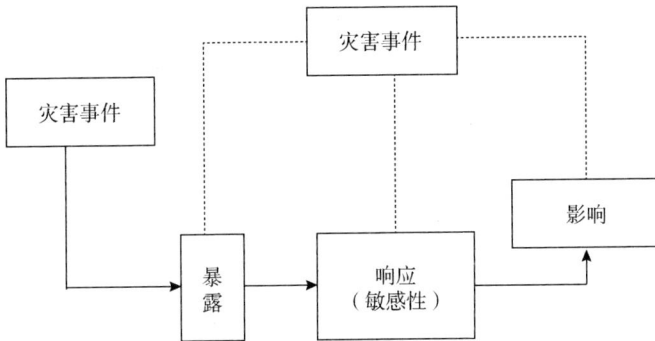

图 2 - 1 R - H 框架

资料来源：Burton 等（1978）和 Kates 等（1985）。

2. PAR 框架

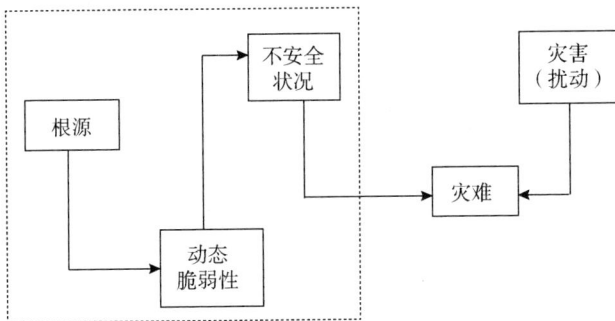

图 2 - 2 PAR 框架

资料来源：Blaiki 等（1994，1996）。

3. DFID 框架

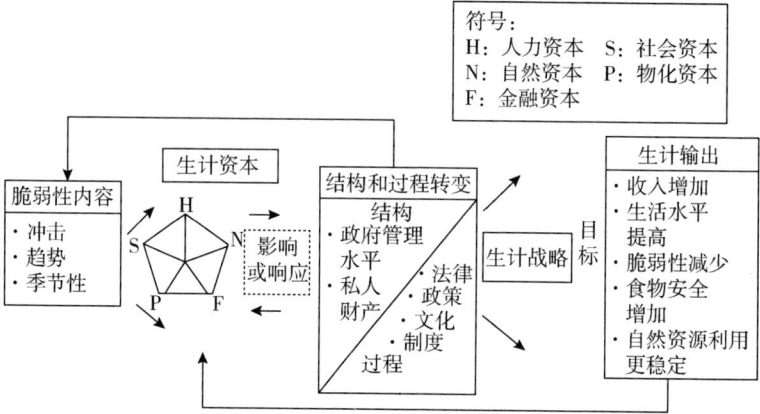

图 2-3　DFID 框架

资料来源：DFID（2000）。

4. HOP 模型

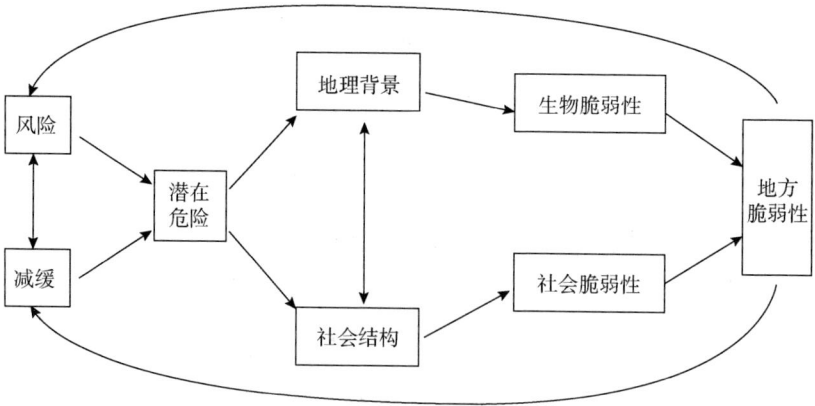

图 2-4　HOP 模型

资料来源：Cutter（1996，2003）。

5. AHV 理论模型

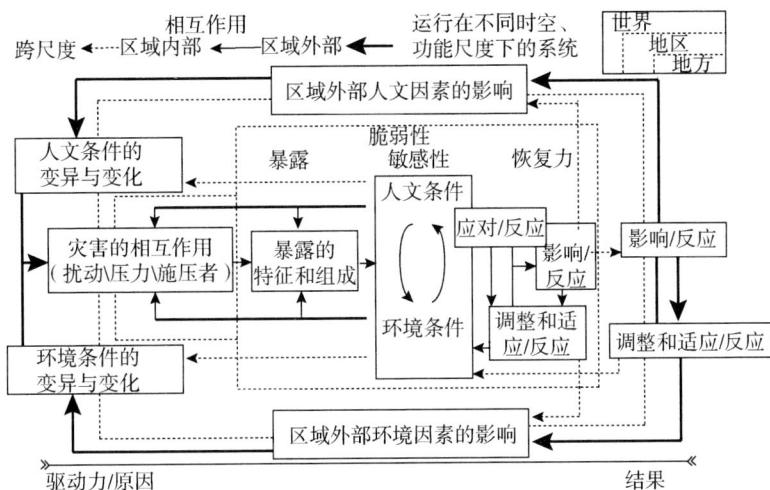

图 2-5　AHV 理论模型

资料来源：Turner 等（2003）。

6. VSD 评价模型

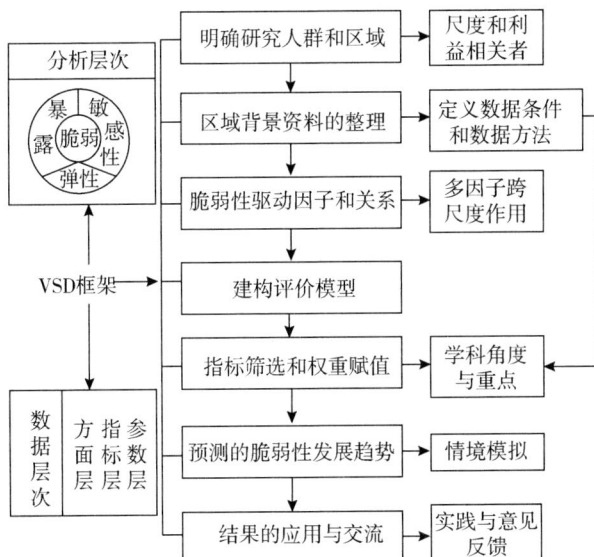

图 2-6　VSD 评价模型

资料来源：Polsky 等（2007）。

7. ADV 评价模型

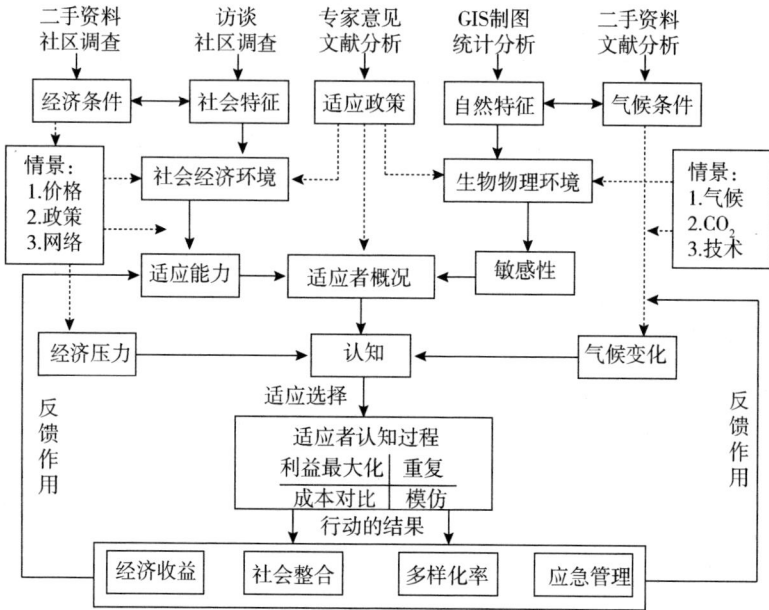

图 2 - 7   ADV 评价模型

资料来源：Acosta-Michlik 和 Mark（2005）。

四   脆弱性的研究方法

Birkmann（2006）和 Adger（2006）认为，脆弱性的概念很难进行准确定义，但是却能够进行度量，脆弱性评估是脆弱性研究中的一项重要内容，因此，脆弱性测度是脆弱性研究的重要内容和主要方向。由于脆弱性研究的领域不同，应用的研究方法也不同。目前，国内外脆弱性研究方法主要是针对脆弱性测度的评价方法，分为定性方法和定量方法。定性方法更多的是描述性，比如 SWOT 分析法和德尔菲法等（李晓琴、张炜熙，2014；田亚平、向清成等，2013；王红毅，2012；哈斯巴根，2013）。脆弱性测度的定量方法目前使用较多（见表2-3）。

表 2-3   脆弱性主要测度方法

测度方法	简要概述	方法评价
综合指数评价法	该方法通过建立脆弱性评价指标体系，利用统计或者其他数学方法综合成脆弱性指数，评价脆弱性程度的相对大小。主要方法有加权回归法、主成分分析法（PCA）、层次分析法（AHP）等	该方法是比较常用的脆弱性评价方法，比较简单，可以辨识出脆弱性的主要影响因素。但是，该方法缺乏系统的观点，忽略各构成要素间的相互作用机制和相互影响。在评价指标体系上不统一，指标权重难以确定，脆弱性评价结果的有效性很少被验证
模糊数学评价法	该方法主要是确定脆弱性评价因素集与评价集之间的模糊隶属关系，通过模糊转换计算出脆弱性指数。主要采用模糊物元评价法、灰色关联度法、灰色聚类分析法、TOPSIS 法、R/S 分析模型、DE-MATEL 分析方法、集对分析法	该方法不考虑变量之间的相关关系，充分利用了原始变量的信息。但是需重视权重和隶属函数的科学性，缺乏界定参照标准的科学合理方法，评价结果只反映了各评价对象脆弱性的相对大小，不能反映脆弱性空间差异的决定因素和脆弱性特征方面的信息
GIS 空间方法（图层叠置法）	该方法是基于 GIS 技术发展起来的脆弱性评价方法，具备空间信息分析、管理和制图等功能。主要是根据脆弱性构成要素图层间的叠置和不同扰动的脆弱性图层间的叠置，反映脆弱性的空间差异性	该方法比较简单，使用且易于操作，能够快速综合多种变量或多种集成技术，可以直观反映出脆弱性的空间差异。但在多重扰动和影响下很难反映出影响脆弱性的主要因素
脆弱性曲线法（危险度分析方法）	该方法主要是衡量不同强度的灾种与灾体损失之间的关系。主要采用危险度分析，研究要素变量与自然状态下变量矢量值之间的欧式距离，距离越大，系统结构和功能越容易发生变化，系统就越脆弱	该方法主要用于物理性的脆弱性分析，很难进行经济社会系统脆弱性的定量分析
数据包络分析	该方法主要基于自然灾害中的"投入—产出"系统。投入要素是致灾因子、孕灾环境和承灾体，产出的是灾情，脆弱性可以看作灾情产生的效率水平	该方法中的脆弱性类似于风险，不是一个单纯的脆弱性概念，对于脆弱性的形成原因分析不足

续表

测度方法	简要概述	方法评价
BP 神经网络模型	该方法把脆弱性的评价指标体系分为输入层和输出层的网络，把输出层的每个节点作为脆弱性	该方法注重了要素间的相互作用，但是评价结果很难反映影响脆弱性的主要驱动因素
脆弱性函数评价法	该方法主要是根据脆弱性的构成要素进行定量分析，然后根据要素之间的相互关系建立脆弱性评价模型。可以探讨脆弱性产生的本质。目前应用最多的是 VSD 函数模型和 PSE 函数模型	由于脆弱性概念的认同、脆弱性本质、构成要素之间相互作用存在不统一，一些要素定量表达比较困难，因而该评价方法应用范围受到限制。该评价方法受到的关注和应用越来越多

在脆弱性函数模型评价法中，主要采取 VSR 模型等评价形式（见表 2-4）。除了贫困脆弱性函数模型比较特殊，VSR 模型、VSD 模型和 PSE 模型的函数形式几乎一致。从函数形式看，VSD 模型是基本的函数形式，更能体现出脆弱性研究的本质属性，因此，本书采用 VSD 函数模型结合模糊数学方法中的多级可拓评价方法对区域经济脆弱性进行综合评价。

表 2-4　　　　　　　　　脆弱性评价的函数形式

评价模型	模型指标含义	代表性研究学者
VSR 模型	$V = f(S, R) = \dfrac{S}{R}$ V——脆弱性，S——暴露-敏感性， R——应对能力	程林（2010）； 梁增贤、解利剑（2011）
VSD 模型	$V = f(S, D) = \dfrac{S}{D}$ V——脆弱性，S——敏感性， D——应对能力或适应能力	Gallopín（2003，2006）； Plosky（2007）
PSE 模型	脆弱性 = 对压力的敏感度/ 相对门槛 × 受压的概率 $V = f(P, S, E) = \dfrac{P \times S}{E^2}$ P——压力，S——敏感性，E——弹性	Luers 等（2003，2005）； 孙平军、修春亮（2011a）； 孙平军、丁四保（2011）

续表

评价模型	模型指标含义	代表性研究学者
贫困脆弱性模型	$$V_\alpha = \frac{1}{n}\Big[\sum_{i=1}^{q}\Big(W_0 - \frac{W_i}{W_0}\Big)^\alpha\Big]$$ V_α——脆弱性，W_i——个体幸福感，W_0——幸福感门槛水平，q——脆弱性门槛以上的个体数，α——个体敏感度	Gaiha 和 Imai（2008）；黄承伟、王小林等（2010）

五　脆弱性的形成机制

脆弱性的形成机制主要从自然—人为、结构—胁迫、暴露—敏感—应对、敏感—适应等方面进行解释（王岩、方创琳等，2013）。

（1）自然—人为方面。脆弱性驱动力主要包括自然因素和社会经济因素两个方面（Cutter，1996；Lankao et al.，2011；苏飞、张平宇，2009a）。自然驱动力相对较稳定，发挥着累积性效应。社会经济驱动力则较为活跃，包含的信息量和变量较多，且各变量之间存在错综复杂的关系（Belliveau et al.，2006）。

（2）结构—胁迫方面。该框架从结构性因素和胁迫因素两个方面分析脆弱性的形成机制。结构性因素源于系统的内部结构，主要指系统内部先天的不稳定性和敏感性；胁迫因素是外界扰动对系统的压力，主要指人类活动胁迫型脆弱性和环境胁迫型脆弱性；两者共同作用导致了脆弱性（Eriksen et al.，2005）。比如城市脆弱性结构性因素主要包括城市的人口规模和土地规模、城市形态、城市的经济社会发展水平、城市的应急管理水平等；而城市的胁迫因素主要包括自然灾害、事故灾难、社会安全事件和公共卫生事件等（程琳、修春亮等，2011）。

（3）暴露—敏感—应对方面。暴露、敏感性和应对能力等一直是驱动机制研究中重点关注的要素。Adger 等（2004，2006）认为，脆弱性一般包括系统对干扰和外部压力的暴露状况、对干扰的敏感程度以及适应能力，并且这些要素在不同空间尺度下相互作用。其中，环境和社会驱动力相互作用决定了暴露度和敏感性，不同的社会、文化、政治和经济条件改变暴露单元的适应能力（Smit et al.，2006）。

（4）敏感—适应方面。Gallopin（2003，2006）认为，暴露不是脆弱性的构成要素，脆弱性由系统对外界扰动的敏感性和应对能力构成（Metzger，2005，2006）。系统的内部特征是系统脆弱性产生的主要和直接原因，而扰动与系统之间的相互作用使其脆弱性放大或缩小，是系统脆弱性发生变化的驱动因素，但这种驱动因素的作用是通过影响该系统内部特征而使系统的脆弱性发生改变的，并最终通过系统面对扰动的敏感性以及应对能力来体现（李鹤、张平宇等，2008；苏飞、张平宇，2008，2009 和 2010）。

除了以上对于脆弱性形成机制的解释，著名国际性学术组织"恢复力联盟"（Resilience Alliance）运用适应性循环理论，对社会—生态系统的动力机制进行描述和分析，通过适应能力的分析来解释研究对象的脆弱性机制与调控（Holling，2001）。

第二节　经济脆弱性

脆弱性是经济脆弱性研究的理论基础，脆弱性的理论框架、研究方法、形成机制也广泛适用于经济脆弱性的研究之中。在脆弱性框架下，经济脆弱性也具有明确的研究方向和目标。

一　经济脆弱性的概念及内涵

经济脆弱性概念首次提出是在 1990 年马耳他召开的联合国贸易和

发展会议（United Nations Conference on Trade and Development，UNCTD）上，是指经济体因其自身固有的特性在面对外部冲击时的暴露性。Briguglio（1992）最早对一国经济系统的脆弱性进行了实证研究。Blaikie（1994）将脆弱性分为物理脆弱性、经济脆弱性和社会脆弱性，体现出了脆弱性研究的专门化。Guillaumont（1999）指出，自然生态脆弱性和经济脆弱性是不同的。1999 年，联合国开发计划署（The United Nations Development Programme，UNDP）正式对经济脆弱性进行了定义：经济脆弱性，主要指经济体在经济发展过程中对遭受未预料到的事件冲击而引起的损害所具有的承受能力（Guillaumont，1999）。Saldaña-Zorrilla 等（2006）梳理了经济脆弱性研究，认为经济脆弱性作为社会脆弱性的一部分，其定义相对稀少，并把经济脆弱性作为政治经济学语境中最不发达国家（LDC）的经济可持续发展问题。经济脆弱性更多的指由自然资源的缺乏、单一化的经济造成出口依赖、经济地理处于封闭状态所引起的自身经济力量难以控制的暴露，以及多元化经济发展困难，从而导致经济危机或经济风险的产生。Briguglio（2009）认为，经济脆弱性是指系统面对外部冲击时呈现的暴露，是系统内部的本质属性；一些人均 GDP 高的国家也会呈现较高的经济脆弱性，并提出了经济脆弱性中的"新加坡悖论"。Guillaumont（2009）直接把经济脆弱性看作风险，主要指一些国家面临的自然或者外部的冲击。Stefan Kienberger（2014）认为，经济脆弱性类似于风险，经济脆弱性为敏感性和适应能力的函数。

国内多数学者从经济系统的角度对经济脆弱性进行定义。苏飞、张平宇（2008，2009，2010）认为，经济系统脆弱性是指由于经济系统对系统内外各种扰动的敏感性以及缺乏应对不利扰动的能力而使该系统容易受到损害的一种本质属性。杨爱婷、武剑（2012）认为，经济脆弱性是各种经济指标综合属性的一种表现，主要包含敏感性和应对性两个方面，经济敏感性和应对性在相互作用中，共同决定了经济的脆弱性。苏飞、储毓婷等（2013）认为，经济脆弱性是指经济系统受自身内部结构制约，对内外扰动和冲击的敏感性，以及缺乏应对能力而使系统受损的一种内在属性。袁海红、高晓路（2014）认为，经济脆弱性是指致灾因子影响下经济承灾体可能遭受的损失程度。

也有学者把脆弱性定义为宏观经济或区域经济系统中的不确定性，如冯振环、赵国杰（2005）和王红毅（2012）认为，经济脆弱性是对区域经济发展水平的一种度量，脆弱性积累到一定程度会使区域经济易于朝负向发展，并使得该地区乃至大区域（或国家）的发展产生振荡；如果这种负向发展的趋势不能得到有效遏制，一旦累积超过某一临界阈值时，大区域（或国家）经济最终有可能爆发危机。冯振环等（2010）、张炜熙（2011）认为，经济脆弱性可分为冲击式经济脆弱性和累积式经济脆弱性。孙平军、修春亮（2010）认为，区域经济系统脆弱性是指由于区域经济系统对区域内外扰动的敏感性以及缺乏应对能力而使其容易向不利于区域可持续发展方向演变的一种状态。康金（2011）则认为，区域经济脆弱性是指在影响该区域经济发展的各要素变化时应对经济波动的能力。

综上所述，目前经济脆弱性没有一个完整、统一和系统的定义。借鉴以上学者对脆弱性、经济脆弱性的定义和内涵，本书将经济脆弱性定义为经济增长过程中系统具有的对经济增长造成潜在的损失并影响可持续经济增长的内在本质属性。经济脆弱性表征为经济敏感性和经济适应性两个方面，二者之间呈现出一种可以度量的函数关系（任崇强、翟国方等，2015，2017）。

二 经济脆弱性中的一些概念解析

(一) 经济敏感性

敏感性的概念源于医学和生物学的实验研究（崔胜辉、李方一等，2009）。Smit（2000）将敏感性纳入脆弱性研究的框架中。Luers（2003，2005）建立了脆弱性和敏感性的简单函数关系，认为在脆弱性研究框架下，敏感性概念的表达是一个系统的观点，并将敏感性定义为系统对外部干扰力量的响应程度。IPCC 在气候变化的评估报告中，提出了系列的气候敏感性概念，主要评估气候变化对全球系统的影响程度。在 IPCC 第二次、第三次、第四次评估报告中，气候敏感性是指一个系统对气候条件变化的响应程度，即脆弱性是系统内的气候变率特征、幅度和变化速率及敏感性和适应性的函数。这种响应程度包括有利和不利影响，以及直接和间接影响（傅崇辉、王文军等，2012；沈莎莎、高群等，2012；崔胜辉、李方一等，2009）。综上所述，敏感性主要指在系统内部、系统与系统之间、复合系统之间相互作用的关系中，用来表征某个系统应对其内部或外部因素变化的响应程度。

经济敏感性研究，多体现在经济项目评价研究中，通过敏感性分析了解经济运行中的不确定性因素，从而防范经济风险或项目风险，以保证经济决策的科学性和可靠性（王竹泉，1996；刘玉珍，2010；李金华，2009；徐明东、田素华，2013）。其中，经济敏感性用系统观点进行表征不是特别突出，敏感性更多的是作为一种经济分析的方法即经济敏感性分析出现的。

结合以上学者对经济敏感性的研究，本书认为，经济敏感性是在经济可持续发展中，经济系统、社会系统、自然—资源—环境系统之间相互作用的机制，表征为各个系统应对内外因素变化的影响和响应程度，是经济脆弱性的函数。在经济脆弱性的框架下，经济敏感性概念及内涵归结为四个方面：

（1）经济敏感性的敏感主体是经济可持续发展涉及的系统，该系统主体是一个复合系统，包括经济、社会、自然—资源—环境等不同的子系统。

（2）经济敏感性的敏感因素对由经济、社会、自然—资源—环境子系统构成的复合系统的反应，是复合系统内外扰动反应首选的因素。

（3）经济敏感性是各子系统敏感因素之间产生作用和响应的程度，响应程度体现了系统内部变化和系统之间的变化。

（4）经济敏感性导致经济脆弱性。经济敏感性的系统内部变化，是经济脆弱性研究框架中的重要部分，是经济脆弱性动态分析的关键（沈莎莎、高群等，2012）。

（二）经济适应性

适应性研究是地学研究的焦点问题之一，是国际科学界关注的一个重要科学问题。从地学的角度看，适应性研究主要关注人类社会对全球环境变化影响的适应，以及区域和全球的适应能力的研究（沈莎莎、高群等，2012）。2007年联合国气候变化大会通过了"巴厘岛路线图"，把适应性作为一个重要的组成部分（顾朝林，2010）。适应性的一些研究领域主要集中在生态、自然灾害与风险管理中（Smit，2000）。

适应性的概念来源于进化生态学，主要指种群的自然竞择和进化行为（徐广才、康慕谊等，2009；崔胜辉、李旋旗等，2011），是一个系统论的概念，更多的是描述系统与环境之间的关系。从系统内部角度看，适应是指系统组成部分之间能够以一种稳定而有序的方式彼此合作竞争、互动互应；从系统外部角度看，适应是系统能够与周围环境所进行的物质、能量、信息交换保持在一种稳定有序的状态（郑达，2014）。Steward（1955）最早将适应性用于人类系统，主要指

"文化核心"（cultural cores）中的"文化适应"。Denevan（1984）、O'Brien 和 Holland（1992）将人类系统适应性的范围进行了更大的拓展，涉及文化、人口统计学、经济学和组织学等内容。

Burton 等（1978）指出，适应性是一种人们获取资源并进行压力应对的能力。随着人类关注全球气候变化中的环境适应性，IPCC（2001，2007）提出针对气候变化的适应性概念：适应性主要是为了应对实际发生的或预计到的气候变化及其各种（不利的或者有利的）影响，而在自然和人类系统内进行的调整。适应性是通过调整系统进而降低脆弱性或增强弹性的过程来体现的。Luers（2005）把适应性归结为降低脆弱性的行动。Smit 和 Wandel（2006）认为，适应性是不同尺度系统中（家庭、社区、群体、区域、国家）的一个过程、一种行动或者结果，体现系统的应对、管理或调整的能力，并将系统的适应能力、响应能力都称为应对能力。沈莎莎、高群等（2012）认为，适应性就是为了达到某种目的而通过改变或者缓解来使其更适合所处环境，适应性即适应的过程和适应的条件；适应性不仅包括对当前条件在短期的一种反应，还包括如何将人类社会—生态系统的发展转换到更为可持续的发展道路上。

总结以上适应性概念，其内涵主要体现在以下三方面。

（1）适应性是一个系统论的概念，体现了系统与环境进行稳定有序的能量交换，以及稳定有序地互动与互应而产生协同。

（2）通过系统调整可以消减脆弱性，适应性是涵盖在脆弱性框架下的一个概念体系，目的是改善或者提高应对环境变化的适应能力（崔胜辉、李旋旗等，2011）。

（3）适应性是面对未来调整、管理人类系统的决策系统，是人类社会采取的主动行动。适应具有预见性，这种预见性取决于人们的目标和计划。

关于经济可持续发展中的经济适应性，很少有专家提出明晰的概念。经济中的适应性更多从经济系统的生物演化角度提出，即经济系统具有复杂性、非线性、动态的结构变化特征，是一个自组织模型。在构建经济安全的经济自组织模型中，经济自组织不断根据外界环境变化进行自我调节，重新组织，达到相对稳定的、具有免疫特性的、动态安全的自适应性过程（郑达，2014）。较多文献的实证研究是将一些系统主体（比如交通系统、能源系统）与经济或经济增长（主体）之间的适应性作为复杂系统自适应问题来进行的研究（郑达，2014；刘奕，2009）。

基于对以上适应性概念与内涵的梳理，本书将经济适应性定义为：经济可持续发展中各子系统对于内外部环境变化的自适应过程。经济适应性表现为一种适应性能力，与经济脆弱性形成一定的函数关系。经济适应性评价具有调整、管理与规划经济可持续发展的作用。相应的内涵包括以下几个方面。

（1）经济适应性是一个复杂系统的概念。在持续不断地与内外环境的交互作用中，改变或者改善经济可持续发展中各个系统自身的结构和行为方式，以促进自身适应性能力的提升，这也是经济可持续发展的基本动因（刘建、汤临佳、池仁勇，2011）。

（2）在经济脆弱性的框架下，经济适应性是降低经济脆弱性的行动（Smit，Wandel，2006；方修琦、殷培红，2007）。

（3）经济适应性是一种适应性能力，表现为响应策略或政策和管理，是一个规范的运动和价值原则选择，可以有效地用于经济决策和规划（Smit et al.，2000）。

（三）经济风险

Beck（1992）提出"风险社会"的概念。现代社会中，财富和风险相互伴生快速发展，"风险社会"是现代化社会的时代特征（翟国方、崔功豪、谢映霞等，2015）。脆弱性和风险密切相关，二者也存在差异。Vogel（1998）认为，风险是脆弱性的功能，与风险受体（脆弱性对象）的性状有密切关系。商彦蕊（2013）分析了风险和脆弱性的关系，将风险视作脆弱性和自然灾害事件共同作用的结果，认为脆弱性是系统暴露于灾害事件以后调节风险的因素，脆弱性评价相对于风险评价，更偏重全人类生存和发展中的问题。因此，脆弱性在气候变化、生态环境变化中应用较多，而风险研究在社会管理中更受青睐（见表2－5）。

表2－5　　　　　　　　　　脆弱性和风险的异同

级别\类别	一级概念	二级概念	三级概念
脆弱性	脆弱性（vulnerability）易损性（fragility）	调节和适应（coping）损害（wound or hurt）冲击和响应（impact and response）	气候变化（global environment change）贫困（poverty）人类福祉（human welfare）
风险	风险（risk）安全（security）	突发事件（extreme events）损失（loss）风险受体（exposure unity）	后果（consequence）崩溃（collapse）
交叉/共有	风险源（hazard）暴露（exposure）敏感性（sensitivity）系统（system）	适应潜力（adaptive capacity）	扰动（stimuli）阈值（threshold）弹性（reslience）恢复力（recovery）

在自然灾害经济损失评价中，经济风险与经济脆弱性和经济弹性密切相关。经济风险形成直接的经济损失。经济脆弱性则是系统的本质属性，但是在受到外部冲击的时候，却能够放大这样的影响和响应。经济弹性则是在外部冲击时减少福利损失的能力范围，经济弹性有时作为经济受到外部风险后的恢复能力（Hallegatte，2014；Rose and Krausmann，2013）。Briguglio等（2004）将经济风险、经济脆弱性和经济弹性总结

为一个等式关系（见图2-8）。

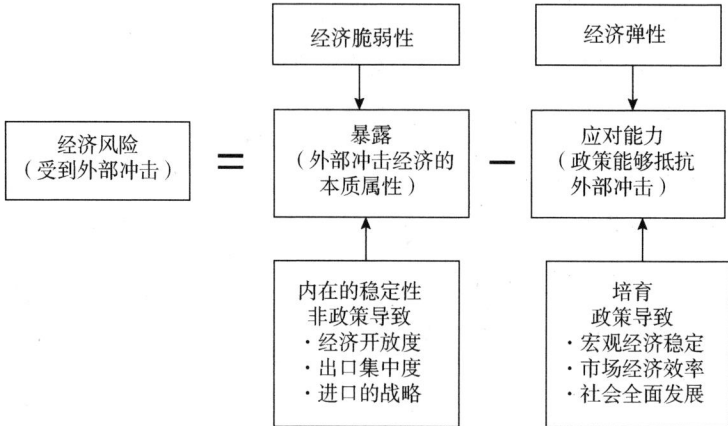

图2-8 经济风险、经济脆弱性和经济弹性关系

资料来源：Briguglio 等（2004）。

三 经济脆弱性评价指标研究

经济脆弱性研究的重点是基于评价指标进行经济脆弱性的度量，因此，评价指标构建是经济脆弱性研究中的重要环节。

联合国经济脆弱性指标（United Nations Economic Vulnerability Index，UNEVI）主要针对世界上最不发达国家或者小岛屿发展中国家（Small Island Developing States，SIDS）[①] 而设计。1999 年，联合国基于 Briguglio（1995）和 Crowards（1999）关于经济脆弱性的研究工

———————

① 小岛屿发展中国家，在 1992 年 6 月的联合国环境与发展会议上被定义为一个发展中国家集团，主要指面临可持续发展挑战的一些小型低海岸国家，一般具有领土面积较小、日益增长的人口、有限的资金、对自然灾害的抵抗能力较弱和过分依赖国际贸易等特征。小岛屿发展中国家里只有新加坡被视为发达国家，其他国家都被视为发展中国家或最不发达国家（Briguglio，1995；Crowards，1999）。

作，推出了联合国经济脆弱性指数，并且在 2005 年和 2011 年进行
了微调，主要的区别在于指标权重的确定（Chun-chieh Wang，2013）。
在 2011 年以后的实际应用中，联合国经济脆弱性指数包含暴露和冲击
两个方面，暴露指标涉及规模、地理位置、经济结构、环境 4 个方面，
共计 5 个主要指标；冲击指标包括贸易冲击和自然冲击两个方面，共
计 3 个指标，对所有的指标都赋予了相应的权重（见表 2 - 6）。联合
国经济脆弱性指数的目的是采用脆弱性作为确定不发达国家的标准，
从而进行物资的分配和援助。Briguglio（2009）在研究国际发展政策
时，采用了同样的指标体系。联合国经济脆弱性指数强调自然灾害和
贸易冲击下的暴露，并没有从经济脆弱性的属性本质特征进行设计，
也没有考虑在受到冲击时的应对能力或者适应能力，指标体系缺乏普
适性。

表 2 - 6　　　　　　　联合国经济脆弱性指数（2011）

暴露（1/2）		冲击（1/2）	
规模（1/8）	人口（1/8）	贸易冲击（1/4）	货物和服务出口不稳定指数（1/4）
地理位置（1/8）	地理位置偏远程度（1/8）		
经济结构（1/8）	商品出口集中度（1/16）农业、林业、渔业份额（1/16）	自然冲击（1/4）	农业生产不稳定指数（1/8）
环境（1/8）	居住在地势低洼地区的人口比例（1/8）		遭受自然灾害的人数（1/8）

资料来源：http://www.un.org/en/development/desa/policy/cdp/ldc/ldc_ criteria.shtml。

1994 年《巴贝尔行动纲领》第 114 节中明确指出，经济脆弱性指
数应结合学者专家、国际组织等的专业知识进行发展、整合及修改，
建议将联合国的可持续发展指标纳入研究的参考范围。Saldaña-Zorrilla
（2006）在探讨墨西哥消减经济脆弱性的研究中，从农业部门遭受的

自然灾害产生的经济损失的压力方面构建指标，包括生产损失、税收减少和收入减少等指标；从权利、财产、风险管理和保护等方面构建应对能力和适应能力的指标。Atkins 等（2000）、Briguglio（2009）在设计宏观经济脆弱性指标时，在指标中增加了经济弹性指标，这些经济弹性指标类似于经济适应性能力指标。Chun-chieh Wang（2013）在研究经济脆弱性和经济波动关系时，认为应该对联合国经济脆弱性指标进行相应的调整，增加更多反映经济成熟度和经济结构正在发生变化的暴露性指标。以上这些研究对联合国提出的经济脆弱性指数有了很大的拓展，并且突出了依据地方化特征、经济问题和经济发展意识来设计经济脆弱性指数。

国内一些学者强调经济脆弱性的本质属性，主要基于对经济脆弱性的差异性理解建立适宜自身研究的经济脆弱性指标体系，尽管指标体系不同，但是建立的角度存在一些共性。

（1）基于 VSD（Vulnerability Scoping Diagram）模型的经济脆弱性指标体系。一般情况下，敏感性指标是共识，在适应性方面有的学者采用恢复力、应对能力、适应能力、应对性等指标。苏飞、张平宇（2010），王士君、王永超等（2010），高超、金凤君等（2012），杨爱婷、武剑（2012），李峰（2013），赵昕、肖凡（2013）等从敏感性和适应性建立经济脆弱性的指标体系。那伟（2008）在对辽源市人地系统脆弱性与可持续发展研究中从经济系统、社会系统和自然系统中的敏感性因子和恢复力因子构建脆弱性指标，并在对煤矿城市经济系统评价中专门建立了应对能力评价指标体系。孙平军、修春亮（2010）从结构的角度建立包括敏感性和应对性的脆弱性指标体系。苏飞、张平宇（2010），王士君、王永超等（2010）从敏感性和应对能力两个方面建立脆弱性指标体系。在这个模型中，有的学者更加强调暴露性指数，在敏感性—适应性的基础上，增加了暴露性的要素。如程林、修春亮

（2011）从暴露指数构成要素方面构建敏感性指数和应对能力指数来建立脆弱性指标体系；梁增贤、解利剑（2011）从暴露—敏感性和应对能力两个方面建立；王祥荣、凌焕然等（2012）根据风险度、敏感度和适应度建立城市化区域气候变化脆弱性评价指标体系框架；陈萍、王兴玲等（2012）从暴露度、敏感性和适应能力三个方面建立；田亚平、向清成等（2013）从不同空间尺度的不同脆弱性要素的敏感性、暴露性和适应性建立；袁朋伟（2016）对城市轨道交通系统脆弱性因素的研究中从暴露、敏感和不适应方面建立指标体系。

（2）基于 PSE 模型的经济脆弱性指标体系。孙平军、丁四保（2011）从压力指数和敏感性指数两个方面构建矿业城市经济发展脆弱性评价指标。孙平军、修春亮（2011）基于 PSE 模型建立压力度指数、敏感度指数和弹性度指数的脆弱性指标体系。哈斯巴根（2013）从城市化地区、农业地区和生态地区的压力度、敏感度和恢复力三个方面构建不同类型地区的脆弱性指标。

（3）基于经济系统的经济脆弱性指标体系。冯振环（2005）从系统内外部建立区域经济发展的脆弱性指标。张炜熙（2011）在对区域发展脆弱性研究与评估时，从区域发展累积式脆弱性和冲击式脆弱性方面建立脆弱性指标，指标体系中包括经济子系统、社会子系统和自然子系统，共涉及 27 个区域发展的代表性指标。王红毅（2012）认为，社会经济系统应包含资源生态子系统、人口子系统、环境污染子系统、经济子系统、社会子系统和自然灾害子系统六部分，并将六个子系统分成主要成因和结果表现两大部分来构建区域社会经济系统脆弱性指标体系。王岩、方创琳等（2013）根据城市内外部脆弱性，从经济、社会、自然三个方面建立城市脆弱性评价指标体系。

（4）其他视角的经济脆弱性指标体系。韦惠兰、宋桂英（2008）根据个人—家庭—社会的不同层面，采用资本视角对脆弱性进行划分来建立相应的指标体系。韩建飞、宗刚（2013）从产业规模、产业发展水平和产业环境三个方面建立我国工业产业脆弱性评价指标体系。

第三节 相关理论

一 经济增长理论

经济增长理论主要包括传统经济学增长理论、区域经济增长理论以及可持续经济增长理论。

传统经济学增长理论认为，国民财富的增加依靠经济增长，经济增长一直是学者关注的重要主题。西方经济增长理论主要有古典经济增长理论、新古典经济增长理论、新剑桥经济增长理论、新增长理论、制度与经济增长理论、结构主义经济增长理论，社会主义经济增长理论主要有马克思主义经济增长理论和卡莱斯基的经济增长理论（任保平、钞小静等，2014）。经济增长理论从早前关注数量型的经济增长，发展到了质量型的经济增长，更加关注经济增长的可持续性。经济增长理论包含的内容涉及竞争、动态均衡、报酬规律、人力资本、劳动分工、垄断和技术进步等。

地理学者关注区域经济增长，区域经济增长理论主要包括平衡与非平衡发展理论、增长极理论、点轴开发理论、累积因果理论、中心外围理论等。平衡发展理论的出发点是促进区域协调发展和缩小地区发展差距。赫希曼提出不平衡发展理论，认为经济增长过程是不平衡的，强调经济增长的区域不平衡发展，并强调关联效应（赫希曼、曹征海，1991）。佛朗索瓦·佩鲁提出增长极理论，认为该经济空间中存在着若干个中心或极，增长极可以是部门的，也可以是区域的。该理论强调培育经济增长极，通过增长极的极化和扩散效应，影响和带动周边区域经济增长（赵人伟，1988）。点轴开发理论是增长极理论的延伸，该理论十分看重地区发展的区位条件，强调区位条件对经济增长的作用，认为点轴开发对地区经济发展的推动作用要大于单纯的增长极开发，也更有利于区域经济的协调发展。缪尔达尔等认为，在一个动态的社会过程中，社会经济各因素之间存在着循环累积的因果关系，累积效应有两种相反的效应，即回流效应和扩散效应。区域经济能否得到协调发展，关键取决于两种效应孰强孰弱。在欠发达国家和地区经济发展的起飞阶段，回流效应都要大于扩散效应，这是造成区域经济难以协调发展的重要原因（陆大道，2002）。20 世纪 60 年代，弗里德曼发展了中心—外围理论，认为任何国家的区域系统，都是由中心和外围两个子空间系统组成的，资源、市场、技术和环境等的区域分布差异是客观存在的。当某些区域的空间聚集形成累积发展之势时，就会获得比其外围地区强大得多的经济竞争优势，形成区域经济体系的中心。外围（落后地区）相对于中心（发达地区），处于依附地位而缺乏经济自主，从而出现了空间二元结构（陆玉麒，1998）。区域经济增长理论注重区域因素对于区域经济增长的重要作用。区域因素包括资源条件（自然资源和社会经济资源），区域因素直接影响区域经济增长，并且对于区域经济增长具有制约作用。区域经济增长强调区位的作用，优越的区位是区域经济发展比较优势的关键所在。区域经济增长还关注区域的地位功能和作用，区域经济对于国家或者大区域有明显的影响。区域经济增长强调制定和实施区域经济发展规划，通过增长极理论、点轴发展理论、中心—外围理论等对区域经济增长进行合理的规划，以实现区域经济的均衡发展。

　　1986 年《我们共同的未来》报告，系统阐述了人类面临的一系列重大经济、社会和环境问题，报告中提出了可持续发展的概念，即"既满足当代人的需要，又不对后代人的需求造成危害的发展"（Gro

Harlem Brundtland，1986）。可持续的经济增长就是在满足当代人需求的同时，保持经济、社会和环境可持续发展的能力，充分利用资源禀赋条件，进行经济结构调整，注重经济增长效率，释放出更多的经济增长空间。Meadows 等（1972，1992，2004）在《增长的极限》《超越极限》《增长的极限：30 年的更新》中从传统经济增长理论只关注经济增长的动力和增长路径的研究，转向了可持续经济增长的价值判断研究。他认为，经济增长是一个世界系统结构（World 3 模型），重构了原有的仅仅注重成本和收益的经济发展系统，并将社会和环境因素纳入其中，实现了对经济、社会和环境三个领域全新的经济增长理论思考。

二　复杂系统理论

复杂系统是系统科学的主要研究对象之一，复杂性科学提供了一种崭新的世界观，打破了完美的、均衡的世界，用复杂性的增长和混沌边缘进行了取代。复杂系统不是简单系统，也不是随机系统，而是一个复合的系统。复杂系统内部有很多子系统，这些子系统之间又是相互依赖的，子系统之间有许多协同作用，可以共同进化。在复杂系统中，子系统分为很多层次，大小也各不相同。复杂系统的特性有开放性、复杂性、巨量性、进化与涌现性、层次性（欧阳莹之，2002；汪小帆，2006）。

在遭受内外干扰的状态下，复杂系统由于内部的自组织性强于脆弱性，依旧可以在非平衡态下运行发展。随着复杂系统的脆弱性越来越大，由隐性变为显性，复杂系统便由于一个或几个子系统的崩溃而最终导致整体坍塌。坍塌的可能性取决于各个子系统之间的关联度。各个子系统之间的关联度越大，则其固有的脆弱性被迭代放大，复杂系统坍塌的可能性也就越大。当一个子系统受到冲击而崩溃时，由于子系统之间的联系呈现非线性特征，子系统之间呈现非对称性，崩溃的子系统的脆弱性则同化了其他子系统的特性。脆弱性在各个子系统中成为支配着其他特性变化的主要矛盾。脆弱性支配子系统之间的协同性，促使各个子系统都以脆弱性为主协同一致地运动。脆弱性是复杂系统的一个基本特性，始终伴随着复杂系统存在，并不会因为系统的进化或外界环境的变化而消失（卢文刚，2011；余强毅、吴文斌等，2011）。复杂系统的脆弱性具有隐藏性的特点，在平时并不表现出来，是不为人们所认知的，只有在受到内外干扰作用时才表现出来。脆弱性具有伴随性，仅当一定的内外干扰作用于复杂系统中的子系统时，并且在一定条件之下崩溃后，其他与这个崩溃的子系统有脆弱性联系的子系统，会因为伴随的脆弱性而发生崩溃。由于产生脆弱性的方式多种多样，脆弱性使复杂系统产生损失的表现形式也不同。经济复杂系统的脆弱性往往关系到国计民生，一旦发生崩溃，经济政治社会影响十分严重。复杂系统具有开放性和自组织性，所以当复杂系统受到内外干扰的突然作用时，会尽力维持它原有的状态，导致脆弱性被激发后到整个复杂系统的整体崩溃会有一段延时（孙才志、潘俊，1999；魏震波、刘俊勇等，2009；卢文刚，2011；余强毅、吴文斌等，2011）。

第四节　研究述评

相关文献显示，脆弱性研究主要关注的问题包括以下几个方面。

第一，研究对象面临的主要扰动是什么；第二，不同类型脆弱性具有什么典型特征；第三，区域脆弱性的时空格局是怎样的；第四，决定脆弱性时空格局的因素有哪些；第五，如何降低脆弱性。

经济脆弱性研究成果较丰硕，对于经济脆弱性理论体系的建立以及实践应用有了很大的促进，但还存在一些方面的研究不足。

（1）经济脆弱性的内涵不清晰，形成机制不明确，尚未形成一个统一的理论模型和框架。目前的研究多集中在脆弱性状态评价和对策措施，多限于对区域经济脆弱性的横向对比评价，侧重于一般意义上的脆弱性的总结，对经济脆弱性的内部产生机制、影响因素、空间演变规律和空间演变过程的研究不足（孙平军、修春亮，2010；李鹤、张平宇，2009，2014）。

（2）对经济脆弱性在不同地理空间尺度演化过程与格局的探讨较少，缺乏不同尺度下的经济脆弱性研究。没有进行系统的尝试来比较分析不同尺度下的区域经济脆弱性，没有得到具有普遍意义上的关于经济脆弱性的尺度依赖性的结论，并且在研究过程中往往忽略宏观背景（金凤君、雷军等，2012）。

（3）经济脆弱性评价是脆弱性研究中的一项重要内容，定量化的评价方法较多，并取得了丰富的研究成果。由于系统的复杂性和对于经济脆弱性概念的认知不同，因此对于经济脆弱性的评价存在一些争议，目前在脆弱性研究的实践过程中，亟待加强经济脆弱性评价方法的探索，进行科学的量化研究。

（4）目前研究大多数停留在对经济脆弱性的评价结果和影响进行分析，缺乏针对经济脆弱性造成的损失的衡量。对于经济脆弱性的调控研究较少，缺乏相对应的调控方法和调控方向（沈丹凤、陈妍蓓，2014）。经济脆弱性的发展趋势分析及未来预警将成为研究的重点和关键（李平星、陈诚，2014；李晓琴、张炜熙，2014；高超等，2012）。

第三章　经济脆弱性特征分析

本章对全国和 31 个省域经济增长进行了详细的比较分析和空间分布特征分析，从经济波动、经济效率、经济制度、产业结构、金融系统、投资、消费和国际贸易、城镇化、社会发展、资源利用、多系统多尺度等方面分析经济脆弱性的表征。

第一节　经济增长分析

一　经济增长的测度标准

经济增长在狭义上主要指经济在数量上的变化，广义上不仅包含数量变化，还包括经济质量（Greenwald，1992；Samuelson and Paul，1996）。经济增长从数量上来测度，包含两个通用指标：一是经济总量，二是人均产出量。这两个指标一方面体现量值的变化，包括 GDP 总量和人均 GDP；另一方面体现速度的变化，一般用经济增长率来表示，包括 GDP 增长率和人均 GDP 增长率。具体的测度公式为：

$$r_G = (G_t - G_{t-1})/G_{t-1} \tag{3-1}$$

式中，r_G 表示经济增长率，G_t 表示第 t 年的 GDP 总量或者人均

GDP，G_{t-1} 表示第 $t-1$ 年的 GDP 或者人均 GDP。为了保持研究数据的一致性，本书中经济增长率选取 GDP 总量进行计量。

二 中国经济增长与世界的比较分析

（一）GDP 总量分析

中国 GDP 总量大，在世界经济版图中地位重要，影响越来越大。经济总量的上升使得中国摆脱贫困，解决了温饱问题，并开始走向全面小康，尤其重要的是中国经济已经成为世界经济中一个重要的引擎，对世界经济增长的贡献份额越来越大。1979 年，中国 GDP 总量仅为3600 多亿元，到 2014 年已经达到 63 万多亿元。经济总量在世界上的排名从 1978 年的第十位，1990 年、2000 年的第四位，到 2010 年之后超过日本，成为世界上仅次于美国的第二大经济体。1979 年，中国经济总量占世界的比例为 1.8%，到 2014 年已经提高到 13.3%。

高经济增长速度是中国带给世界最瞩目的经济景观。1979—2014年，中国经济平均增长率为 9.73%，而同期世界经济增长率仅为2.84%，中国经济增长速度远远快于世界经济增长速度。从经济增长率的变化趋势看，中国经济增长率的变化趋势和世界经济增长率基本一致，说明中国经济与世界经济的密切接轨，但同时也说明中国经济极易受到世界经济的影响和冲击。2010 年后，中国经济仍然保持一个较高的增长率，但是已经出现下降态势（见图 3-1）。下滑的原因，一方面和世界经济的运行状况有较大关系，受到的外部扰动较大；另一方面则与中国经济增长运行体系中凸显的本质属性有关联，本书把这种本质属性归结为经济增长中存在的经济脆弱性。

（二）人均 GDP 分析

将世界上不同时期的人均 GDP 进行空间格局划分，依据在当年世

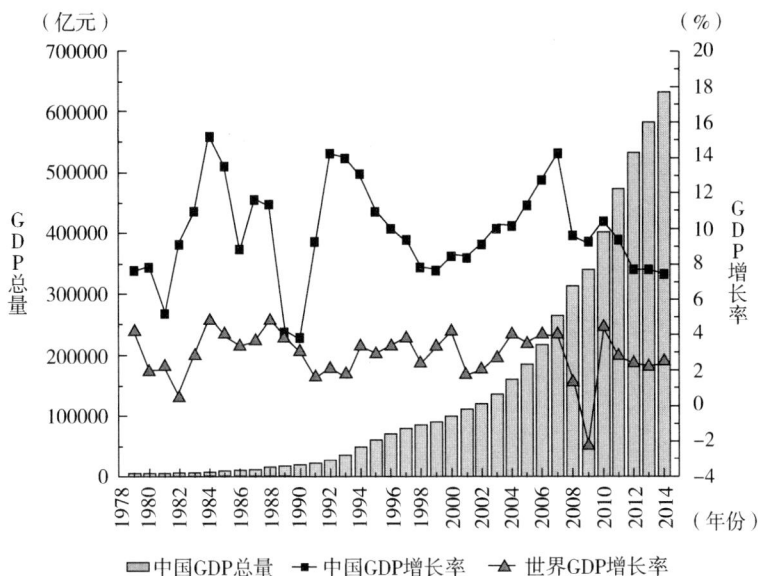

图 3 - 1　中国 GDP 及增长率与世界的比较（1979—2014 年）

资源来源：《中国统计年鉴》（1980—2015）。

界人均 GDP 的 25% 以下、25%—50%、50%—100%、100%—200%、200%—400%、400% 以上共计六个档次进行划分。2005 年以前，中国人均 GDP 长期处于世界平均水平的 25% 以下；2005—2010 年，中国人均 GDP 处于世界平均水平的 25%—50%，2010 年之后，中国人均 GDP 已经处于世界平均水平的 50%—100% 的范围。2014 年中国人均 GDP 已经达到了世界平均水平的 70% 左右（见图 3 - 2）。

中国人均 GDP 增长快速，但仍然处于世界中游水平，与发达国家存在较大的差距。1979—2014 年，中国人均 GDP 从 270 美元提高到了 7594 美元，提高了 27 倍。从中国人均 GDP 在世界上的排序位置变化看，1980 年排名 177（188）[1]，1990 年排名 178（200），2000 年排名

---

[1]　括号内数字为当年参与排名的国家和地区数。

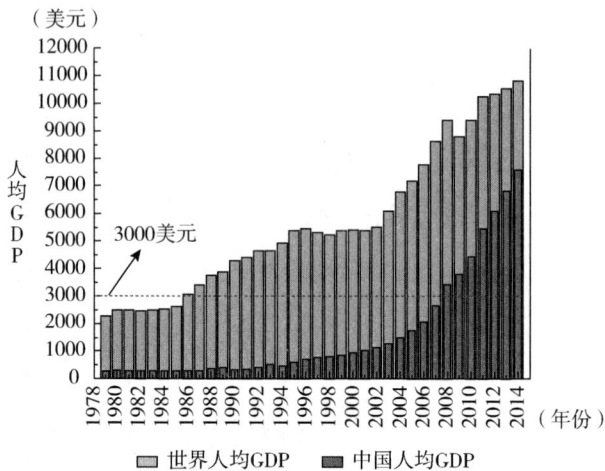

（美元）

人均 GDP

3000美元

世界人均GDP　■ 中国人均GDP

图 3 - 2　中国人均 GDP 与世界平均水平比较（1979—2014 年）

资源来源：《中国统计年鉴》（1980—2015）。

141（207），2010 年排名 120（215），2013 年排名 109（214），2014
年排名 84（214），中国人均 GDP 仍然处于世界中游水平。

　　将中国人均 GDP 与世界人均 GDP 的绝对量进行比较，中国与世
界平均水平仍然具有较大的差距。1980 年差距为 2204 美元，1990 年
差距为 3927 美元，2000 年差距为 4455 美元，2010 年差距为 4943 美
元，2014 年差距略有下降，为 3210 美元。中国人均 GDP 与一些发达
国家相比，差距更加明显（见表 3 - 1）。2006 年中国人均 GDP 突破了
3000 美元后，进入了中等收入国家（见图 3 - 3）。在从中等收入国家
进入高收入国家的进程中，中国经济是否会掉入"中等收入陷阱"
（Middle Income Trap）① 一直存在争议。降低经济脆弱性，释放出更多

---

　　① 中等收入陷阱：世界银行《东亚经济发展报告（2006）》提出了"中等收入陷阱"的
概念，一个国家达到人均国内生产总值 3000 美元左右，进入到中等收入阶段后，有可能出现
贫富悬殊、环境恶化甚至社会动荡等问题，导致经济发展徘徊不前，走入了"中等收入陷
阱"。具体特征包括经济增长回落或停滞、贫富分化、过度城市化、社会公共服务短缺、就业
困难、金融体系脆弱等（世界银行，2006）。

的经济增长空间，才能避免陷入"中等收入陷阱"带来的恶性循环，实现经济的可持续增长。

表 3-1　　　　　中国与一些发达国家人均 GDP 的比较　　　　单位：美元

年份	中国	日本	新加坡	加拿大	美国	法国	德国	英国	澳大利亚
2000	949	37292	23793	24032	36467	21775	22946	25362	21678
2005	1731	35781	29870	36029	44314	33819	33543	38432	34012
2010	4433	43118	46570	47465	48358	39448	40408	36573	51825
2013	6807	38492	55182	51911	53143	41421	45085	39351	67468
2014	7594	36194	56287	50271	54630	42736	47627	45603	61887

资源来源：《中国统计年鉴》（2011—2015）。

三　中国各省域经济增长分析

（一）省域 GDP 总量空间格局变化

将省域 GDP 总量划分为 0—1000 亿元、1000 亿—5000 亿元、5000 亿—10000 亿元、10000 亿—20000 亿元、20000 亿—30000 亿元、30000 亿元以上六个档次进行空间格局的比较，选取 2000 年、2005 年、2010 年和 2014 年 4 个年度进行比较分析。

省域 GDP 总量的空间格局变化显示，省域之间具有较大的差异性，省域之间 GDP 总量具有严重的不平衡性。广东 GDP 总量在 2000 年首先突破万亿元，随后江苏、山东、浙江和河南亦创造了 GDP 增长的奇迹。2014 年，这五个省份的 GDP 已经全部超过 3 万亿元，GDP 总量占全国的 39%。与此形成鲜明反差的是，西藏 GDP 总量在 2000 年为 117.8 亿元，在 2014 年仍然未超过 1000 亿元，为 920.83 亿元。2014 年没有超过 5000 亿元的省份还有青海、宁夏和海南，这四个省份的 GDP 仅仅占全国 GDP 总量的 1.4%。

从经济地带①间的比较分析（见表 3 - 2）可以看出，东部地区在中国经济中占有至关重要的地位，中部和西部所占份额开始增加。2000—2014 年，东部地区所占份额超过全国 GDP 总量的一半；中部地区和西部地区相差不大，均为约 20%；东北地区占 9% 左右。从份额变化趋势分析，东部地区和东北地区所占份额有递减的趋势，中部和西部地区所占份额略有上升。

表 3 - 2　　　　东部、中部、西部、东北地区占全国 GDP 的
份额（2000—2014 年）　　　　单位：%

年份	东部地区	中部地区	西部地区	东北地区
2000	53.56	19.25	17.28	9.91
2001	54.13	19.15	17.04	9.68
2002	54.53	18.83	17.16	9.48
2003	55.43	18.63	16.81	9.13
2004	55.60	18.87	16.87	8.65
2005	55.52	18.80	17.05	8.62
2006	55.57	18.71	17.24	8.48
2007	55.06	18.94	17.58	8.42
2008	54.13	19.21	18.14	8.52
2009	53.84	19.32	18.33	8.51
2010	53.09	19.70	18.63	8.58
2011	52.04	20.04	19.22	8.70
2012	51.32	20.17	19.76	8.76

① 国家统计局经济地带划分标准：东部 10 省（市）包括北京、天津、河北、上海、江苏、浙江、福建、山东、广东和海南；中部 6 省包括山西、安徽、江西、河南、湖北和湖南；西部 12 省（区、市）包括内蒙古、广西、重庆、四川、贵州、云南、西藏、陕西、甘肃、青海、宁夏和新疆；东北 3 省包括辽宁、吉林和黑龙江（资料来源：国家统计局网站，http://www.stats.gov.cn/）。

续表

年份	东部地区	中部地区	西部地区	东北地区
2013	51.15	20.21	20.00	8.64
2014	51.16	20.27	20.18	8.40

资料来源:《中国统计年鉴》(2001—2015)。

(二) 省域经济增长空间热点分析

空间热点分析可以从空间统计的角度来识别和检验经济增长的显著性热点和冷点。应用 ArcGIS 的空间分析工具,采用 Getis – Ord G_i^* 检验中国 31 个省域在统计意义上是否具有显著的高值或者低值,以此判断省域经济增长的空间变化 (Getis and Ord, 1992)。公式为:

$$G_i^* = \sum_j (\omega_{ij} x_j) \Big/ \sum_j x_j \ (i \neq j) \qquad (3-2)$$

式中,x_j 为 j 省份的数据,ω_{ij} 为空间权重,采用邻近矩阵进行空间权重的计算,空间权重矩阵详见附录 8。

对 G_i^* 进行标准化处理:

$$Z(G_i^*) = [G_i^* - E(G_i^*)] \Big/ \sqrt{\mathrm{Var}(G_i^*)} \qquad (3-3)$$

$E(G_i^*)$、$\mathrm{Var}(G_i^*)$ 分别是 G_i^* 的数学期望和方差。如果 $Z(G_i^*)$ 为正且显著,j 省份周围的值相对较高,表明位置属高值空间集聚,即热点区;反之,如果 $Z(G_i^*)$ 为负且显著,j 省份周围的值相对较低,表明位置属低值空间集聚,即冷点区。在 90% 的置信水平上,GDP 总量统计显著地区的 $Z(G_i^*)$ 值大于 1.65 作为热点地区,1.65—1.96 为弱热点地区,1.95—2.58 为中热点地区,2.58 以上为高热点地区;$Z(G_i^*)$ 值小于 -1.65 作为冷点地区,-1.96— -1.65 为弱冷点地区,-2.58— -1.96 为中冷点地区,小于 -2.58 为高冷点地区;$Z(G_i^*)$ 值在 -1.65—1.65 之间不产生冷点地区 (Getis and Ord, 1992)。

省域 GDP 总量的空间热点地区主要在江苏、山东、安徽、上海、浙江、江西和福建这 7 个省市，江苏、山东和安徽一直是高热点聚集地区，经济总量大的省域及其周边形成高度聚集的热点地区。GDP总量的冷点主要出现在四川和新疆两个省区，形成的基本上是弱冷点地区。

省域 GDP 增长率的空间热点呈现逐渐从东部地区向中西部地区转移的特征。2014 年，中西部地区经济增长率的热点地区有了大范围的增加，四川和重庆是高热点地区，湖北、湖南、贵州和云南是中热点地区，广西为弱热点地区。

对省域 GDP 总量和 GDP 增长率的空间热点进行比较分析。GDP总量的空间热点地区一直稳定地保持在东部的省域，短期内这样的空间热点很难发生转移，存在明显的固化效应，具有比较强的空间依赖特征。省域 GDP 增长率的热点地区呈现出自东部向中西部地区转移的特征，特别是在西部地区，经济增长率的热点地区范围越来越大，在2014 年几乎涵盖了中国西南地区的大部分省域，并且热点有逐步扩大到整个西部地区的趋势。省域 GDP 增长率核心区域已经转移到了西部地区，西部地区由于 GDP 总量相对较小，亟须提高经济增长率来缩小与东部整体经济实力的差距。西部相对较高的经济增长率，为促进中国区域经济从不均衡向均衡发展的战略转变提供了一个明确的方向，也为实现缩小区域间差异创造了有利条件。

中国各省域之间的经济增长具有差异性和不均衡性特征，东部地区经济总量占有较大份额，西部地区亟须在经济增长上实现对东部的追赶，若西部地区盲目追求经济增长的速度，经济系统必然受到较大的外部冲击和影响，加上一些地区的适应性不足，必然导致经济脆弱性增强，甚至引发经济风险。另外，中国经济已经经历了 40 多年的快速增长，在市场化变革的进程中，面临的冲击和影响较大，结构性矛盾难以在短期得到解决，经济增长存在脆弱性特征。

第二节　经济脆弱性特征分析

一　经济增长波动中的脆弱性

中国的快速经济增长经历了频繁的波动，波动已成为经济增长中的常态，表现为扩张或者收缩的循环运动过程，是系统受到扰动，进而导致内部不稳定的表征。一般情况下，负的经济增长波动对经济增长具有减损效应，使得经济系统面临严重衰退或恶性循环的威胁（秦贤宏、段学军等，2008；李永友，2006）；正的经济增长波动对经济增长有收益增加的效应，若现有资源和正的经济增长波动不匹配，正的波动效应往往是短期的。Cordina（2004）把下行的经济波动称为经济脆弱性。本书认为，经济脆弱性是系统的本质属性，无论是上行或者下行，基本上表现出脆弱性的增加或者减少。下行阶段，脆弱性增加，上行阶段，脆弱性降低。稳定的经济增长是经济可持续发展的基础，频繁的经济波动破坏了长期稳定增长的内在机制，加大了经济的潜在风险。经济潜在风险的发生就是经济增长中的脆弱性突破了阈值而产生了破坏作用。

对中国GDP进行经济增长波动率的计算。计算公式为：经济增长波动率 =（GDP 增长率 – GDP 平均增长率）/GDP 平均增长率。1979—2014 年中国经济增长波动较大，敏感性强。正向波动峰点的年份和中国经济的一系列制度变革有很大的关系，1984 年中国提出从计划经济向商品经济的重大转变，1992 年确立走市场化的道路，2007 年是波动峰点，2008 年国际金融危机造成经济的大幅度波动。负向波动基本反映了中国经济增长受到一些外部大事件的扰动而具有高敏感性，比如1981 年刚实行改革开放面临的冲击和影响，1997 年亚洲金融危机的冲击在1998年和1999年体现出来。从波动幅度变化分析，1981—1984年、1988—1990年、1990—1992年、2007—2009年这四个时间段的波动幅度较大但是波动方向不一致，1981—1984年和1990—1992年呈现向上的波动方向，1988—1990年和2007—2009年呈现的是向下的波动方向（见图3-3）。总之，中国经济增长的波动幅度大，波动频繁，在受到内外部多重不确定性因素的冲击和影响下，敏感性强，容易造成经济增长系统内部的不稳定性，会导致经济增长系统脆弱性的发生。

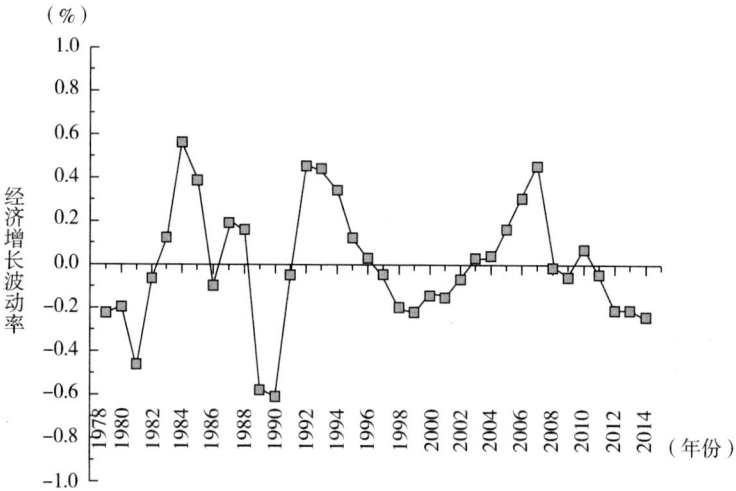

图3-3　中国经济增长波动变化（1979—2014年）

资料来源：《中国统计年鉴》（2001—2015）。

二　经济效率中的脆弱性

经济效率的提高是促进经济增长的有效措施。资本投入是中国经济增长的主要手段，资本投入一定的前提下，产出水平越高，资本积累的回报率就越大，经济效率就越高，经济就会快速增长。1979—

1995 年,中国资本生产率下降明显,说明单位资本投入的产出值在下降,资本回报率降低。高速经济增长的维持是依靠资本大量投入获得的,经济效益低,属于不可持续的经济增长方式,浪费了资本。1996—2014 年资本生产率基本保持低稳态略有上升的趋势,长期的资本生产率过低,说明在资本使用和配置上出现了瓶颈,制约了经济增长。从资本生产率增长率看,1979—1997 年,资本生产率增长率长期为负值,表明资本投资率过高;1998—2014 年,处于正值和负值交叉的阶段,说明资本投资率的不稳定,资本深化不足(见图 3-4)。资本生产率长期低水平徘徊凸显了经济增长的脆弱性特质。

图 3-4 资本生产率(1979—2014 年)

中国庞大的人口规模促进生产中所需劳动力的有效供给,依靠人口红利带来了经济的快速增长。1979—2014 年,劳动生产率从 991.54 元/人提高到 82073.63 元/人,提高了 82 倍(见图 3-5)。中国经济增长单纯依靠人口规模产生的人口红利正在弱化,在新型城镇化、产业升级和转型、新型服务业人才需求等方面对于劳动力提出了更高的要求。2010 年之后，劳动生产率出现速度明显下降的趋势，劳动生产率水平的下降且滞后，随着适龄劳动力人口减少和劳动力成本的增加，必然会对经济增长产生负面结果，导致经济增长出现下滑或者停滞。另外，劳动力生产技能和知识水平的提升是劳动生产率提高的关键，如若忽视必然导致经济增长在低水平上徘徊。

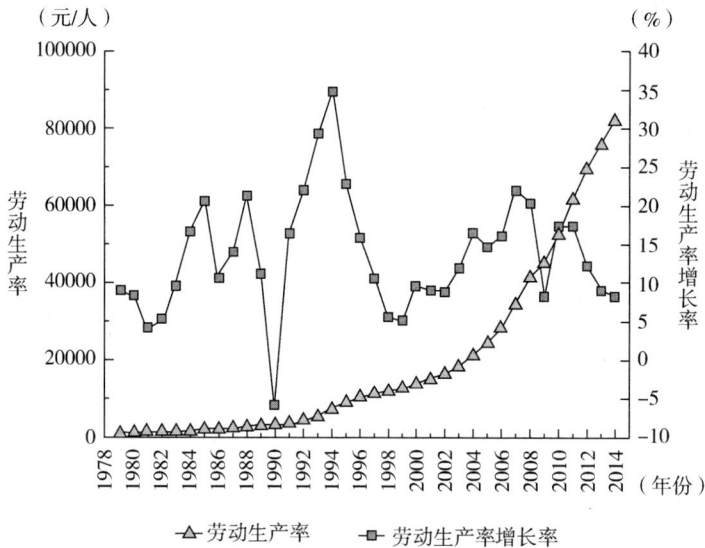

图 3 - 5　劳动生产率（1979—2014 年）

在经济增长中除以要素（劳动和资本）衡量经济增长外，通常采用全要素生产率（TFP）来衡量经济增长，并且把全要素生产率作为经济增长的唯一源泉。全要素生产率可以整体上衡量国家或者区域经济的增长质量、技术进步和管理效率水平，也是衡量经济增长动态效率的有效手段。本书采用总量生产函数和索洛残差法对 1979—2014 年中国全要素生产率进行测度（魏宏耀，2013）。1979—2014 年中国全要素生产率处于明显的增长趋势（见图 3 - 6），1993 年之后全要素生产率超过 1，说明全要素生产率在经济增长中的效率在逐步提升，实现了技术进步，同时规模效应得到了体现。但是全要素生产率增长率的波动逐步减少。特别是在 1998 年之后，全要素生产率的增长速度较低；2010 年之后，全要素生产率甚至出现了负增长，说明在依靠技术进步取得一定的经济增长后，经济增长中的效率和技术进步的提升空间有限，进而导致经济增长的动力不足，使经济增长凸显脆弱性特征，可持续增长受到影响。

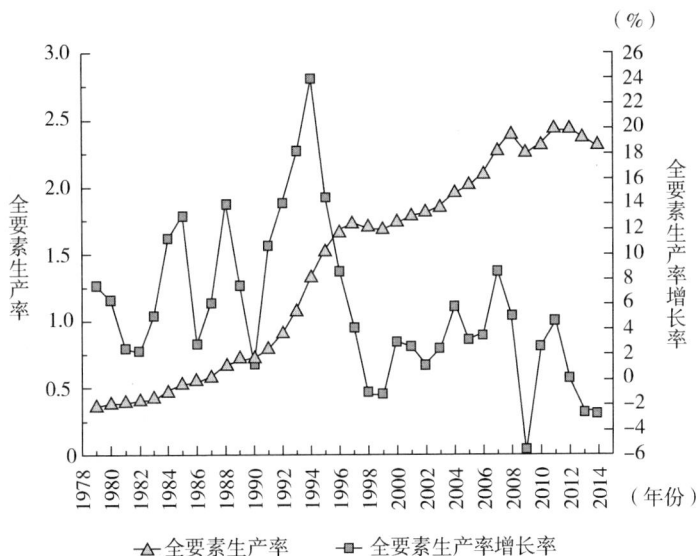

图 3 - 6　全要素生产率（1979—2014 年）

资料来源：《中国统计年鉴》（1979—2015）。

三　经济制度变革中的脆弱性

改革开改和宏观调控的市场化改革，促进了经济快速增长。

1978—1984 年市场调节开始在经济体制中体现，"计划经济为主、市场经济为辅"的提法突破了传统计划经济的束缚。1984—1992年，提出了有计划的商品经济思想，以及公有制为主体、多种经济成分并存的所有制结构，为市场机制的运行奠定了基础。1992—2001年，明确了建立社会主义市场经济体制，以市场体制为核心，以市场为主体的经济改革目标，建立了现代企业制度，使企业积极参与市场竞争，加强了市场流通和保障，整顿了市场秩序，健全了市场规则。2001—2014年，完善了市场经济，以统筹、和谐、包容等思路促进市场化的变革，积极参与到全球化的市场经济体系当中。特别是在2001年中国正式成为世界贸易组织（World Trade Organization，WTO）的第143个成员，促进了中国市场的多元化发展。

但是，在多年的市场化进程中，中国经济制度的变革面临很多的阻力和挑战。在市场与政府关系、产权制度改革、要素市场发育程度、市场中介组织和法律制度环境等方面呈现出脆弱性特征，影响了经济增长的持续性。在经济市场化改革中，逐步从政府分配资源转向主要由市场来分配资源，这是市场化改革的主要方向。采用财政支出占GDP比重来反映市场分配资源的程度，若比重高，说明政府计划性分配资源多，市场化分配资源的程度低；反之说明市场化分配的资源程度高。在图3-7中，1979—1996年中国财政支出占GDP比重逐年下降，从1979年的30.74%降低到1996年的11.25%，说明政府计划性分配资源的程度明显下降；1997—2014年，财政支出占GDP比重有逐步上升的趋势，从1997年仅为11.69%，到2014年上升到23.94%。在市场化改革的进程中，合理分配资源主要由市场来完成，政府投资过高，会造成资源的浪费，效率下降，竞争力降低，对市场分配资源形成了一种挤占。但现实经济运行中，中国在基础设施、教育方面的投资需求大，市场化的资源分配不足，导致一些领域主要由政府财政支出来完成。因此在政府与市场对资源分配的关系处理中，中国面临市场化改革的困境。在其他方面，比如政府对企业的干预方面，政府机关的办事效率低下、规章制度和手续烦琐、政策和操作不透明、政府在某些方面的寻租行为等，都会导致市场的扭曲，减弱了市场化改革的力度，影响到市场化变革的效率。

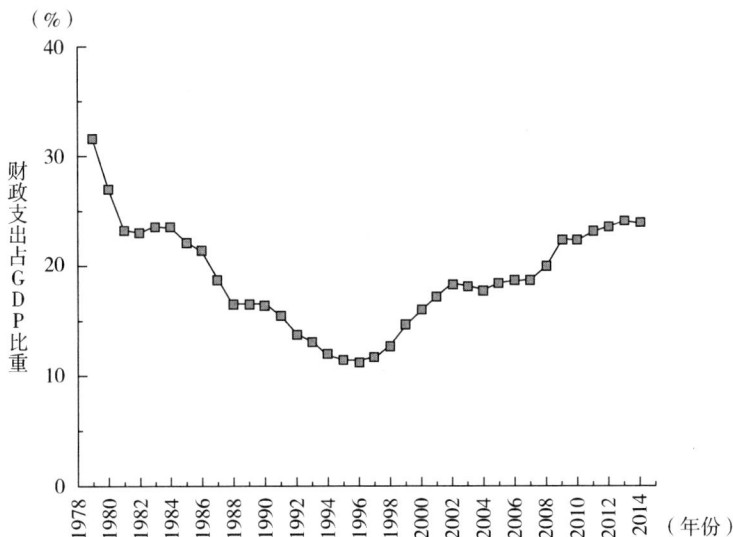

图3-7 财政支出占GDP比重（1979—2014年）

资源来源：《中国统计年鉴》（1980—2015）。

四 产业结构中的脆弱性

不合理的系统结构特征是脆弱性产生的根本原因，通过系统敏感性和适应性能力不足反映出来（苏飞、张平宇、李鹤，2008）。合理的产业结构是经济增长的前提，也是经济增长动力的源泉。产业结构对于经济增长具有重要的作用，Dension 和 Kuznets（1966）在分析经济增长中产业结构的变动时，发现产业结构变化至少会产生10%以上的经济增长。1979—2014年，中国产业结构演化的规律：第一产业占

GDP 比重明显下降，第二产业占比保持稳定，第三产业有了大幅度增加。特别是在 2013 年，第三产业比重首次超过第二产业比重。这符合钱纳里的经济增长与产业结构之间的一般性规律（Chenery，1989）。但是，产业结构推动经济增长是在产业结构合理化和优化升级的基础上产生的。

从产业结构合理化的角度看，中国产业结构已经呈现"三二一"的合理化结构趋势（见图 3-8）。但是，三次产业比例与发达国家仍然具有很大的差距，第二产业在 2014 年仍然占有 42.7% 的比重，第三产业比重仅为 48.1%，与发达国家 75% 的占比差距很大。另外，在产业结构优化升级方面，第一产业受自然条件、气候条件和农业生产水平等因素的影响较大，敏感性强。第二产业受产品竞争力和需求结构的影响容易发生波动，产生较强的敏感性。对第三产业来说，由于资源消耗相对较少，就业弹性高，环境污染少，可以有效减轻经济增

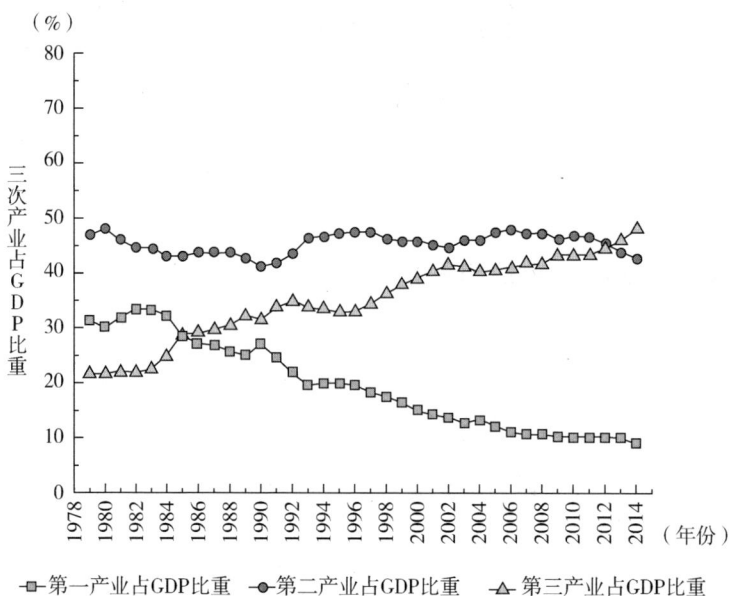

图 3-8　三次产业结构变化（1979—2014 年）

长的波动，降低敏感性。不同产业在升级转型中面临着不同的敏感性要素，造成不同的脆弱性特征。

经济地带之间的产业结构呈现出不同的变化特征（见图3-9）。东部地区在2002年已经接近"三二一"产业结构，但由于工业化程度不高需要进一步加深，经济增长仍需第二产业带动，第三产业发

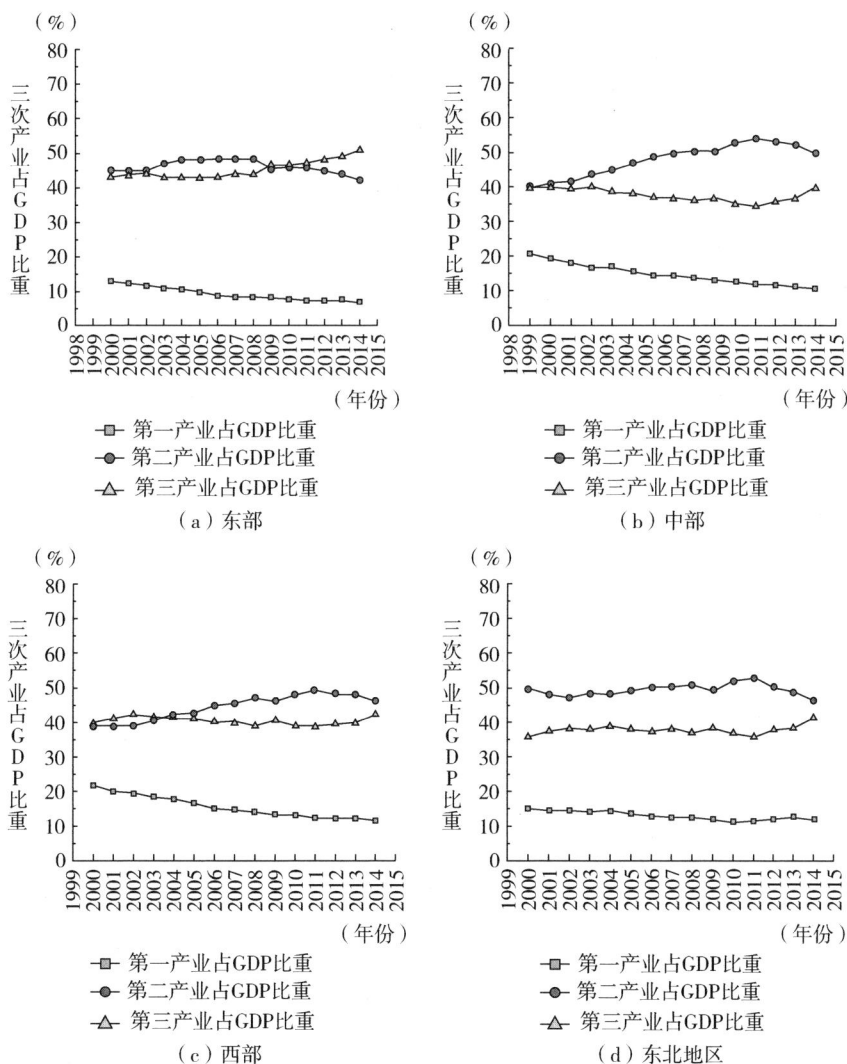

（a）东部

（b）中部

（c）西部

（d）东北地区

图3-9　东部、中部、西部、东北地区产业结构比较（2000—2014年）

展的基础设施和政策措施还没有完全建立起来，服务化水平不高。因此，在 2003 年又回归了"二三一"结构形态。2009 年后，东部地区第三产业比重的平均水平超过了第二产业比重；2014 年第三产业比重超过了 50%，其中北京第三产业比重为 77.9%，上海第三产业比重为 64.8%，已经达到或接近发达国家的水平，说明东部地区产业结构已经有了较大的变化和转型，东部地区已全面进入工业化 2.0 时代，第三产业服务化水平有了很大的提升，这个时期必然面临着新的冲击和敏感性。中部、西部和东北地区还没有达到"三二一"产业结构，特别是中部，第二产业比重仍较高。中西部需要发展工业化来带动经济增长，东北地区是中国的老工业基地，在短期进行产业结构的转型比较困难。省域产业结构不同的变化和当前所处的阶段，反映出不同区域受到的扰动因素不同，面对的敏感性要素不同。中国省域经济增长在产业结构变化的冲击和影响下，具有多元化的敏感性特征，即产业结构变化具有地方化的特征。在多元的状态下，若省域实行不合理的产业结构调整和盲目的产业优化升级措施来进行应对和适应，脆弱性必然会大大增加（王小鲁，2014，2015）。

五　金融系统脆弱性

在新自由主义的思潮下，金融在实现经济全球化和经济虚拟化的发展中具有纵深扩散的作用。在参与世界经济和金融一体化的进程中，金融机构、财政、货币以至经济增长都会受到巨大的冲击，产生高脆弱性。中国金融在 1997 年亚洲金融风暴和 2008 年国际金融危机中受到了波及，说明中国金融系统具有较强的不稳定性，极易受到冲击，产生金融脆弱性。

　　汇率波动是经济增长中的一个主要敏感性要素。采用直接标价法，对1979—2014年人民币兑美元汇率变化进行分析。人民币兑美元汇率在1979—1995年具有较大的波动性，呈现快速上升的态势，1996—2004年人民币兑美元汇率相对稳定，2005年后人民币兑美元汇率开始下降（见图3-10）。经济增长是货币稳定和升值的基础，当中国经济增长率比较高且持续稳定时，宏观经济的运行态势良好，必然会引起外资的增加，对人民币的需求就会旺盛，从而引起人民币的升值。当经济增长受到压力，出现下滑时，必然会引起人民币贬值。从国际贸易的角度，货币贬值有利于出口不利于进口，也有利于国内的经济增长。当中国经济增长具有下行压力时，人民币汇率的变动对于中国国内经济增长乃至世界经济都具有较大的影响和冲击，汇率波动具有较强的敏感性。

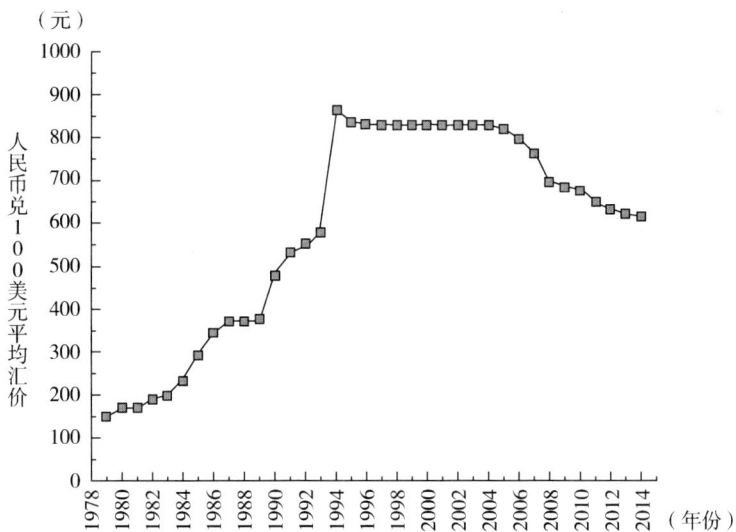

图3-10　人民币兑美元汇率变化（1979—2014年）

资料来源：《中国统计年鉴》（1980—2015）。

　　金融不稳定的另一个表征就是金融机构的存贷比①。存贷比是指金融机构的贷款余额与存款余额的比率。存贷比过低时，金融机构成本增加，盈利能力较差；反之，存贷比高时，金融机构就会盈利。从存贷比的角度可以反映经济增长的变化，存贷比升高，说明市场趋热，需求旺盛，有利于经济增长。存贷比下降，市场趋冷，需求受到抑制，供给不足，生产下滑，经济增长趋缓。从中国存贷比的变化（见图3-11）分析，1979—2003年，存贷比大于0.75，超过了金融机构监管设定的存贷比红线，易产生内部的不稳定性，金融机构面临较大的流动性风险。从2004年以后，存贷比一直保持在0.7左右，说明中国对于金融流动性风险进行监控，但却抑制了经济增长的空间，对经济增长产生了不利影响和冲击。

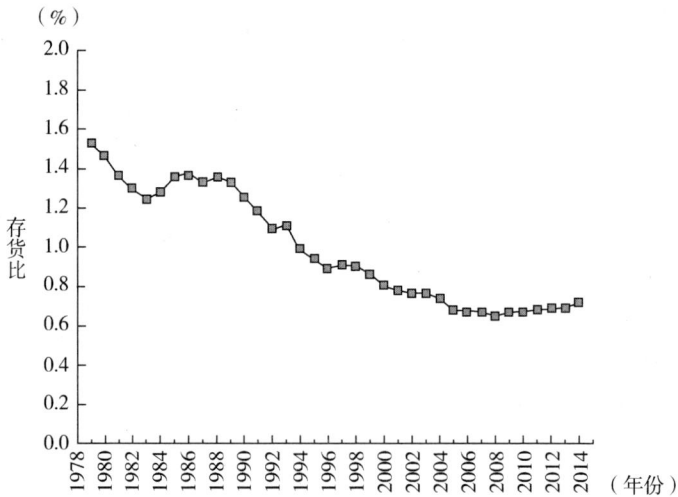

图3-11　存贷比变化（1979—2014年）

资料来源：《中国统计年鉴》（1980—2015）。

---

　　①　中国在2015年6月取消了存贷比红线（0.75）这一指标，但是由于本书研究的是2014年以前经济增长中的脆弱性，因此仍然沿用了存贷比这一指标。

六　投资、消费和国际贸易中的脆弱性

投资、消费和进出口贸易一直是中国经济增长中的三股重要力量，依靠这三股力量，中国经济取得了巨大的成就，但是受到的冲击和影响也较大。

（一）投资方面

按照经济学原理，由于投资效应的存在，投资的增加会带来倍增的经济增长效应，投资增加对中国经济增长具有极强的拉动作用（高鸿业、刘文忻等，2014）。但是，在中国的投资结构中，固定资产投资比例过高，投资规模大，增长的幅度大，但投资效率却呈现明显下降的趋势。1979—2014 年固定资产投资占 GDP 比重在逐步增加，2014 年的占比已经超过了 80%；固定资产投资的增长速度一直超过 GDP 的增长速度，特别是 2008 年以后，固定资产投资的增长率几乎每年都是经济增长速度的 2—3 倍（见图 3 - 12）。按照这样的态势，投资的增加必然推动和诱发信贷的扩张，造成赤字；在生产上，投资增加过快，产品需求不足，供给侧产品过剩，就会引发产能过剩。在固定资产投资结构中，房地产投资是一个主要的投资渠道。对 2014 年各省域房地产投资（见图 3 - 13）进行分析发现，房地产投资占固定资产比重过高，北京、上海和海南的比重已经超过了 50%，最低的吉林也超过了 10%。在前十名省份中，云南、贵州、重庆和四川四个西部省市也位列其中，并且比重都超过了 30%。地方政府为了实现投资拉动经济增长，会加速卖地，促进土地财政的增加来解决投资中的赤字问题，但是需求不足，房地产行业有可能产能过剩，容易形成房地产泡沫，进而会产生一系列的连锁效应，对经济增长造成很大的影响和冲击。

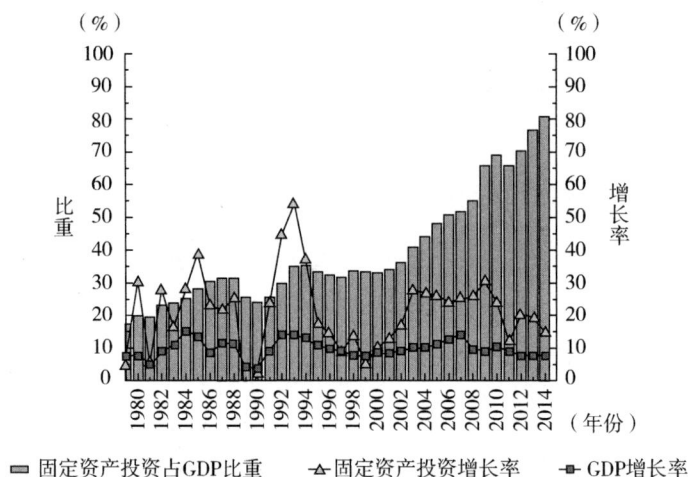

图 3 – 12　固定资产投资变化（1979—2014 年）

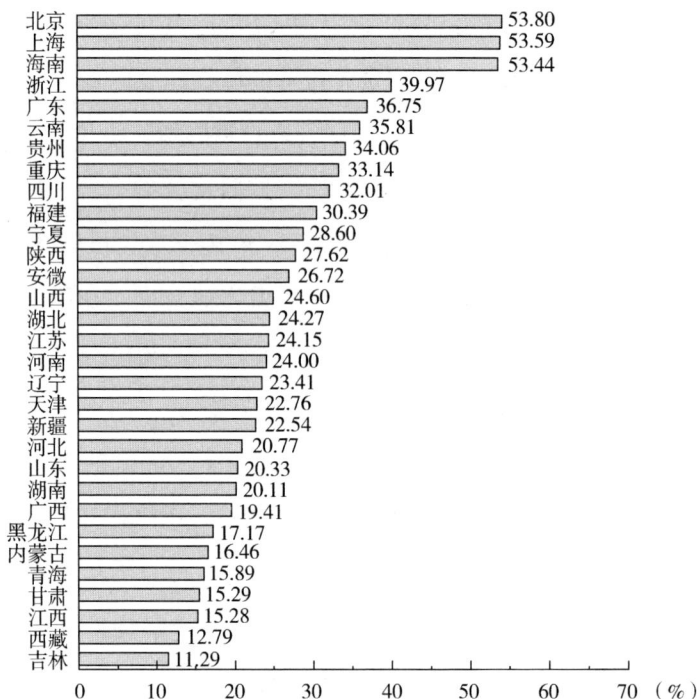

图 3 – 13　省域房地产投资占固定资产投资比重排序（2014 年）

（二）消费方面

消费对于经济增长有着基础性的促进作用，但中国消费对于经济增长的贡献不够，并没有对经济增长形成大的促进作用，消费能力不足成为中国经济增长的典型特征。1979—1990 年，居民消费支出对 GDP 贡献率始终在 50% 以上，并且由于农村居民人口庞大的优势，农村居民消费支出一直超过城镇居民的消费支出。1991—2014 年，居民消费支出对 GDP 的贡献率开始下降，城乡居民消费支出占总消费支出比重也发生了逆转，城镇居民的消费支出超过农村居民，并且所占比重越来越大。2003—2013 年，城镇居民消费支出占总消费支出的比重在 70% 左右，农村居民消费能力不足成为经济增长中突出的一个掣肘因素（见图 3 - 14）。消费能力不足就不能形成对产品的有效需求，造成产品过剩，体现出经济增长脆弱性的一面。

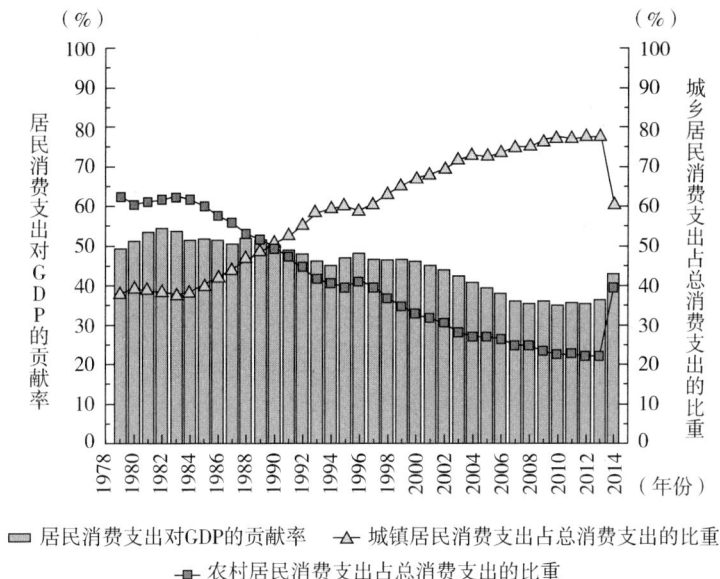

图 3 - 14　城乡居民消费支出变化（1979—2014 年）

资料来源：《中国统计年鉴》（1980—2015）。

（三）对外贸易方面

对外贸易是中国经济增长的主要力量，在 1978 年改革开放之初，中国面对庞大的外部市场，积极发展对外贸易，极大地促进了经济增长。但是，对外贸易也是最容易受到扰动，进而影响经济增长的因素。除汇率波动影响对外贸易外，世界经济增长整体下滑，外需、产品成本、贸易环境和贸易政策的变化，也使经济增长受到很多不确定性因素的冲击和影响。

采用外贸依存度对对外贸易进行整体判断，外贸依存度 = （进出口总额/GDP 总量） ×100%；采用外贸出口依存度来判断中国对于外部市场的依赖程度，外贸出口依存度 = （出口总额/GDP 总量） ×100%。1979—2014 年，中国外贸依存度在增加，特别是在 2002—2008 年这个阶段，外贸依存度比较高，2008 年之后，外贸依存度开始下滑。外贸出口依存度的基本趋势和对外贸易依存度几乎一致，2008 年之后开始下滑。从外贸依存度分析，国际市场对于中国经济增长来说至关重要，中国的外贸出口依存度高，外部市场需求大时，对中国经济增长的拉动作用就大。从依存度的曲线变化看，波动较大，并且比较频繁，容易对中国经济增长产生比较大的冲击和影响（见图 3 - 15）。

七　城镇化进程中的脆弱性

城镇化发展对于经济增长有积极的促进作用，也是经济可持续增长的主要保障，不同阶段的城镇化对于经济增长具有不同的影响和冲击。美国城市地理学家 Ray 和 Northam（1963）提出著名的城镇化发展三阶段的诺瑟姆曲线。该曲线根据城镇化水平进行划分，将城镇化率 30% 以下作为城镇化发展的初期阶段，30%—70% 作为城镇化发展的中期阶段，70% 以上作为城镇化发展的后期阶段。

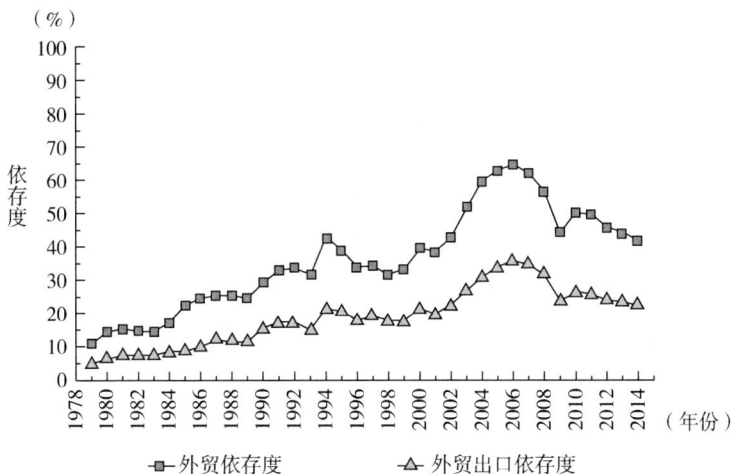

图3-15 对外贸易依存度变化（1979—2014年）

资料来源：《中国统计年鉴》（1980—2015）。

中国城镇化发展迅速（见图3-16），1979—1995年中国城镇化水平处于30%以下的初期阶段；1996—2014年中国城镇化率为30%—70%，进入快速发展的中期阶段。快速的城镇化改变了中国城乡的经济景观，城镇将生产、生活、社会、基础设施以及资源和能源的消耗等集结为一体，在功能和空间上实现了聚集，对经济资源进行了再配置，形成了经济增长的巨大动力。但是，由于城镇功能的培育不充分和不完善，城镇的承载力较低，城镇化进程不断受到影响和冲击。

从城镇化水平的增长速度（见图3-16）分析，1979—1995年，城镇化的增长具有较大波动性；1996—2014年，城镇化的增长速度有逐渐下滑的趋势，说明中国城镇化进入中期阶段，城镇化的增长动力受到挑战，城镇化的动力不足对刺激内需、拉动经济增长有较大的影响和冲击。另外，二元化的结构特征突出，城镇和农村的经济增长态势加速分化，城镇在收入、消费、基础设施、产业融合等方面有力地促进了经济增长，而农村在这些方面与城镇存在较大的差距。

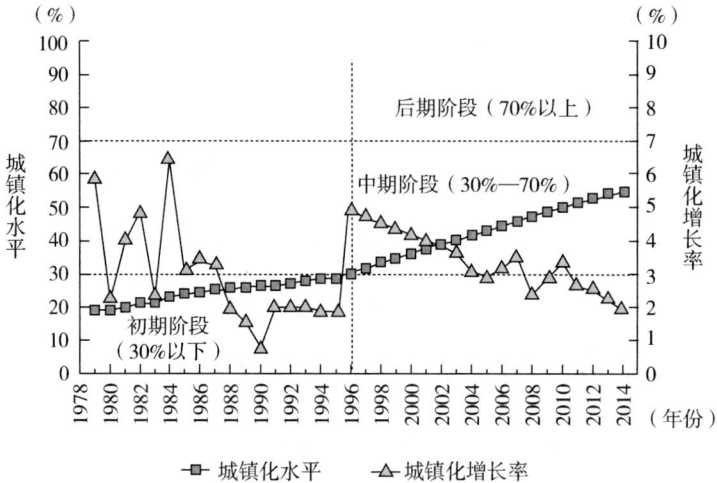

图 3 - 16　城镇化进程（1979—2014 年）

　　各省域城镇化区域差异大，三阶段并存。2000—2014 年，西藏始终处于城镇化的初期阶段，北京、天津、上海在 2000 年已进入了城镇化的后期阶段，其他省域也已经全面步入城镇化的中期阶段。城镇化在与工业化、信息化、农业现代化、经济全球化同步推进的进程中，也暴露出一些矛盾和问题。目前，中国城镇化还比较粗放，依靠资本投资、土地城镇化来带动城镇规模扩张的现象突出，不利于经济效率的提升，造成资源配置扭曲，城镇化质量低下，产生一定程度的脆弱性，影响到经济增长方式的转变。脆弱性已经成为阻碍城市可持续发展的重要因素（王岩、方创琳等，2013）。

八　社会发展过程中的脆弱性

　　在经济快速增长的过程中，经济实力增强和人民生活水平提升，也伴随着一些矛盾的积累，这些矛盾和经济增长变化带来的社会急剧转型、阶层的分化、民生的强烈需求等，容易造成经济增长的不稳定性，产生脆弱性。根据联合国基尼系数标准，通常把 0.4 作为收入分配差距的警戒线，如果超过警戒线就容易导致社会的不稳定，引发社会动荡。中国的基尼系数在 1993 年之前，基本处于 0.4 以下，收入相对平均；1994 年后，除了 1999 年基尼系数为 0.3870，其他年份都处于国际警戒线 0.4 以上，特别是在 2001 年之后，基尼系数一直接近0.5（见图 3 – 17）。中国的基尼系数过高，长期处于国际警戒线之上，说明贫富差距悬殊，收入分配机制不完善和不公平，易导致收入阶层的分化，增加社会的不稳定因素，对经济持续稳定性增长也会产生冲击和影响。社会保障是经济增长的"推进器"，是保障经济增长的一项基本制度安排，也是维护社会安全和稳定的重要机制。目前中国的社会保障还不健全和不完善，社会保障能力弱且社会化服务程度较低（见图 3 – 18）。1993—2014 年，中国失业保险参保人数占就业人数的比重逐步增加，从 1993 年的 11.86% 提高到了 2014 年的 22.06%，但

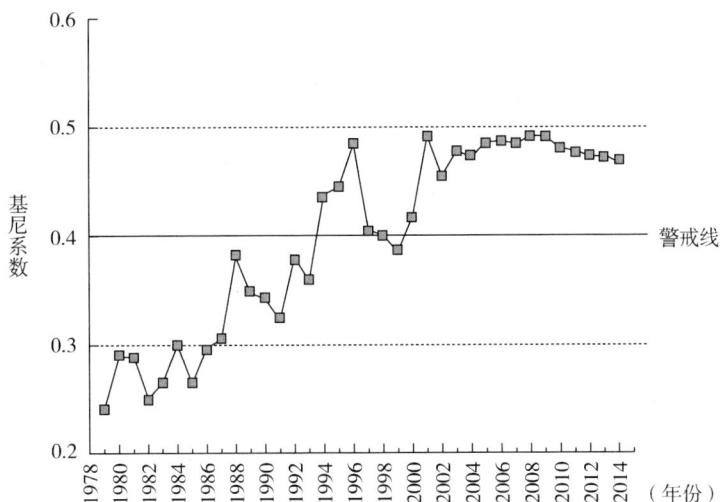

图 3 – 17　基尼系数（1979—2014 年）

资料来源：《中国统计年鉴》（1980—2015）。

是比重较低。按照国际劳工组织《社会保障最低标准公约》规定，失业保险覆盖范围在全体雇员中应不低于50%，中国在此方面还有很大的提升空间。1993—2014年中国社区服务机构覆盖率从8.30%提高到36.90%，社区服务覆盖半径越来越大，但是随着中国经济的快速增长和社会发展的转型，人们对于教育、医疗和养老等社会化服务的市场需求越来越高。由于社会基础比较薄弱，资源配置不合理，城乡之间、区域之间发展不均衡，产生的矛盾较大且不能在短时间内得到有效减缓。社会保障和社会化服务与经济增长的步伐不协调一致，使得二者之间的适应性较差，不能产生相互协调发展的积极作用。

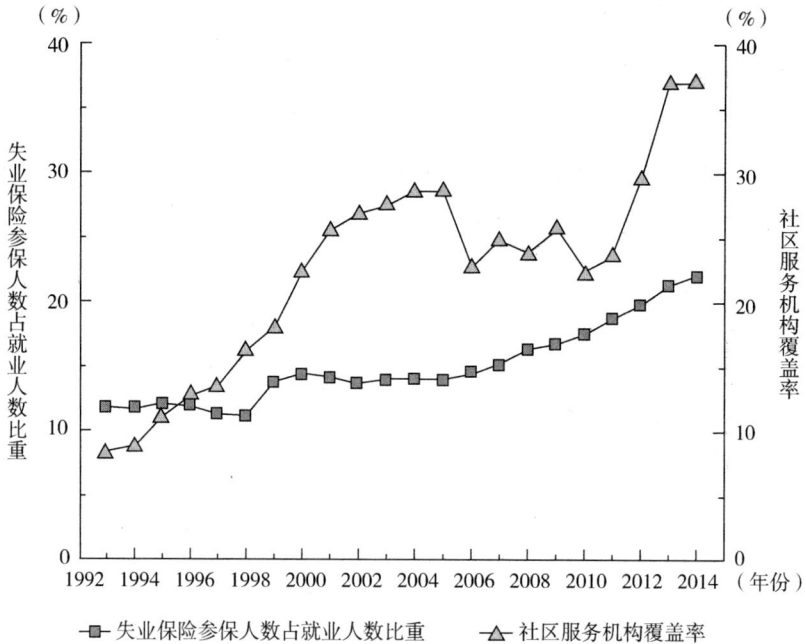

图 3−18　失业保险与社区服务机构（1993—2014年）

资料来源：《中国统计年鉴》（1994—2015）。

九　资源利用过程中的脆弱性

资源短缺是中国经济增长中的重要掣肘因素。尽管资源在经济增长中的贡献率在下降，但是在目前中国的工业化进程中，还没有完全实现产业的升级和转型，资源对一些区域的经济增长至关重要。在资源短缺的同时，经济发展对于资源的需求却在持续增加。但由于生产方式粗放，资源利用效率不高，经济增长的可持续性面临极大的压力。从能源消耗、电力消费与 GDP 的增长速度比较可以看出，中国的能源消费弹性系数具有波动性（见图 3－19），并没有随着经济发展、技术水平的提高呈现一种稳定的态势；电力消费弹性系数要比能源消费弹性系数高，说明在能源消费中存在结构性问题和资源配置效率问题。在有限资源的情况下，为促进经济增长，合理集约与有效利用资源是经济增长方式转变的方向，也是经济增长效益的主要体现，是经济增长实现可持续的重要手段。但目前，能源和资源使用的结构单一，效率不高，不能完全有效地转化为生产率来促进经济增长，资源的安全保障供应和供给约束也是经济增长中典型的脆弱性特征。

按照环境库兹涅茨曲线呈现倒"U"形的特征，在经济增长的初期，环境随着经济增长会不断恶化，但是在拐点之后，环境会随着经济增长而逐步改善。环境库兹涅茨曲线理论得出一个重要结论，即当人均收入超过 6000—8000 美元这个临界点时，环境质量就会开始变好。中国人均 GDP 在 2012 年超过 6000 美元，目前正好处于拐点时期，在这个拐点时期经济增长应该会衍生出规模效应、结构效应和技术进步效应等一系列有利于环境质量改善的效应。但是，中国目前的环境压力仍然较大，没有完全摆脱粗放式经济增长的道路，

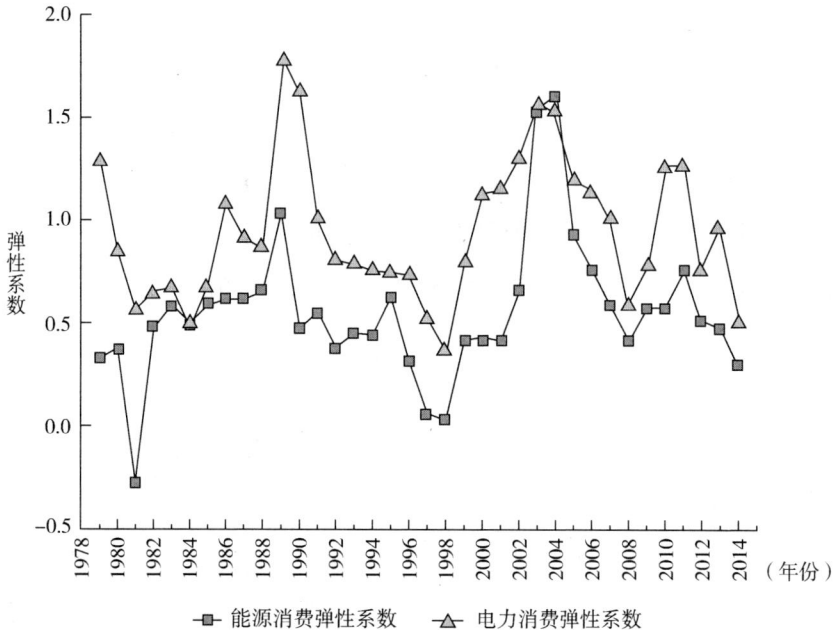

图 3 - 19　能源消费弹性系数和电力消费弹性系数（1979—2014 年）

资料来源：《中国统计年鉴》（1980—2015）。

资源环境代价惨重。2014 年全国突发环境事件 471 次，重大环境事件 3 次，较大环境事件 16 次，一般环境事件 452 次，造成的直接经济损失在 1 亿元以上。

　　中国快速经济增长导致能源需求大幅度增加，由于能源供给制约多和能源技术水平总体落后，能源生产应对经济增长需求的能力不足。选取能源生产弹性系数和能源加工转化效率两个指标进行分析：能源生产弹性系数 = 能源生产总量年平均增长速度/GDP 年平均增长速度；能源加工转化效率 = （能源加工转换产出量/能源加工转换投入量）×100%。1979—2014 年，能源生产弹性系数具有波动性，并且弹性系数值大部分处于 1 以下（见图 3 - 20），说明能源生产量的增长要落后于经济总量的增长，能源生产不能满足经济增长的有效需求。

1979—2014 年，能源加工转化效率一直在 70% 左右徘徊，说明能源加工转化效率的技术水平仍然没有大的突破，能源加工转化装置和生产工艺仍然落后，管理水平较低。另外，中国能源体制中存在一些垄断性问题，譬如自然垄断、行政垄断和行业垄断等，使社会资本参与度低，在价格管理上不按照市场价格，资源配置的市场作用丧失，能源价格扭曲。

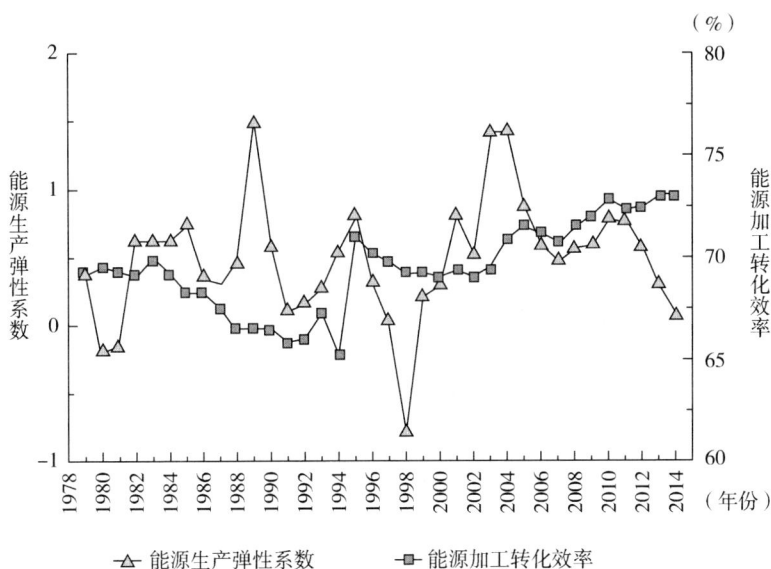

图 3 - 20　能源生产和加工转化（1979—2014 年）

资料来源：《中国统计年鉴》（1980—2015）。

从中国环境污染治理投资占 GDP 比重分析（见图 3 - 21），2000—2014 年，随着 GDP 总量的增长，环境污染治理投资的数额越来越大，环境质量得到了明显改善。但是该项投资占 GDP 的比重较低，说明环境治理投资存在结构性问题，环境治理的压力较大，应对能力不足，脆弱性特征明显。

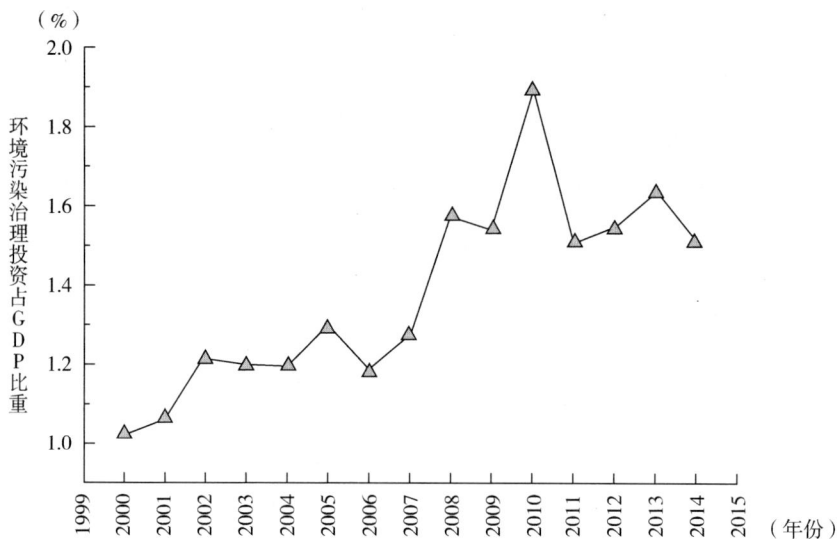

图 3 – 21　环境污染治理投资占 GDP 比重（2000—2014 年）

资料来源：《中国统计年鉴》（1980—2015）。

十　系统多维度与时空多尺度的地方化脆弱性特征

经济增长具有多尺度和地方化特征，经济脆弱性是经济增长复合系统中的本质属性，因此，经济增长中的脆弱性同样具有多尺度和地方化特征。在系统维度上，经济增长所处的系统是一个复合系统，包含经济子系统、社会子系统和自然—资源—环境子系统多个维度，每一个子系统在受到扰动和影响后，呈现出不同的应对能力，因此每一个子系统呈现不同的脆弱性表征。但各子系统之间又具有关联性、协同性、耦合性等，在整体上又呈现出系统整体的脆弱性特征。在时空尺度上，经济增长是一个较长期的过程，在不同的时间段呈现出不同的脆弱性特征。对于经济增长的分析可以从全国、省、市、县等不同区域空间尺度来进行探讨，每一个区域空间尺度内的经济增长在人口、地理位置、环境、资源禀赋、经济发展水平、经济阶段上等要素上存在不同的地方化特征，因此不同区域空间尺度的经济脆弱性表征也是不同的。

第四章　经济脆弱性综合评价

本章阐述经济脆弱性综合评价的基本流程、评价对象、评价原则、评价步骤和多级可拓评价方法，并进行经济脆弱性的多级可拓评价模型的构建，对 1993—2014 年全国经济脆弱性进行综合评价和分析，对 2000—2014 年 31 个省域经济脆弱性进行综合评价和分析。

第一节　经济脆弱性综合评价方法

一　评价流程

经济脆弱性综合评价基本流程如图 4 - 1 所示。

二　评价目标

通过对中国经济增长变化中经济脆弱性进行综合评价，有效诊断区域经济增长中经济脆弱性问题及其空间格局变化，以降低经济脆弱性为主要目标，防范经济增长风险，促进经济增长的可持续性。

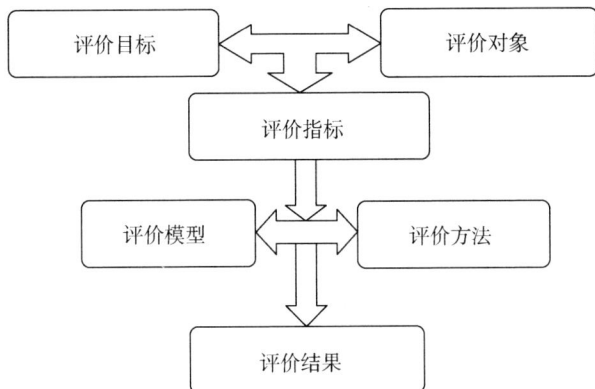

图 4 - 1 经济脆弱性综合评价基本流程

三 评价对象

经济脆弱性综合评价对象为中国经济增长中存在的区域经济脆弱性，主要从时空两个尺度开展评价。空间尺度上选取全国和省域两个尺度。时间尺度上选取 1992 年中国经济开始实行市场化改革后的经济脆弱性进行综合评价，全国选取的时间尺度范围为 1993—2014 年，根据省域行政区划的稳定性，省域选取的时间尺度范围为 2000—2014 年。

四 评价原则

为了更好地实现经济增长中经济脆弱性研究的定量化，需建立相应的评价指标体系。根据经济脆弱性的概念、内涵以及研究理论框架，评价指标在客观、合理、有效和全面的基础上，遵循以下几项原则：

（1）科学性原则。构建经济脆弱性指标体系，必须在深刻理解经济脆弱性的概念和内涵的科学认识上，客观真实地反映经济增长中各个子系统面临扰动时产生的经济敏感性，以及各个子系统的经济适应性，并且能够采用科学的数据处理方法和评价模型，准确地测度出经济脆弱性的大小，实现科学性的评价。

（2）系统性原则。脆弱性涉及经济子系统、社会子系统和自然—资源—环境子系统，是一个复合系统。不同的子系统之间相互作用和影响，共同决定了经济增长中的经济脆弱性。在考虑每个子系统内部要素时，还要结合其他子系统表征出来的要素特征，从系统论的观点对经济敏感性、经济适应性和经济脆弱性进行分析和评价，从而在本质上掌握经济增长中的经济脆弱性特征。

（3）动态性原则。系统是一个不断演化的动态过程，在经济增长系统不断受到扰动的变化中，经济敏感性和适应性能力处于动态变化之中，在时空尺度的响应和表征是不同的。因此，需要充分考虑经济脆弱性历史演绎过程以及未来演化趋势、区域格局演化特征，按照经济增长可持续发展目标的实现来选取相应指标。

（4）主导性原则。在指标选取上，要繁简适当。在众多子系统影响因素中，并非所有的因素都起到主导作用，在建立指标体系时，必须将经济增长可持续发展目标中的表征性和主导性因素列为考量指标。

（5）普适性原则。构建经济脆弱性评价指标体系，应该着眼于其内部机制分析和未来优化调控分析，在此基础上有利于评价结果的比较和再利用，具有普适性。

（6）可操作性原则。在数据信息的获取上，充分考虑指标数据的可获得性、可靠性。尽量采用统一的标准进行计量，尽量避免人为因素的影响，以便于量化和空间化的表达，确保评价结果的准确性、科学性和客观性。

五　评价步骤

本书采用多级可拓评价方法对经济脆弱性进行综合评价，评价基本步骤如下：

第一步，确定各子系统不同层次指标的权重；

第二步，利用多级可拓评价方法，分别对经济敏感性和经济适应性进行综合评价。

第三步，根据经济敏感性和经济适应性的综合评价结果，利用经济脆弱性 VSD 评价模型计算出脆弱性的大小和划分类型。

六　评价方法

（一）熵权法

为了区分各子系统中经济敏感性和经济适应性中各层级指标的重要性，需要赋予不同的权重。目前较为常见的确定权重的方法主要有以下几种。

（1）德尔菲法（Delphi Method）。德尔菲法是最常用的确定权重的方法，又称专家打分法，主要依据专家的经验、知识和智慧等判断指标的重要程度。这种方法简单、直观、易操作，但由于主观意识对评价的结果影响较大，该方法对专家的依赖程度较高（Linstone and Turoff，1976）。

（2）层次分析法（the Analytic Hierarchy Process，AHP）。该方法是美国学者萨德（Saaty，1977）于 20 世纪 70 年代提出的一种定性分析和定量分析相结合的多目标、多准则的评价决策方法。首先主要依据评价指标间内在的逻辑关系，构成有序的层次结构，其次针对每一层的指标，运用专家的知识、经验、信息和价值观进行两两比较，并按规定的标度值构造比较判断矩阵，再计算比较判断矩阵的最大特征根，计算特征向量，最后将特征向量归一化，得到各指标的权重向量。由于社会经济系统中很多问题具有模糊性以及人的认识偏差，因此层次分析过程中的判断矩阵很难满足一致性，对原判断矩阵至今没有一个统一的修正模式。

（3）熵权法（Entropy Method）。该方法是一种客观赋权法，主要根据各个指标值的变异程度，利用信息熵计算各指标的权重。信息熵值越大，信息的效用值越小；反之，信息熵值越小，信息的效用值越大。利用熵权法可以根据指标信息的效用值确定指标的权重大小，避免了主观因素对指标权重值的影响（Rubinstein and Kroese，2004）。具体步骤如下：

第一步，数据标准化处理。由于本书中指标体系选取的都是正向属性指标，因此采用正向指标处理数据方法：

$$Y_{ij} = \frac{X_{ij} - X_{\min(j)}}{X_{\max(j)} - X_{\min(j)}} \tag{4-1}$$

式中，Y_{ij} 为第 i 个样本第 j 个指标标准化后的值，X_{ij} 为第 i 个样本第 j 个指标的统计值，$X_{\min(j)}$、$X_{\max(j)}$ 为指标 j 的最小值和最大值。数据标准化之后数值处于 [0，1] 区间。

第二步，根据标准化数据计算指标比重值。

$$P_{ij} = \frac{Y_{ij}}{\sum_{i=1}^{m} Y_{ij}} \tag{4-2}$$

式中，P_{ij} 为第 i 个样本第 j 个指标的比重，m 为样本总数。

第三步，计算信息熵值。

$$E_j = -k \sum_{i=1}^{m} P_{ij} \ln (P_{ij})$$
$$k = 1/\ln (m) \qquad\qquad (4-3)$$

式中，E_j 为第 j 个指标的信息熵值。

第四步，计算效用值。

$$U_j = 1 - E_j \qquad\qquad (4-4)$$

式中，U_j 为第 j 个指标的效用值。

第五步，计算权重。

$$W_j = \frac{U_j}{\sum_{j=1}^{n} U_j} \qquad\qquad (4-5)$$

式中，W_j 为第 j 个指标的权重。将每个子系统内的指标权重值相加得到该子系统的权重值。

（二）多级可拓评价方法

经济脆弱性涉及经济子系统、社会子系统和自然—资源—环境子系统。依据系统科学的观点，三个子系统在经济增长中是相互关联的，每一子系统又分为不同的层次和指标，并且系统中每一个层次和指标不但与系统内指标关联，而且与其他系统的层次和指标存在一定的关联。对于经济敏感性，在扰动下各个系统、不同层次和每个指标敏感要素都处于联动之中。不同系统中适应能力，也体现为各个系统、层次和能力指标之间的联动过程。这些都符合系统的自组织演化特征。采用可拓集合理论可以明晰经济敏感性和经济适应性的动态演化特征，在此基础上可以更好地分析经济脆弱性的产生机制。

1. 多级可拓评价的基本原理

中国学者蔡文创立的可拓学理论，主要根据物元理论，将物元作为可拓评价的基本逻辑单元，把现实世界存在的事物抽象为事物、特征以及特征对应的量值的三元组。理论主要包括可拓集合理论、关联度理论、关联函数、经典域、节域等主要内容（蔡文，1994，1999）。

可拓集合理论的数学表述为：设 U 为论域，k 为论域 U 到实域 R 对应的映射关系，T 为论域 U 中元素 u 的变换，建立论域 U 上关于元素变换 T 的一个可拓几何集合 A（T），A（T）＝ $\{(u, y, y')$ $|u \in U, y = k（u）\in R, y' = k（Tu）\in R\}$，y 为可拓集合 A（T）的关联函数，关联函数主要依据实变函数中距离的概念计算实域中的位置关系。k（u）为 u 关于可拓集合 A（T）的关联度，y' 为可拓集合 A（T）的可拓函数。通过关联函数的取值大小，不但可以定量描述论域 U 中元素 u 之间的隶属关系，而且可以区分出不同的层次关系，并且可以计算出关联度的大小（蔡文、杨春燕等，2003，2004，2013；何逢标，2010；李志林，2000；宋守信、姚德志等，2017）。

2. 多级可拓评价的步骤

第一步，确定等级论域 U 和评价因素集 C。

首先设定等级论域：

$$U = \{U_j, j = 1, 2, \cdots, m\} \qquad (4-6)$$

式中，等级论域分为 m 个评价等级。

设定评价指标因素集：

$$C = \{c_i, i = 1, 2, \cdots, n\} \qquad (4-7)$$

式中，c_i 为第 i 个评价指标。

第二步，确定经典域和节域。

$$设 R_j = (U_j, C, V_j) = \begin{bmatrix} U_j & c_1 & \langle a_{j1}, b_{j1} \rangle \\ & c_2 & \langle a_{j2}, b_{j2} \rangle \\ & \vdots & \vdots \\ & c_n & \langle a_{jn}, b_{jn} \rangle \end{bmatrix} \qquad (4-8)$$

式中，V_j 为 U_j 的经典域，作为评价指标集 C 中根据等级 U_j 所选取的评价指标范围值，a_{jn} 为经典域的下限矩阵，b_{jn} 为经典域的上限矩阵。

$$设 R_U = (U, C, V_U) = \begin{bmatrix} U & c_1 & \langle a_{U1}, b_{U1} \rangle \\ & c_2 & \langle a_{U2}, b_{U2} \rangle \\ & \vdots & \vdots \\ & c_n & \langle a_{Un}, b_{Un} \rangle \end{bmatrix} \quad (4-9)$$

式中，V_U 为节域，作为评价指标集 C 中根据等级 U 所选取的范围值，a_{Un} 为节域的下限矩阵，b_{Un} 为节域的上限矩阵。

第三步，确定评价物元。

评价物元公式为：

$$R_i = \begin{bmatrix} N & c_{i1} & v_{i1} \\ & c_{i2} & v_{i2} \\ & \vdots & \vdots \\ & c_{ik} & v_{ik} \end{bmatrix} \quad (4-10)$$

式中，N 为评价对象，v_{ik} 为评价对象 N 关于 c_{ik} 的取值（$k=1$，$2，\cdots，p$），p 为二级指标的个数。

第四步，计算指标的关联度。

二级指标的关联度为：

$$k_j(c_{ik}) = \begin{cases} \dfrac{\rho(v_{ik}, V_j)}{\rho(v_{ik}, V_U) - \rho(v_{ik}, V_j)} & x \notin (a_{kj}^i, b_{kj}^i) \\ 0.05 & v_{ik} = a_{kj}^i \text{或} v_{ik} = b_{kj}^i \\ \dfrac{\rho(v_{ik}, V_j)}{b_{kj}^i - a_{kj}^i} & x \in (a_{kj}^i, b_{kj}^i) \end{cases}$$

$$(4-11)$$

式中，$k_j(c_{ik})$ 为第 i 个一级指标中第 k 个二级指标 j 等级的关联度。关联系数为：

$$\rho(v_{ik}, V_j) = \left| v_{ik} - \frac{a_{ji} + b_{ji}}{2} \right| - \frac{(b_{ji} - a_{ji})}{2} \quad (4-12)$$

$$\rho\ (v_{ik},\ V_U)\ =\ \left| v_{ik} - \frac{a_{Ui} + b_{Ui}}{2} \right| - \frac{(b_{Ui} - a_{Ui})}{2} \qquad (4-13)$$

将二级指标权重向量与二级指标各等级的关联度矩阵相乘，计算出一级指标的关联度矩阵为：

$$k\ (c_i)\ =\ [k_j\ (c_i)]\ =$$

$$[w_{i1},\ w_{i2},\ \cdots,\ w_{ip}] \cdot \begin{bmatrix} k_1\ (c_{i1}) & k_2\ (c_{i1}) & \cdots & k_m\ (c_{i1}) \\ k_1\ (c_{i2}) & k_2\ (c_{i2}) & \cdots & k_m\ (c_{i2}) \\ \vdots & \vdots & \vdots & \vdots \\ k_1\ (c_{ip}) & k_2\ (c_{ip}) & \cdots & k_m\ (c_{ip}) \end{bmatrix}$$

$$(4-14)$$

将一级指标的权重向量与一级关联度系数相乘计算出评价对象的关联度矩阵：

$$k\ (N)\ =\ [w_1,\ w_2,\ \cdots,\ w_n] \cdot \begin{bmatrix} k_1\ (c_1) & k_2\ (c_1) & \cdots & k_m\ (c_1) \\ k_1\ (c_2) & k_2\ (c_2) & \cdots & k_m\ (c_2) \\ \vdots & \vdots & \vdots & \vdots \\ k_1\ (c_n) & k_2\ (c_n) & \cdots & k_m\ (c_n) \end{bmatrix}$$

$$(4-15)$$

第五步，评价结果。

评价等级判断：若 $k_{j0}\ (N)\ =\ \max\limits_{j=\{1,2,\cdots,m\}} k_j\ (N)$，则评价对象 N 属于等级 j。

评价系数 j^*：

$$j^* = \frac{\sum\limits_{j=1}^{m} j \cdot k'_j(N)}{\sum\limits_{j=1}^{m} k'_j(N)} \qquad (4-16)$$

式中，$k'_j\ (N)\ = \dfrac{k_j\ (N)\ - \min\limits_j k_j\ (N)}{\max\limits_j k_j\ (N)\ - \min\limits_j k_j\ (N)}$。

七　理论框架和评价模型

目前，还没有专门针对经济脆弱性研究的理论框架，因此借鉴脆弱性的一些理论框架，从经济增长视角研究经济脆弱性，目的是降低经济脆弱性，促进可持续的经济增长。在此基础之上，构建了经济增长中经济脆弱性研究的理论框架（见图4－2），并将 VSD 模型作为本书的评价模型。

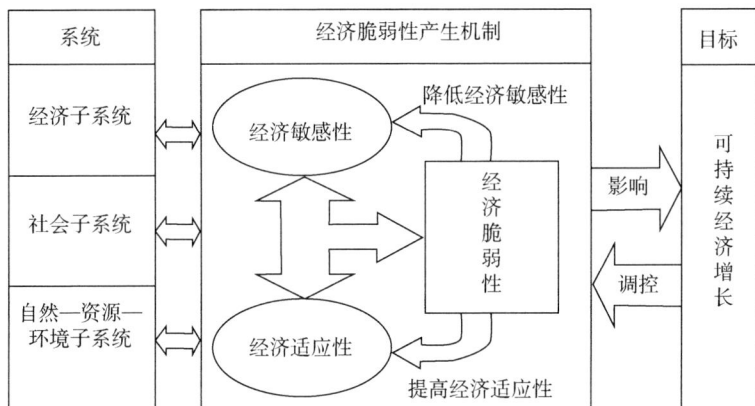

图4－2　经济脆弱性研究的理论框架

该经济脆弱性研究的理论框架体现的内涵有以下几点。

（1）经济脆弱性的影响因素来自经济、社会、生态系统等多个方面，有多种表征，是一个复合系统（冯振环、赵国杰，2005）。在理论框架中，经济增长系统包括经济子系统、社会子系统和自然—资源—环境子系统三个子系统（多系统特征），在系统内外多重扰动因素的作用下，会产生脆弱性（王红毅，2012），具有典型的非确定性特征。

（2）经济可持续发展中脆弱性的产生总是针对特定的扰动而言

的，面对不同的扰动会表现出不同的脆弱性，脆弱性是系统的本质属性（王红毅，2012）。该理论框架的研究主题是经济增长中的经济脆弱性，经济脆弱性是经济增长中存在的本质属性，对经济增长产生潜在的影响和损失。

（3）经济脆弱性产生机制中包含经济敏感性、经济适应性两个重要构成要素。经济敏感性与经济适应性共同作用产生一定程度的经济脆弱性，经济脆弱性可以进行度量。对经济脆弱性的定量化评价是进行经济脆弱性研究的主要内容。

（4）实现可持续经济增长目标，需采取积极的降低经济脆弱性的措施。通过降低经济敏感性和提高经济适应性均可以降低经济脆弱性。

（5）经济脆弱性是一个相对概念。具有经济脆弱性的某个区域必然存在于一个由若干地区所组成的大区域（或国家）内，进而大区域（或国家）的发展也具有经济脆弱性，离开其所在的大区域（或国家）的可比对象，即不复存在（冯振环、赵国杰，2005）。因此，经济脆弱性需要从多尺度的区域经济特征和背景进行相关的研究。

根据以上的经济脆弱性理论模型框架与已有文献，本书经济脆弱性评价采用 VSD 模型（Gallopin，2003，2006；Polsky et al.，2007），其函数形式为：

$$V = f(S, D) \tag{4-17}$$

式中，V 为经济脆弱性，S 为经济敏感性，D 为经济适应性。

具体的经济脆弱性评价模型的函数形式为：

$$V_i = \frac{S_i}{D_i} \tag{4-18}$$

式中，V_i 表示第 i 个系统（或区域）的经济脆弱性；S_i 表示第 i 个系统（或区域）的经济敏感性；D_i 表示第 i 个系统（或区域）的经济适应性。

已有文献对 VSD 模型的解释为：脆弱性与敏感性为正向的函数关系，扰动带来的敏感性越大，脆弱性越大；适应性与脆弱性为反向的函数关系，适应性越强，脆弱性就越小（Gallopin，2003，2006；Polsky et al.，2007）。经济脆弱性的 VSD 模型解释为：经济脆弱性与经济敏感性、经济适应性呈现一种函数关系，经济脆弱性是由系统受到扰动时产生的经济敏感性和系统自组织具有的经济适应性决定的。经济敏感性强且系统自组织具有的经济适应性弱，经济脆弱性就会增强。反之，经济敏感性弱且系统自组织具有的经济适应性强，经济脆弱性就会下降（孙平军、修春亮，2010；杨爱婷、武剑，2012）。

八　评价指标

根据经济脆弱性的内涵、研究理论框架和评价模型，从经济系统、社会系统和自然—资源—环境系统三个子系统的多维视角，进行经济脆弱性指标体系的构建，包括经济敏感性指标和经济适应性指标（Briguglio，1995，2009；Crowards，1999；Chun-chieh Wang，2013；孙平军、修春亮，2010；程林、修春亮，2011；苏飞、张平宇，2010；王士君、王永超等，2010；高超、金凤君等，2012；杨爱婷、武剑，2012）。经济敏感性共计 22 个指标，其中经济子系统的敏感性指标 11 个，社会子系统的敏感性指标 6 个，自然—资源—环境子系统的敏感性指标 5 个（见表 4 - 1）。经济适应性指标共计 25 个，其中经济子系统的适应性指标 12 个，社会子系统的适应性指标 6 个，自然—资源—环境子系统的适应性指标 7 个（见表 4 - 2）。

表 4 - 1　　　　　　　　　经济敏感性指标体系

一级指标	二级指标	三级指标	四级指标	单位	指标阐释
经济敏感性	经济子系统	经济波动	经济增长波动幅度（S1）	—	经济增长系统的不稳定性
		产业扰动	第一产业扰动度（S2）	—	第一产业发展的不稳定性
			第二产业扰动度（S3）	—	第二产业发展的不稳定性
			第三产业扰动度（S4）	—	第三产业发展的不稳定性
		投资扰动	投资扰动度（S5）	—	固定资产投资的不稳定性
		消费变化	城乡消费比（S6）	—	城乡消费的不均衡性
		贸易压力	外贸依存度（S7）	%	经济增长的内外不平衡程度
		金融风险	汇率波动幅度（S8）	%	市场受国外冲击的影响
			存贷比（S9）	—	金融系统的不稳定性
		财政风险	财政赤字比率（S10）	%	财政风险和政府运营能力
		价格波动	通货膨胀率绝对值（S11）	%	物价变化对经济增长的冲击
	社会子系统	城乡差距	城乡收入比（S12）	—	城乡收入差距和城乡二元化
		贫富差距	基尼系数（S13）	—	贫富差距和收入不平等程度
		就业影响	城镇登记失业率（S14）	%	失业对经济增长的影响
		贫困压力	农村贫困发生率（S15）	%	贫困人口对经济增长的压力
		教育影响	学龄儿童失学率（S16）	%	反映教育公平和教育权利
		居民健康	居民年住院率（S17）	%	卫生医疗对健康的影响
	自然—资源—环境子系统	自然灾害	自然灾害直接经济损失增长率（S18）	%	自然灾害对经济增长的冲击和影响
		能源消费	能源消费弹性系数（S19）	—	能源消费对于经济增长的压力
		环境污染	工业废水排放量增长率（S20）	%	工业"三废"对于经济增长的压力
			工业废气排放量增长率（S21）	%	
			工业固体废物排放量增长率（S22）	%	

表 4－2　　　　　　　　　　　　经济适应性指标体系

一级指标	二级指标	三级指标	四级指标	单位	指标阐释
经济适应性	经济子系统	经济效率	资本生产率（D1）	—	资本对经济增长的回报率
			劳动生产率（D2）	元/人	劳动技术水平熟练程度
			全要素生产率（D3）	—	技术进步和技术变革
		经济制度	非财政支出占 GDP 比例（D4）	%	市场分配经济资源的比重
			非国有经济占工业总产值比例（D5）	%	市场化产权制度改革
			实际利用外资占 GDP 比例（D6）	%	要素市场发育程度
			每万人专利授权数（D7）	项/万人	市场中科技创新程度
			R&D 经费支出占 GDP 比例（D8）	%	科技创新的投入程度
		经济发展	人均 GDP（D9）	元	经济发展状况
			工业增加值占 GDP 比例（D10）	%	工业化发展程度
			第三产业增加值占 GDP 比例（D11）	%	第三产业发展水平
			居民消费支出占 GDP 比例（D12）	%	居民消费水平
	社会子系统	社会发展	城镇化率（D13）	%	社会发展程度
		社会保障	失业保险人数占就业人数比例（D14）	%	失业风险的保障能力
			基本养老保险人数占总人口比例（D15）	%	社会基本保障程度
			社区服务机构覆盖率（D16）	%	社会化服务建设程度
		社会投资	教育经费占 GDP 比例（D17）	%	教育事业发展程度
			卫生总费用占 GDP 比例（D18）	%	卫生事业发展程度
	自然—资源—环境子系统	自然灾害防御	每万人次自然灾害救济费（D19）	万元/万人次	自然灾害经济救援能力
		能源生产	能源生产弹性系数（D20）	—	能源加工和转化效率
			能源加工转化总效率（D21）	%	
		环境治理	工业污染源治理投资占工业总产值比例（D22）	%	治理工业污染投资力度
			工业废水排放达标率（D23）	%	环境治理的成效
			工业 SO_2 排放达标率（D24）	%	
			工业固体废物综合利用率（D25）	%	

（一）经济敏感性指标体系及其说明

经济敏感性指标主要选取一些正向指标，正向指标反映该指标值越大，经济敏感性越强。

（1）经济增长波动幅度（S1）。计算公式为：经济增长波动幅度＝｜当期经济增长率－上期经济增长率｜/上期经济增长率。一般情况下，经济增长波动幅度越大，经济增长系统越不稳定，敏感性越强，脆弱性增加。

（2）产业扰动度（S2、S3、S4）。计算公式为：

$$I_i = (\sum_{t=1}^{n} |I_{it} - \bar{I}_i|)/n\bar{I}_i \qquad (4-19)$$

式中，I_i 为第 i 产业（$i=1, 2, 3$）的扰动度，t 为某年份，n 为计算期的年数，I_{it} 为第 i 产业第 t 年的产值，$\bar{I}_i$ 为计算期内第 i 产业的年平均产值。产业扰动度越大，说明产业发展越不稳定，经济敏感性越强，经济脆弱性越大。

（3）投资扰动度（S5）。计算公式为：

$$F = (\sum_{t=1}^{n} |F_t - \bar{F}|)/n\bar{F} \qquad (4-20)$$

式中，F 为固定资产投资的扰动度，t 为某年份，n 为计算期的年数，F_i 为第 t 年固定资产投资总值，$\bar{F}$ 为计算期内固定资产投资的年平均投资值。投资扰动大，对经济增长影响大，敏感性强，脆弱性增加。

（4）城乡消费比（S6）。计算公式为：城乡消费比＝城镇居民人均消费性支出/农村居民人均生活消费支出。城乡消费比越大，敏感性越强，脆弱性增加。该指标为正向指标。

（5）外贸依存度（S7）。计算公式为：外贸依存度＝（当年进出口总额/当年 GDP 总量）×100%。外贸依存度越高，说明越容易受到国际市场的影响和冲击，敏感性强，脆弱性强。

（6）汇率波动幅度（S8）。汇率采用直接标价法，1 美元折算成

多少人民币。汇率波动幅度 = |当年平均汇率 – 上年平均汇率| / 上年平均汇率。

（7）存贷比（S9）。计算公式为：存贷比 = 年末金融机构各项贷款余额/年末金融机构存款余额。存贷比高，银行贷款多，银行风险大，敏感性强。

（8）财政赤字比率（S10）。计算公式为：财政赤字比率 =（财政支出 – 财政收入）/GDP × 100%。财政赤字比率增加，反映财政风险加大，政府管理运营能力低，敏感性增加。

（9）通货膨胀率绝对值（S11）。本书采用消费价格指数作为物价水平。计算公式为：通货膨胀率 = |当年消费价格指数 – 上年消费价格指数| / 上年消费价格指数 × 100%。通货膨胀率绝对值增加，物价上涨冲击影响越大，敏感性越强。

（10）城乡收入比（S11）。计算公式为：城乡收入比 = 城镇居民人均可支配收入/农村居民人均纯收入。该指标越大，反映城乡收入差距越大，城乡二元化越严重，敏感性越强。

（11）基尼系数（S13）。首先按收入水平由低到高分为 n 组，然后采用下梯形面积法计算基尼系数。计算公式：

$$G = 1 - \sum_{i=1}^{n} S_i$$

$$S_i = \frac{1}{2} (Q_{i-1} + Q_i) \times (U_i - U_{i-1}) \qquad (4-21)$$

$$Q_i = \sum_{i=1}^{n} q_i, \quad q_i = \frac{p_i}{\sum_{i=1}^{n} p_i}$$

$$U_i = \sum_{i=1}^{n} Y_i, \quad Y_i = \frac{y_i}{\sum_{i=1}^{n} y_i}$$

式中，i 表示收入水平分组（$i = 1, 2, \cdots, n$），p_i 表示第 i 组的

人口指标；y_i 表示第 i 组的收入水平；q_i 表示第 i 组人口占区域人口的比例；Y_i 表示第 i 组的收入占区域全部收入的比例；Q_i 表示累计人口比重；U_i 表示累计收入比例。S_i 表示梯形面积；G 为基尼系数。基尼系数越大，贫富差距越大，收入分配越不公平，敏感性越强。

（12）城镇登记失业率（S14）。城镇登记失业率是将城镇登记失业人员与城镇单位就业人员（扣除使用的农村劳动力、聘用的离退休人员、港澳台及外方人员）、城镇单位中的不在岗职工、城镇私营业主、个体户主、城镇私营企业和个体就业人员、城镇登记失业人员之和的比。城镇登记失业率越高，敏感性越强。

（13）农村贫困发生率（S15）。由于农村贫困标准的变化，本书贫困发生率根据《中国统计年鉴》的标准进行计算。主要选取 1978 年标准，在该标准下，1978—1999 年采用农村贫困标准，2000—2007 年采用农村绝对贫困标准。根据 2008 年标准，2008—2010 年采用农村贫困标准。根据 2010 年标准是新确定的农村扶贫标准，2011 年及之后年份采用该标准。农村贫困发生率越高，敏感性越强。该指标为正向指标。

（14）学龄儿童失学率（S16）。计算公式：学龄儿童失学率 =（1 - 学龄儿童入学率）×100%。该指标反映教育的公平度和教育权利，失学率越高，敏感性越强。

（15）居民年住院率（S17）。计算公式：居民年住院率 =（年入院人数/总人口数）×100%。居民住院率高，说明疾病对于健康威胁大，敏感性强。

（16）自然灾害直接经济损失增长率（S18）。计算公式：自然灾害直接经济损失占 GDP 比例 =（当年自然灾害直接经济损失 - 上年自然灾害直接经济损失）/上年自然灾害直接经济损失×100%。该指标说明自然灾害对于经济增长的冲击和影响，比例越大，敏感性越强。

（17）能源消费弹性系数（S19）。计算公式：能源消费弹性系数 =

能源消费量年平均增长速度/GDP 年平均增长速度。该指标反映能源消费对于经济增长的压力，能源消费弹性系数越高，敏感性越强。

（18）工业"三废"排放量增长率（S20、S21、S22）。三个指标反映环境对于经济增长的压力，数值越高，环境压力越大，敏感性越强。

（二）经济适应性指标体系及其说明

在 VSD 模型的具体应用中，并没有给出适应能力的内涵。由于经济脆弱性是一个复合系统，根据系统的特征，在 VSD 模型中脆弱性是复合系统的本质属性，是复合系统所处的一种状态特征。当复合系统处于扰动时，系统之间必然发生相互作用和影响，同时采取的适应策略（规划）或者系统自身的能力特征就会自发性地体现出来，以应对扰动之后系统之间的敏感性。这个过程是一个自组织过程。由于适应性中指标设计主要是能力指标，更多地体现出采取外在的策略（能力）施加于复合系统本身，可以说是系统运行中的一种相对他组织的行为。系统论中，自组织过强，如果没有有效的他组织进行引导和制约，系统就会盲目发展。如果他组织过强，自组织就会僵化，失去活力。因此，根据这一系统演化规律来对经济脆弱性进行探讨。

本书中经济适应性指标属性选取正向指标，指标值越大，适应能力越强，经济适应性就越强。

（1）资本生产率（D1）。资本生产率主要是指物质资本当年和过去的投入即资本存量的投入，计算公式为：资本生产率 = GDP 总量/固定资产投资存量。资本生产率越高，资本的回报率就越大，应对能力越强。固定资产投资存量需要测算，测算公式为：

$$K_t = I_t / P_t + (1 - \delta_t) K_{t-1} \qquad (4-22)$$

式中，K_t 为 t 年的实际资本存量，K_{t-1} 为 $t-1$ 年的实际资本存量，P_t 为固定资产投资价格指数，I_t 为 t 年的名义投资，δ_t 为 t 年的固定资产的折旧率。本书以 1978 年作为基期计算固定资产价格指数，由于我

国官方并没有公布投资序列的平减指数，因此采用全国 GDP 价格指数
平减；基年资本存量采用 Young（2000）的做法，用基年固定资产投资
额除以 10% 作为初始资本存量，折旧率采用 Jones 和 Hall 等（1998）的
做法以 6% 作为折旧率。资本生产率越高，适应性越强。

（2）劳动生产率（D2）。计算公式为：劳动生产率 = GDP 总量/
就业人数。劳动生产率越高，说明劳动者的技术水平和劳动技能及其
熟练程度越高，对经济增长变化的应对能力和适应性越强。

（3）全要素生产率（D3）。本书全要素生产率的推算采用包含资
本和劳动力两投入要素的 C – D 生产函数：

$$Y_t = AK_t^{\alpha}L_t^{\beta} \tag{4-23}$$

式中，Y_t 为第 t 年的产出水平，K_t 为第 t 年的资本投入，L_t 为第 t
年的劳动投入，α、β 分别为平均资本产出份额和平均劳动力产出份
额，假设规模收益不变，即 $\alpha + \beta = 1$。

首先对生产函数两边取自然对数：

$$\text{Ln}(Y_t) = \text{Ln}(A) + \alpha\text{Ln}(K_t) + \beta\text{Ln}(L_t) + \varepsilon_t \tag{4-24}$$

式中，ε_t 为误差项。将 $\beta = 1 - \alpha$ 代入得：

$$\text{Ln}(Y_t/L_t) = \text{Ln}(A) + \alpha\text{Ln}(K_t/L_t) + \varepsilon_t \tag{4-25}$$

采用 OLS 回归方法可以计算出 α 的数据，其中资本存量需要测算，
测算公式为资本生产率中资本存量的做法。全要素生产率的公式为：

$$A_t = Y_t/K_t^{\alpha}L_t^{\beta} \tag{4-26}$$

全要素生产率越高，说明技术进步和变革的幅度越大，极大地提
高了生产效率，促使生产能力有了很大的提升，适应性增强。

（4）非财政支出占 GDP 比例（D4）。非财政支出占 GDP 比例 =
（1 – 财政收入/GDP 总量）×100%。该指标反映在经济资源分配方面
市场化所带来的变化。一般情况下，市场化程度高的地区，政府分配
经济资源的程度就会低些。该指标越高，政府分配经济资源的程度就

越低，市场化程度越高，制度变革的力度就越大，适应性越强。

（5）非国有经济占工业总产值比例（D5）。计算公式为：非国有经济占工业总产值比例 =（1 - 国有工业企业工业总产值/工业总产值）×100%。由于统计口径的不同，在2008年之后采用国有工业企业的工业产品销售收入来代替工业总产值，经比较发现，两个数据比较相近。非国有经济部门的发展是市场调节的主要手段，反映市场化改革过程中以市场为导向的产权制度改革程度，该指标数值越大，适应性越强。

（6）实际利用外资占GDP比例（D6）。计算公式为：实际利用外资占GDP比例 =（实际利用外资额/GDP总量）×100%。较高的利用外资水平反映良好的市场环境，要素市场的发育程度较好。

（7）每万人专利授权数（D7）。计算公式为：每万人专利授权数 = 专利授权数/总人口数。该指标反映市场中科技创新程度，创新程度越高，适应能力越强。

（8）R&D经费支出占GDP比例（D8）。R&D经费支出占GDP比例 =（R&D经费支出/GDP总量）×100%。该指标反映科技研发的投入程度，比例越高，科技研发投入力度越大，适应性越强。

（9）人均GDP（D9）。反映经济发展的状况，人均GDP越高，经济福利水平越高，适应性越强。

（10）工业增加值占GDP比例（D10）。工业增加值占GDP比例 =（工业增加值/GDP总量）/×100%。反映工业化的发展程度，工业化程度越高，经济增长快速，适应性越强。

（11）第三产业增加值占GDP比例（D11）。第三产业增加值占GDP比例 =（第三产业增加值/GDP总量）×100%。第三产业一般属于服务业，因此第三产业占GDP比例越高，说明服务化的程度越高，适应性越强。

（12）居民消费支出占 GDP 比例（D12）。居民消费支出占 GDP 比例 =（居民最终消费支出/GDP 总量）×100%。该指标反映居民消费水平，数值越大，适应性越强。

（13）城镇化率（D13）。城镇化率 =（城镇人口/总人口数）×100%。该指标反映社会发展中城乡发展状况，城镇化率越高，适应性越强。

（14）失业保险参保人数占就业人数比例（D14）。失业保险参保人数占就业人数比例 =（失业保险参保人数/就业人员数）×100%。该指标主要反映对于失业的保障程度，数值越高，应对能力越强。

（15）基本养老保险人数占总人口比例（D15）。基本养老保险人数占总人口比例 =（基本养老保险参保人数/总人口数）×100%。该指标主要反映社会的基本保障程度，数值越高，应对能力越强。

（16）社区服务机构覆盖率（D16）。该指标反映社会化服务体系建设，覆盖率越高，适应性越强。

（17）教育经费占 GDP 比例（D17）。该指标反映教育发展程度，投资越大，适应性越强。

（18）卫生总费用占 GDP 比例（D18）。该指标反映卫生事业的发展程度，数值越大，适应性越强。

（19）每万人次自然灾害救济费（D19）。每万人次自然灾害救济费 = 自然灾害救济费支出/自然灾害受灾人口数，该指标反映对受灾人口的经济援助程度，数值越大，抵御自然灾害的能力越强。

（20）能源生产弹性系数（D20）。能源生产弹性系数是研究能源生产增长速度与国民经济增长速度之间关系的指标。能源生产弹性系数 = 能源生产总量年平均增长速度/GDP 年平均增长速度。该指标越大，说明能源生产满足经济增长的能力越强。

（21）能源加工转化总效率（D21）。能源加工转化总效率 =（能

源加工转化产出量/能源加工转换投入量）×100%。该指标反映能源
生产的技术水平和管理水平，数值越大，适应能力越强。

（22）工业污染源治理投资占工业总产值比例（D22）。该比例 =
（工业污染源治理投资额/工业总产值）×100%。该比例越大，说明
对工业污染的治理力度越大，适应性越强。

（23）工业废水排放达标率（D23）、工业 SO_2 排放达标率（D24）、
工业固体废物综合利用率（D25）。这三个指标反映环境治理的成效，
数值越大，成效越大，适应性越强。

九　数据来源

本书中的数据主要源自《中国统计年鉴》（1992—2015）、《中国区
域经济统计年鉴》（2000—2015）、中国经济与社会发展统计数据库、
1999—2015 年 31 个省份的统计年鉴和中国年鉴网络出版总库。个别数
据是严格按照指标说明中的理论公式进行计算获得的。全国各子系统数
据见附录 1 至附录 6，由于省域数据庞大，本书未放入附录中。

第二节　经济脆弱性多级可拓评价模型的构建

一　等级论域的设定

经济敏感性等级论域：$U_s = \{U_{1s}, U_{2s}, U_{3s}\} = \{$弱敏感性，中
敏感性，高敏感性$\}$。当扰动对经济增长的影响不强时为弱敏感性；
当扰动对经济增长有影响但系统仍然处于合理阈值内时为中敏感性；
当扰动对经济增长影响较大且系统不稳定时为高敏感性。敏感性越强，
脆弱性越大。

经济适应性等级论域：$U_D = \{U_{1D}, U_{2D}, U_{3D}\} = \{$低适应性，中适应性，高适应性$\}$。当适应性能力阻碍或者制约经济可持续发展时，就表现为低适应性；中适应性说明适应能力基本满足可持续增长的需要；高适应性说明适应能力不但能够满足现在经济增长需求，而且对于未来一段时间的经济增长也具有促进的作用。适应性越强，越能促进经济的可持续增长，脆弱性就会降低。

二 评价因素集的设定

经济敏感性的评价因素集：

$$C_s = \{c_{si}, i = 1, 2, \cdots, m\} \qquad (4-27)$$

式中，c_{si} 为第 i 个经济敏感性四级指标，m 为指标个数。

经济适应性的评价因素集：

$$C_D = \{c_{Dj}, j = 1, 2, \cdots, n\} \qquad (4-28)$$

式中，c_{Dj} 为第 j 个经济适应性四级指标，n 为指标个数。

三 经典域和节域的确定

评价指标经典域和节域主要根据指标数据所处的范围值来确定。对于经济敏感性三个等级标准的设定，本书采用如下设定原则：有通行的国际（国家）标准的数据，采用国际（国家）警戒线标准；将在相关文献中查询到的标准视为理论观点；不存在国际（国家）警戒线标准和理论观点的数据采用专家意见给出标准。本书中经济敏感性和经济适应性的经典域和节域如表4-3和表4-4所示。

表4-3　经济敏感性经典域和节域的确定

经济敏感性指标	经典域			节域	确定原则与标准
	弱敏感性	中敏感性	高敏感性		
经济增长波动幅度（S1）	[0~0.05)	[0.05~0.1)	[0.1~上限值]	[0~上限值]	理论观点
第一产业扰动度（S2）	[0~0.05)	[0.05~0.1)	[0.1~上限值]	[0~上限值]	理论观点
第二产业扰动度（S3）	[0~0.05)	[0.05~0.1)	[0.1~上限值]	[0~上限值]	理论观点
第三产业扰动度（S4）	[0~0.05)	[0.05~0.1)	[0.1~上限值]	[0~上限值]	理论观点
投资扰动度（S5）	[0~0.05)	[0.05~0.1)	[0.1~上限值]	[0~上限值]	理论观点
城乡消费比（S6）	[0~2)	[2~3)	[3~上限值]	[0~上限值]	国际警戒线
外贸依存度（S7）	[0~45)	[45~51)	[51~100]	[0~100]	国际警戒线
汇率波动幅度（S8）	[0~0.05)	[0.05~0.1)	[0.1~上限值]	[0~上限值]	理论观点
存贷比（S9）	[0~0.7)	[0.7~1)	[1~上限值]	[0~上限值]	中国警戒线
财政赤字比率（S10）	[下限值~0)	[0~1)	[1~上限值]	[下限值~上限值]	专家意见
通货膨胀率绝对值（S11）	[0~3)	[3~4.5)	[4.5~上限值]	[0~上限值]	国际警戒线
城乡收入比（S12）	[0~2)	[2~3)	[3~上限值]	[0~上限值]	国际警戒线
基尼系数（S13）	[0~0.4)	[0.4~0.5)	[0.5~1]	[0~1]	国际警戒线
城镇登记失业率（S14）	[0~4)	[4~6)	[6~100]	[0~100]	国际警戒线
农村贫困发生率（S15）	[0~1)	[1~5)	[5~100]	[0~100]	专家意见
学龄儿童失学率（S16）	[0~5)	[5~10)	[10~100]	[0~100]	专家意见
居民年住院率（S17）	[0~5)	[5~10)	[10~100]	[0~100]	专家意见

续表

经济敏感性指标	经典域			节域	确定原则与标准
	弱敏感性	中敏感性	高敏感性		
自然灾害直接经济损失增长率（S18）	[下限值—0)	[0—10)	[10—上限值]	[下限值—上限值]	专家意见
能源消费弹性系数（S19）	[0—0.5)	[0.5—1)	[1—上限值]	[0—上限值]	理论观点
工业废水排放量增长率（S20）	[下限值—0)	[0—3)	[3—上限值]	[下限值—上限值]	专家意见
工业废气排放量增长率（S21）	[下限值—0)	[0—3)	[3—上限值]	[下限值—上限值]	专家意见
工业固体废物排放量增长率（S22）	[下限值—0)	[0—3)	[3—上限值]	[下限值—上限值]	专家意见

表 4 - 4　经济适应性经典域和节域的确定

经济适应性指标	经典域			节域	确定原则与标准
	低适应性	中适应性	高适应性		
资本生产率(D1)	[0—0.5)	[0.5—0.8)	[0.8—上限值]	[0—1]	专家意见
劳动生产率(D2)	[0—100000)	[10000—300000)	[300000—上限值]	[0—上限值]	专家意见
全要素生产率(D3)	[0—1)	[1—2)	[2—上限值]	[0—上限值]	专家意见
非财政支出占 GDP 比例(D4)	[0—30)	[30—70)	[70—100]	[0—100]	国际警戒线
非国有经济占工业总产值比例(D5)	[0—50)	[50—80)	[80—100]	[0—100]	理论观点
实际利用外资占 GDP 比例(D6)	[0—5)	[5—10)	[10—100]	[0—100]	专家意见
每万人专利授权数(D7)	[0—1)	[1—5)	[5—上限值]	[0—上限值]	专家意见
R&D 经费支出占 GDP 比例(D8)	[0—10)	[10—20)	[20—上限值]	[0—上限值]	专家意见
人均 GDP(D9)	[0—10000)	[10000—30000)	[30000—上限值]	[0—上限值]	专家意见
工业增加值占 GDP 比例(D10)	[0—30)	[30—50)	[50—100]	[0—100]	理论观点
第三产业增加值占 GDP 比例(D11)	[0—50)	[50—80)	[80—100]	[0—100]	理论观点
居民消费支出占 GDP 比例(D12)	[0—50)	[50—70)	[70—100]	[0—100]	理论观点
城镇化率(D13)	[0—30)	[30—70)	[70—100]	[0—100]	国际警戒线
失业保险人数占就业人数比例(D14)	[0—20)	[20—70)	[70—100]	[0—100]	国际警戒线
基本养老保险人数占总人口比例(D15)	[0—30)	[30—70)	[70—100]	[0—100]	中国警戒线
社区服务机构覆盖率(D16)	[0—50)	[50—90)	[90—100]	[0—100]	专家意见
教育经费占 GDP 比例(D17)	[0—4)	[4—5)	[5—上限值]	[0—上限值]	国际警戒线

续表

经济适应性指标	经典域			节域	确定原则与标准
	低适应性	中适应性	高适应性		
卫生总费用占 GDP 比例（D18）	[0—4]	[4—5）	[5—上限值]	[0—上限值]	专家意见
每万人次自然灾害救济费（D19）	[0—2]	[2—5）	[5—上限值]	[0—上限值]	专家意见
能源生产弹性系数（S20）	[下限值—0.5]	[0.5—1）	[1—上限值]	[0—上限值]	理论观点
能源加工转化总效率（D21）	[0—60]	[60—80）	[80—100]	[0—100]	专家意见
工业污染治理投资占工业总产值比例（D22）	[0—0.1]	[0.1—0.3）	[0.3—1]	[0—上限值]	专家意见
工业废水排放达标率（D23）	[0—80]	[80—95）	[95—100]	[0—100]	专家意见
工业 SO_2 排放达标率（D24）	[0—80]	[80—95）	[95—100]	[0—100]	专家意见
工业固体废物综合利用率（D25）	[0—80]	[80—95）	[95—100]	[0—100]	专家意见

第三节 经济脆弱性评价结果及分析

本书采用 Matlab2010a 软件进行编程计算。编程中多级可拓评价方法的源代码详见附录 7。

一 经济脆弱性指标权重

经济敏感性指标权重及排序结果见表 4 - 5。权重排名前五的敏感性指标依次为存贷比（0.3626）、经济增长波动幅度（0.0595）、第一产业扰动度（0.0473）、第三产业扰动度（0.0465）和自然灾害直接经济损失增长率（0.0429），五个指标的信息熵值较小，效用值较大，说明金融体系的稳定性、经济增长的稳定性、产业发展和自然灾害四个方面对经济增长的扰动和影响较大，是主要的敏感性因素。三个子系统的权重见表 4 - 6，经济子系统的权重为 0.7128，社会子系统的权重为 0.1461，自然—资源—环境子系统的权重为 0.1411，说明经济子系统的扰动因素对于经济增长产生敏感性的扰动较大，社会子系统和自然—资源—环境子系统对经济增长产生敏感性的扰动和影响相对较小。社会子系统和自然—资源—环境子系统二者的权重相差不大，社会子系统的扰动和影响略微大些。

表 4 - 5   经济敏感性指标权重及排序

经济敏感性四级指标	信息熵值	效用值	权重	排序
经济增长波动幅度（S1）	0.8411	0.1589	0.0595	2
第一产业扰动度（S2）	0.8734	0.1266	0.0473	3
第二产业扰动度（S3）	0.8866	0.1134	0.0424	6

经济敏感性四级指标	信息熵值	效用值	权重	排序
第三产业扰动度（S4）	0.8756	0.1244	0.0465	4
投资扰动度（S5）	0.8887	0.1113	0.0417	7
城乡消费比（S6）	0.9553	0.0447	0.0167	19
外贸依存度（S7）	0.8980	0.1020	0.0382	9
汇率波动幅度（S8）	0.9317	0.0683	0.0256	13
存贷比（S9）	0.8640	0.9694	0.3626	1
财政赤字比率（S10）	0.9694	0.0306	0.0115	22
通货膨胀率绝对值（S11）	0.9441	0.0559	0.0209	17
城乡收入比（S12）	0.9375	0.0625	0.0234	14
基尼系数（S13）	0.9657	0.0343	0.0128	20
城镇登记失业率（S14）	0.9428	0.0572	0.0214	16
农村贫困发生率（S15）	0.9012	0.0988	0.0370	10
学龄儿童失学率（S16）	0.9683	0.0317	0.0119	21
居民年住院率（S17）	0.8941	0.1059	0.0396	8
自然灾害直接经济损失增长率（S18）	0.8854	0.1146	0.0429	5
能源消费弹性系数（S19）	0.9297	0.0703	0.0263	12
工业废水排放量增长率（S20）	0.9423	0.0577	0.0216	15
工业废气排放量增长率（S21）	0.9541	0.0459	0.0172	18
工业固体废物排放量增长率（S22）	0.9113	0.0887	0.0332	11

表4-6　　　　　　　　　　经济敏感性中各子系统权重

子系统	经济子系统	社会子系统	自然—资源—环境子系统
权重	0.7128	0.1461	0.1411

从经济适应性权重（见表4-7）比较分析可知，基本养老保险人数占总人口比例（0.1347）、每万人专利授权数（0.1162）、每万人次自然灾害救济费（0.0727）、城镇化率（0.0539）、资本生产率（0.0506）这五个指标权重排在前列。由此可知，社会保障、科技创新程度、自然灾害的援助能力、城镇化的发展以及经济效率是经济适应能力的五

个主要方面。从经济适应性各子系统权重（见表4-8）看，经济子系统的权重为0.5020，社会子系统的权重为0.3746，自然—资源—环境子系统的权重为0.1234。面对经济增长扰动，经济子系统的应对能力或者适应能力至关重要，但是社会子系统中的能力正上升为应对经济增长变化中的主要力量，自然—资源—环境子系统的经济适应性相对较弱。

表4-7　　　　　　　　　　　经济适应性指标权重及排序

经济适应性四级指标	信息熵值	效用值	权重	排序
资本生产率（D1）	0.8626	0.1400	0.0506	5
劳动生产率（D2）	0.8614	0.1386	0.0501	6
全要素生产率（D3）	0.9629	0.0371	0.0134	23
非财政支出占GDP比例（D4）	0.9093	0.0907	0.0328	12
非国有经济占工业总产值中的比例（D5）	0.9478	0.0522	0.0188	21
实际利用外资占GDP比例（D6）	0.8877	0.1123	0.0406	10
每万人专利授权数（D7）	0.6783	0.3217	0.1162	2
R&D经费支出占GDP比例（D8）	0.8989	0.1011	0.0365	11
人均GDP（D9）	0.8629	0.1371	0.0495	7
工业增加值占GDP比例（D10）	0.9559	0.0441	0.0159	22
第三产业增加值占GDP比例（D11）	0.9173	0.0827	0.0299	14
居民消费支出占GDP比例（D12）	0.8679	0.1321	0.0477	8
城镇化率（D13）	0.8509	0.1491	0.0539	4
失业保险人数占就业人数比例（D14）	0.8871	0.1129	0.0408	9
基本养老保险人数占总人口比例（D15）	0.6271	0.3729	0.1347	1
社区服务机构覆盖率（D16）	0.9364	0.0636	0.0230	18
教育经费占GDP比例（D17）	0.9159	0.0841	0.0304	13
卫生总费用占GDP比例（D18）	0.9470	0.0530	0.0191	20
每万人次自然灾害救济费（D19）	0.7987	0.2013	0.0727	3
能源生产弹性系数（D20）	0.9740	0.0260	0.0094	25

续表

经济适应性四级指标	信息熵值	效用值	权重	排序
能源加工转化总效率（D21）	0.9716	0.0284	0.0102	24
工业污染源治理投资占工业总产值比例（D22）	0.9364	0.0636	0.0230	19
工业废水排放达标率（D23）	0.9182	0.0818	0.0295	15
工业 SO_2 排放达标率（D24）	0.9341	0.0659	0.0238	17
工业固体废物综合利用率（D25）	0.9240	0.0760	0.0275	16

表4-8 经济适应性中各子系统权重

系统	经济子系统	社会子系统	自然—资源—环境子系统
权重	0.5020	0.3746	0.1234

二　全国综合评价结果及分析

（一）各子系统经济脆弱性评价结果及分析

各子系统经济脆弱性评价结果见表4-9至表4-11。经济子系统和社会子系统的经济敏感性趋势几乎保持一致，呈现先下降后上升的"U"形特征，1993—2006年为下降阶段，2007—2014年为上升阶段；自然—资源—环境子系统具有较强的波动性，在2010年之后自然—资源—环境子系统经济敏感性有明显的下降趋势（见图4-3）。各子系统经济适应性呈现上升的态势。在2007年之前，各子系统经济适应性在平稳中上升；2008—2014年经济子系统经济适应性提升快速，在2012年之后社会子系统经济适应性开始有一个明显的提升，并且在提升之后，仍然有上升的趋势；自然—资源—环境子系统经济适应性在2008年有较大的提升，但是提升之后，呈现波动性上升的趋势（见图4-4）。经济子系统经济脆弱性在1993—2011年呈现逐渐下降的趋势，

在 2011—2014 年经济子系统经济脆弱性增加，此阶段正好和中国经济
增长速度下滑的时间相一致；社会子系统经济脆弱性在 1993—2007 年
逐渐降低，2008—2014 年具有波动性，并且经济脆弱性有增强的态
势；自然—资源—环境子系统经济脆弱性在 1993—2014 年呈现波动中
下降的趋势（见图 4-5）。

表 4-9　　　经济子系统经济脆弱性评价结果（1993—2014 年）

年份	经济子系统经济敏感性	经济子系统经济适应性	经济子系统经济脆弱性
1993	2.8604	1.3377	2.1383
1994	2.5101	1.3772	1.8226
1995	2.2156	1.3773	1.6087
1996	1.7792	1.3801	1.2892
1997	1.7861	1.4064	1.2700
1998	1.8458	1.4208	1.2991
1999	1.7188	1.4986	1.1469
2000	1.5940	1.5272	1.0437
2001	1.5033	1.5496	0.9701
2002	1.4712	1.6133	0.9119
2003	1.3944	1.6822	0.8289
2004	1.3779	1.7065	0.8074
2005	1.2544	1.7326	0.7240
2006	1.2365	1.7964	0.6883
2007	1.3638	1.9272	0.7077
2008	1.4506	2.0890	0.6944
2009	1.5765	2.4021	0.6563
2010	1.6404	2.6541	0.6181
2011	1.5648	2.7905	0.5608
2012	2.7458	2.8618	0.9595
2013	2.3447	2.8542	0.8215
2014	2.8614	2.8547	1.0023

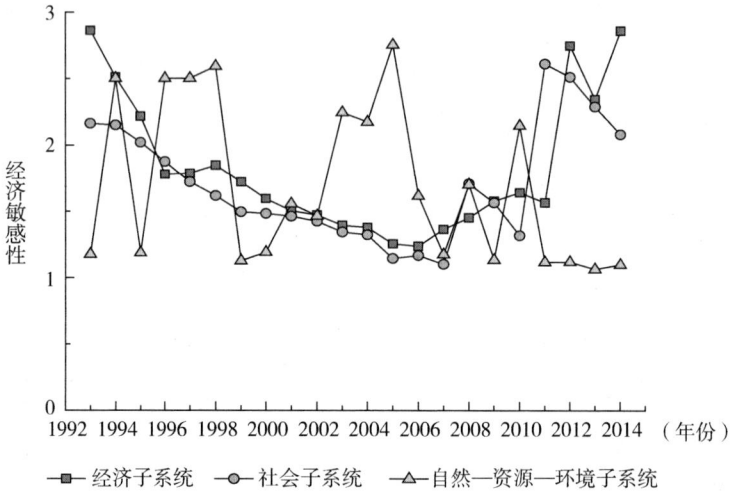

图4-3　各子系统经济敏感性趋势（1993—2014年）

表4-10　　社会子系统经济脆弱性评价结果（1993—2014年）

年份	社会子系统经济敏感性	社会子系统经济适应性	社会子系统经济脆弱性
1993	2.1611	1.2158	1.7775
1994	2.1490	1.2140	1.7702
1995	2.0180	1.2177	1.6572
1996	1.8740	1.2279	1.5262
1997	1.7212	1.2347	1.3940
1998	1.6168	1.2558	1.2875
1999	1.4940	1.2858	1.1619
2000	1.4820	1.2969	1.1427
2001	1.4624	1.3246	1.1040
2002	1.4236	1.3395	1.0628
2003	1.3434	1.3433	1.0001
2004	1.3218	1.3536	0.9765
2005	1.1449	1.3592	0.8423
2006	1.1669	1.3661	0.8542
2007	1.1012	1.3699	0.8039
2008	1.7069	1.3934	1.2250

续表

年份	社会子系统经济敏感性	社会子系统经济适应性	社会子系统经济脆弱性
2009	1. 5636	1. 3848	1. 1291
2010	1. 3181	1. 4222	0. 9268
2011	2. 6094	1. 4203	1. 8372
2012	2. 5104	2. 1845	1. 1492
2013	2. 2880	2. 2451	1. 0191
2014	2. 0790	2. 2932	0. 9066

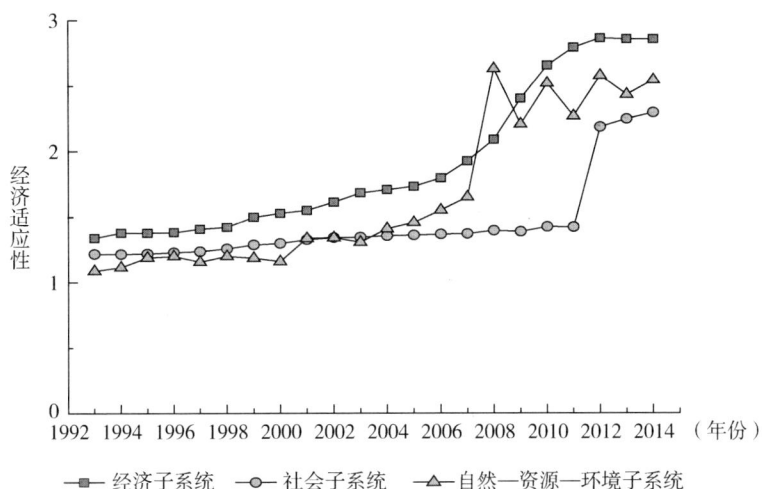

图 4-4 各子系统经济适应性趋势（1993—2014 年）

表 4-11 自然—资源—环境子系统经济脆弱性

评价结果（1993—2014 年）

年份	自然—资源—环境子系统经济敏感性	自然—资源—环境子系统经济适应性	自然—资源—环境子系统经济脆弱性
1993	1. 1761	1. 0877	1. 0813
1994	2. 5000	1. 1130	2. 2462
1995	1. 1869	1. 1887	0. 9985
1996	2. 5000	1. 1995	2. 0842
1997	2. 5000	1. 1554	2. 1638
1998	2. 5909	1. 1995	2. 1600

续表

年份	自然—资源—环境子系统 经济敏感性	自然—资源—环境子系统 经济适应性	自然—资源—环境子系统 经济脆弱性
1999	1.1282	1.1850	0.9521
2000	1.1924	1.1595	1.0284
2001	1.5560	1.3354	1.1652
2002	1.4652	1.3405	1.0930
2003	2.2452	1.3059	1.7193
2004	2.1726	1.4084	1.5426
2005	2.7533	1.4560	1.8910
2006	1.6166	1.5529	1.0410
2007	1.1750	1.6520	0.7113
2008	1.7027	2.6299	0.6474
2009	1.1340	2.2052	0.5142
2010	2.1452	2.5176	0.8521
2011	1.1173	2.2669	0.4929
2012	1.1185	2.5779	0.4339
2013	1.0658	2.4305	0.4385
2014	1.0976	2.5420	0.4318

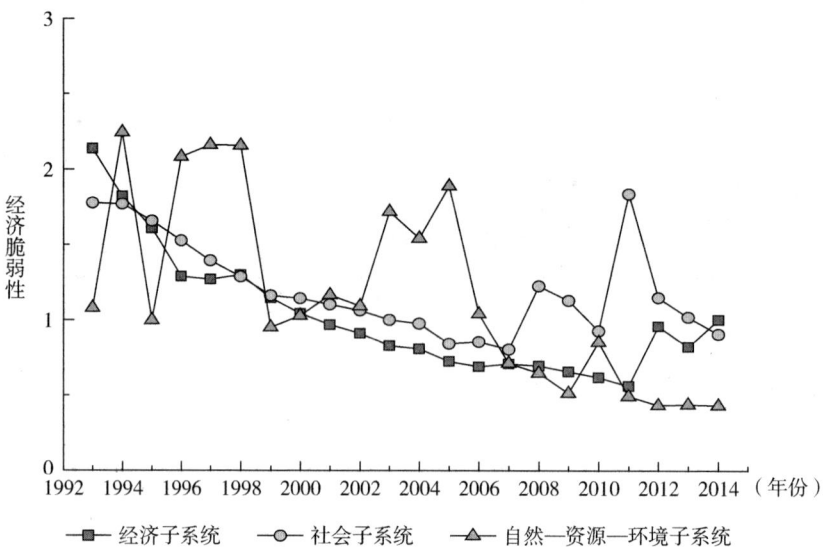

图 4 – 5　各子系统经济脆弱性趋势（1993—2014 年）

（二）全国经济敏感性综合评价结果

全国经济敏感性变化和阶段划分明显（见表 4 - 12 和图 4 - 6）。1993 年为高敏感性，1994—2000 年处于中敏感性阶段，2001—2008 年处于弱敏感性阶段，2009—2011 年为中敏感性阶段，2012 年和 2013 年为高敏感性，2014 年呈现弱敏感性。1993—2014 年，中国经济有 18 年处于中敏感性和弱敏感性，说明自 1992 年中国确立市场化体制改革以来，中弱敏感性是中国经济敏感性运行的常态，经济增长的扰动并不强烈。但是，在 2010—2014 年，中国经济敏感性存在较大的波动性，在 2011 年之后经济敏感性波动特征明显增强，在经历 2012 年和 2013 年的高敏感性之后，在 2014 年下降到弱敏感性阶段。

表 4 - 12　　全国经济敏感性综合评价结果（1993—2014 年）

年份	弱敏感性	中敏感性	高敏感性	评价等级	经济敏感性
1993	- 0.5365	- 0.4635	- 0.1193	高敏感性	2.8513
1994	- 3.8875	- 0.1016	- 0.1440	中敏感性	2.5000
1995	- 0.3146	0.0781	- 0.2628	中敏感性	2.1164
1996	- 5.2044	0.0641	- 0.3751	中敏感性	2.5000
1997	- 1.1625	0.0056	- 0.4145	中敏感性	2.5000
1998	- 0.2855	- 0.0371	- 0.3227	中敏感性	1.8846
1999	- 0.1333	- 0.0309	- 0.4168	中敏感性	1.5765
2000	- 0.0963	- 0.0460	- 0.4058	中敏感性	1.5376
2001	- 0.0894	- 0.1197	- 0.4002	弱敏感性	1.4744
2002	- 0.0676	- 0.1129	- 0.4373	弱敏感性	1.4674
2003	- 0.0618	- 0.2488	- 0.4312	弱敏感性	1.3647
2004	- 0.0593	- 0.2595	- 0.4419	弱敏感性	1.3305
2005	- 0.0438	- 0.2782	- 0.3706	弱敏感性	1.2204
2006	- 0.0095	- 0.2484	- 0.3822	弱敏感性	1.2642
2007	- 0.0641	- 0.2282	- 0.3772	弱敏感性	1.3225

续表

年份	弱敏感性	中敏感性	高敏感性	评价等级	经济敏感性
2008	-0.0675	-0.1568	-0.3929	弱敏感性	1.4205
2009	-0.0921	-0.0891	-0.3618	中敏感性	1.5027
2010	-0.1293	-0.0703	-0.2725	中敏感性	1.5855
2011	-0.1450	-0.1434	-0.2255	中敏感性	1.5049
2012	-0.2106	-0.2154	-0.1881	高敏感性	2.6990
2013	-0.2371	-0.2338	-0.2102	高敏感性	2.8904
2014	-0.2293	-0.2512	-0.2978	弱敏感性	1.4049

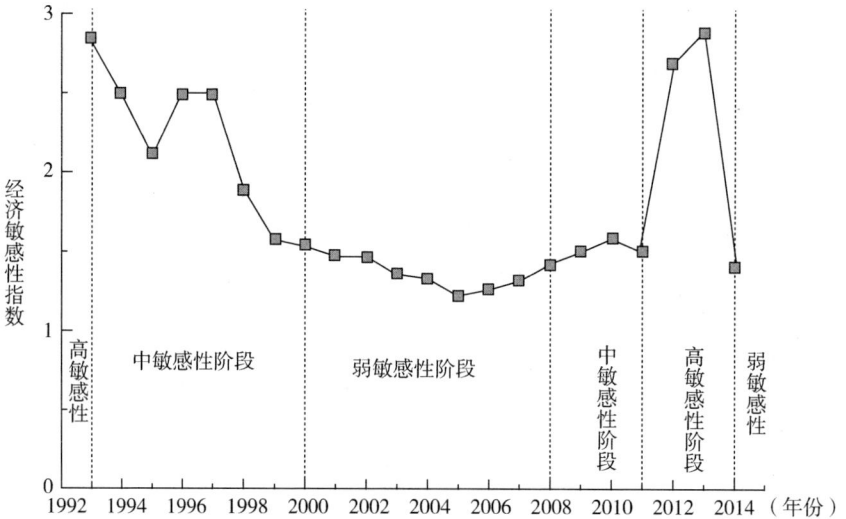

图 4-6 全国经济敏感性变化和阶段划分（1993—2014 年）

（三）全国经济适应性综合评价结果

全国经济适应性指数具有向上的趋势，说明适应能力不断增强（见表 4-13 和图 4-7）。1993—2003 年为低适应性阶段，经济适应性曲线较为平缓。2004—2010 年为中适应性阶段，经济适应性曲线平稳上升，但在 2009 年有一个明显的拐点，说明针对 2008 年的国际金融危机采取了积极的应对措施。2011—2014 年为高适应性阶段，这一方面说明在经济效率、经济制度、经济发展、社会保障、资源利用以及环境质量方面有了很大的提升，另一方面说明在面对经济增长下行压力时应采取主动的适应措施或者进行宏观适应性调整。

表4-13　　　全国经济适应性综合评价结果（1993—2014年）

年份	低适应性	中适应性	高适应性	评价等级	经济适应性
1993	0.1449	-0.3603	-0.6161	低适应性	1.2516
1994	0.1319	-0.3316	-0.6102	低适应性	1.2729
1995	0.1512	-0.3016	-0.5994	低适应性	1.2840
1996	0.1427	-0.2974	-0.5977	低适应性	1.2885
1997	0.1224	-0.2916	-0.5922	低适应性	1.2961
1998	0.1257	-0.2513	-0.5806	低适应性	1.3180
1999	0.0876	-0.1949	-0.5570	低适应性	1.3596
2000	0.0630	-0.1760	-0.5432	低适应性	1.3773
2001	0.0410	-0.1087	-0.5373	低适应性	1.4257
2002	0.0049	-0.0716	-0.5244	低适应性	1.4611
2003	-0.0354	-0.0630	-0.5033	低适应性	1.4848
2004	-0.0627	-0.0455	-0.4817	中适应性	1.5101
2005	-0.0664	-0.0390	-0.4632	中适应性	1.5167
2006	-0.0814	-0.0214	-0.4395	中适应性	1.5387
2007	-0.1008	-0.0057	-0.4046	中适应性	1.5677
2008	-0.2013	-0.0846	-0.3370	中适应性	1.6503
2009	-0.2005	-0.0441	-0.2790	中适应性	1.7495
2010	-0.2558	-0.1397	-0.1840	中适应性	2.3822
2011	-0.2944	-0.1850	-0.1529	高适应性	2.5641
2012	-0.4590	-0.2466	-0.1151	高适应性	2.6181
2013	-0.4828	-0.2790	-0.1749	高适应性	2.6017
2014	-0.5124	-0.2911	-0.1516	高适应性	2.6198

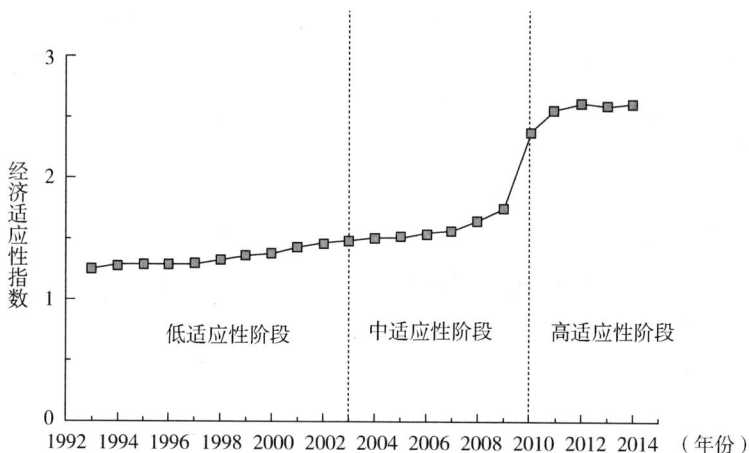

图4－7　全国经济适应性变化和阶段划分（1993—2014年）

（四）全国经济脆弱性综合评价结果

根据经济敏感性和经济适应性评价过程中经典域的划分标准，将经济脆弱性划分为9种不同的类型。根据VSD评价模型、经济敏感性和经济适应性的综合评价结果和等级（见表4－12和表4－13），计算出1993—2014年中国经济脆弱性的综合评价结果，并根据表4－14进行经济脆弱性的类型划分（见表4－15），同时绘制出中国经济脆弱性的趋势变化和类型的阶段划分（见图4－8）。

表4－14　　　　　　　　　　　经济脆弱性的类型

类型	类型
高敏感性—低适应性	1
高敏感性—中适应性	2
高敏感性—高适应性	3
中敏感性—低适应性	4
中敏感性—中适应性	5
中敏感性—高适应性	6

续表

类型	类型
弱敏感性—低适应性	7
弱敏感性—中适应性	8
弱敏感性—高适应性	9

表 4 – 15　全国经济脆弱性综合评价结果及其类型（1993—2014 年）

年份	经济敏感性	经济适应性	经济脆弱性	类型（类型号码）
1993	2.8513	1.2516	2.2781	高敏感性—低适应性（1）
1994	2.5000	1.2729	1.9640	中敏感性—低适应性（2）
1995	2.1164	1.2840	1.6483	
1996	2.5000	1.2885	1.9402	
1997	2.5000	1.2961	1.9289	
1998	1.8846	1.3180	1.4299	
1999	1.5765	1.3596	1.1595	
2000	1.5376	1.3773	1.1164	
2001	1.4744	1.4257	1.0342	弱敏感性—低适应性（7）
2002	1.4674	1.4611	1.0043	
2003	1.3647	1.4848	0.9191	
2004	1.3305	1.5101	0.8811	弱敏感性—中适应性（8）
2005	1.2204	1.5167	0.8046	
2006	1.2642	1.5387	0.8216	
2007	1.3225	1.5677	0.8436	
2008	1.4205	1.6503	0.8608	
2009	1.5027	1.7495	0.8589	中敏感性—中适应性（5）
2010	1.5855	2.3822	0.6656	
2011	1.5049	2.5641	0.5869	中敏感性—高适应性（6）
2012	2.6990	2.6181	1.0309	高敏感性—高适应性（3）
2013	2.8904	2.6017	1.1110	
2014	1.4049	2.6198	0.5363	弱敏感性—高适应性（9）

全国经济脆弱性呈现逐渐降低的趋势（见表 4 – 15 和图 4 – 8）。

按经济敏感性和经济适应性对应的等级进行经济脆弱性类型划分如下。

1993 年：高敏感性—低适应性类型

1994—2000 年：中敏感性—低适应性类型

2001—2003 年：弱敏感性—低适应性类型

2004—2008 年：弱敏感性—中适应性类型

2009—2010 年：中敏感性—中适应性类型

2011 年：中敏感性—高适应性类型

2012—2013 年：高敏感性—高适应性类型

2014 年：弱敏感性—高适应性类型

从近期分析，2012 年和 2013 年高敏感性同时也是高适应性，经济脆弱性也在上升。中高经济敏感性和中高经济适应性并存的经济脆弱性，是 2010 年之后中国经济脆弱性呈现出的主要显著特征。

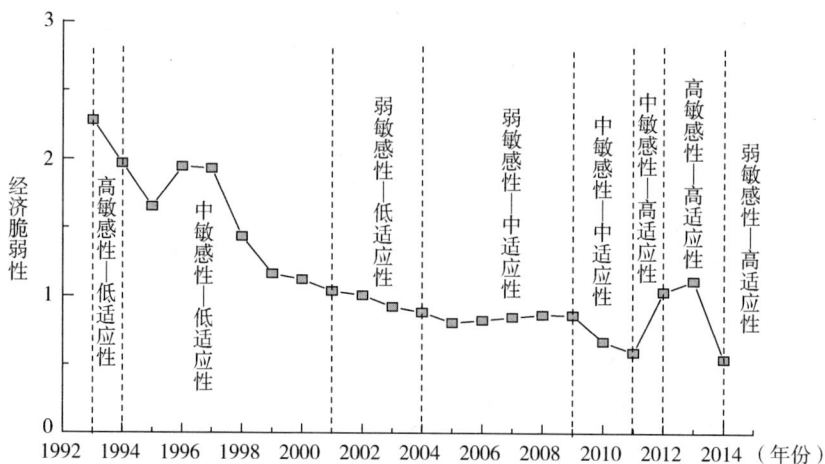

图 4 - 8 全国经济脆弱性变化和阶段划分（1993—2014 年）

（五）全国评价结果与已有文献比较

全国经济脆弱性的综合评价文献较少，本书选取杨爱婷、武剑（2012）对全国经济脆弱性评价结果进行相应的比较（见表 4 - 16）。

表 4 – 16　　　　　　　　本书综合评价结果与已有文献比较

比较内容	本书	杨爱婷、武剑（2012）
研究时间尺度	1993—2014 年	1995—2009 年
评价指标体系	从经济系统、社会系统和自然—资源—环境系统三个子系统，经济敏感性指标和经济适应性指标两个方面进行指标的构建，经济敏感性选取 22 个指标，经济适应性选取 25 个指标	从经济系统角度，分为目标层、准则层和子准则层三个层级，敏感性和应对性两个方面各选取 15 个指标
评价方法	多级可拓评价方法	集对分析方法
指标权重确定	熵权法	熵权法
经济敏感性结论	全国经济敏感性阶段划分明显，经济敏感性呈现明显的"U"形特征，1993—2014 年，有 18 年处于中敏感性和弱敏感性	全国经济敏感性值经历了几次上下波动，整体呈上升趋势
经济适应性结论	全国经济适应性指数具有向上的趋势，适应能力不断增强。2009 年之前处于中低适应性阶段，2010 年后为高适应性阶段	全国应对性值表现出稳定的上升趋势
经济脆弱性结论	全国经济脆弱性呈现逐渐降低的趋势，从经济敏感性和经济适应性对应的等级将经济脆弱性划分为九种类型	全国经济系统脆弱性值从 1995—2009 年总体呈下降趋势

从本书与已有文献的分析比较可以看出，本书经济脆弱性评价结果主要呈现如下几方面的特点。

（1）在时间尺度上比已有文献要长，明确提出宏观背景是在 1992 年中国市场化经济体制改革后经济增长中存在的经济脆弱性，已有文献的研究对于宏观背景缺乏考虑。

（2）在评价指标体系建立上，本书从三个子系统经济敏感性和经济适应性指标两个方面进行指标体系的构建，已有研究从单一系统的敏感性和应对性两个方面进行构建,没有突出经济适应能力方面的特征。在指标体系构建中,本书构建的指标体系涵盖内容更加广泛,已有文献所选取的指标基本包含在本书构建的指标体系之中,并且本书考虑了自然灾害对于经济增长的影响,将自然灾害导致的经济增长损失和自然灾害防御指标构建在指标体系当中。

(3)在评价结论方面,本书的评价结论更加完善,计量和分析了经济敏感性、经济适应性和经济脆弱性的具体数值和变化趋势,更为重要的是,没有根据评价结果再采用数理方法进行类型和阶段划分,而是直接计量出了相应的类型。

三 省域经济脆弱性综合评价结果及分析

(一)省域经济敏感性综合评价结果及分析

在对31个省域经济敏感性的计算过程中,为了进行不同省域的具体比较和数据的统一,各年份指标权重统一采用全国指标的权重,汇率指标采用全国汇率数据,其他指标均是直接采用或根据31个省域的指标进行计算得到的。省域经济敏感性综合评价结果及其类型详见表4-17。

将省域经济敏感性每五年划分为一个阶段,即2000—2004年、2005—2009年、2010—2014年三个阶段,计算出每个阶段的每个省域平均经济敏感性和排名,并计算出整体上2000—2014年各个省域平均经济敏感性和排名(见表4-18)。对各省域平均经济敏感性排名前五和后五的省域进行分析(见表4-19)可知:西部地区的内蒙古、宁夏、青海、云南和贵州等省域的平均经济敏感性较高;平均经济敏感性较低的省域变化较大,东部的北京是较低的省域,河北、浙江、福建、上海和海南在某些阶段也比较低;中部的江西、湖北，西部的西藏、陕西，东北地区的黑龙江、辽宁等在某阶段也是排名较低的省域。

选取2000年、2005年、2010年和2014年四个年份分析省域经济敏感性类型的空间分布格局。2000年，高经济敏感性分布省域为内蒙古、宁夏、陕西和重庆，其他区域经济敏感性相对不强。2005年，高经济敏感性分布区域为浙江和云南。2010年，高经济敏感性省域为内蒙古、宁夏、青海、贵州和广西。2014年，高经济敏感性分布范围有了大幅度的增加，主要分布在内蒙古、辽宁、吉林、新疆、甘肃、青海、宁夏、重庆、贵州、广西、云南和海南。

省域经济敏感性的数值大小、类型和空间分布情况见表4-17和表4-18。2000—2004年，中高经济敏感性类型较少，2005—2009年和2010—2014年两个阶段中高经济敏感性类型显著增加，说明中高敏感性的范围在逐渐扩大，很多省份面临的扰动在逐渐增加。2000—2014年，高经济敏感性主要分布在内蒙古、西北区域（陕西除外）、东北区域（黑龙江除外）和西南区域（除了四川和西藏），说明这些区域受到的扰动和影响较大，呈现出明显的聚集特征。这些区域经济敏感性高，经济脆弱性增加，导致经济增长受到一定的抑制，相对其他区域发展较慢，经济实力较弱。

省域经济敏感性呈现出明显的波动特点，选取东部的上海、中部的河南、西部的四川、东北地区的辽宁四个省域的经济敏感性进行分析可知，每个省域经济敏感性都呈现出较大的波动性（见图4-9）。但是，各省域经济敏感性波动方向和幅度大小并不一致，说明各省域经济敏感性受到的扰动和影响并不相同，省域经济敏感性呈现出明显的复杂化和多样性，具有典型的地方化特征。

表 4 - 17 省域经济敏感性综合评价结果及其类型（2000—2014 年）

省域	指数/类型	2000年	2001年	2002年	2003年	2004年	2005年	2006年	2007年	2008年	2009年	2010年	2011年	2012年	2013年	2014年
北京	指数	1.3171	1.2155	1.3306	1.3397	1.8422	1.6522	1.5516	1.191	1.4887	1.5027	1.1878	1.6388	1.3255	1.3501	1.4247
	类型	1	1	1	1	1	1	1	1	1	1	1	1	1	1	1
天津	指数	2.3901	2.5631	2.235	2.5351	2.3288	2.448	1.4023	2.0705	2.2575	1.7972	2.3305	2.2997	2.5387	2.1188	2.5549
	类型	2	3	2	3	2	2	1	2	2	2	2	2	3	2	3
河北	指数	1.7255	2.3522	1.4985	1.8081	1.6249	1.1227	1.0373	1.0467	1.4089	1.2539	1.7274	1.5833	2.1046	1.9784	2.0147
	类型	2	2	1	1	1	1	1	1	1	1	1	1	2	1	3
山西	指数	2.5854	2.467	2.6916	2.474	1.0165	1.3838	1.1553	1.4777	1.493	1.515	1.7235	1.1797	1.6918	1.6944	1.7627
	类型	3	2	3	2	1	1	1	1	1	1	1	1	2	1	2
内蒙古	指数	2.8607	2.28	2.8475	2.7104	2.607	2.2844	2.7353	1.5486	1.9868	2.645	2.8607	1.8606	2.4277	2.5041	2.6458
	类型	3	2	3	3	3	2	3	2	2	3	3	2	2	3	3
辽宁	指数	2.2092	1.6547	1.8858	2.1003	2.2522	1.1068	1.2279	1.7711	1.2275	1.0453	1.7246	2.5407	2.5593	1.5598	2.6319
	类型	2	1	1	2	3	1	1	2	1	1	1	3	3	1	3
吉林	指数	2.2577	2.2764	2.3779	2.5197	2.5739	1.286	2.3615	2.2875	1.5007	2.6012	2.3872	1.085	1.8534	1.9516	2.7097
	类型	2	2	2	3	3	2	3	2	2	3	3	3	3	3	3
黑龙江	指数	1.6035	2.3816	2.1998	1.7368	2.5	1.1612	1.2685	1	1.0176	1.0933	1.2568	1.4516	1.6547	1.7687	1.6753
	类型	1	2	2	2	3	1	1	1	1	1	1	1	1	1	1
上海	指数	1.9429	1.5581	1.4529	2.3762	1.839	1.9881	1.0703	2.2614	1.9935	1.3915	1.717	1.6252	1.4044	1.1872	1.4079
	类型	1	1	1	2	1	1	1	2	2	1	1	1	1	1	1

续表

省域	指数/类型	2000年	2001年	2002年	2003年	2004年	2005年	2006年	2007年	2008年	2009年	2010年	2011年	2012年	2013年	2014年
江苏	指数	1.4013	1.6953	1.6251	2.7517	2.6862	2.0582	1.3022	1.3958	2.7564	1.6076	1.3117	2.6836	1.5501	1.277	1.6758
	类型	1	1	1	3	3	2	1	1	3	1	1	3	1	1	1
浙江	指数	1.3085	1.0619	1.1678	2.0792	1.6405	2.525	2.0895	2.1351	2.2934	2.1007	2.237	2.4206	2.4154	2.376	2.3309
	类型	1	1	1	2	1	3	2	2	2	2	2	2	2	2	2
安徽	指数	1.1172	1.5607	1.757	1.3843	2.6583	1.3295	2.7695	2.1592	1.37	1.4883	2.3531	1.6065	2.8186	1.8781	1.1788
	类型	1	1	1	1	3	1	3	2	1	1	2	1	3	1	1
福建	指数	1.6365	2.1902	1.498	1.1953	1.3023	1.9478	1.0582	2.1286	2.2784	2.1848	2.4048	2.4033	2.4024	2.37	2.4877
	类型	1	2	1	1	1	1	1	2	2	2	2	2	2	2	2
江西	指数	1.5174	1.5959	2.5897	2.5161	1.175	1.0058	1.1498	1.4218	1.3061	1.0944	1.2364	1.0121	1.2432	1.3259	1.1664
	类型	1	1	3	3	1	1	1	1	1	1	1	1	1	1	1
山东	指数	1.6047	1.646	2.0462	2.3861	2.2935	1.2923	1.9311	1.7726	1.5187	1.5307	1.375	2.2836	2.3372	1.2026	2.0014
	类型	1	1	2	2	2	1	2	1	1	1	1	2	2	1	2
河南	指数	2.5312	2.2667	1.9364	2.4771	2.5194	1.2982	1.2033	1.8863	1.3736	2.9647	2.4459	2.4548	2.5	2.0209	1.245
	类型	3	2	1	2	3	1	1	1	1	3	2	2	3	2	1
湖北	指数	2.3906	1.273	2.2071	2.1161	1.4865	1.3234	1.3	1.0298	1.449	1.0769	2.1518	1.2333	1	1.9006	1.2494
	类型	2	1	2	2	1	1	1	1	1	1	2	1	1	2	1
湖南	指数	1.6871	1.8576	1.5651	2.3582	2.5319	1.5576	1.1696	1.3908	1.8931	1.5023	2.1249	2.3969	1.6692	1.9459	1.3598
	类型	1	1	1	2	3	1	1	1	1	1	2	2	1	1	1

续表

省域	指数/类型	2000年	2001年	2002年	2003年	2004年	2005年	2006年	2007年	2008年	2009年	2010年	2011年	2012年	2013年	2014年
广东	指数	1.605	1.9949	1.9345	1.99	1.6156	1.4944	1.4733	1.2805	1.9938	1.3822	2.0485	1.4463	1.7272	1.4552	1.1996
	类型	1	1	1	1	1	1	1	1	1	1	2	1	1	1	1
广西	指数	1.254	1.6548	1.9142	2.0573	2.8061	2.3455	1.1856	2.2594	2.5245	2.3192	2.5646	2.3341	2.2786	2.5916	2.7319
	类型	1	1	1	2	3	2	2	2	3	2	3	2	2	3	3
海南	指数	1.0154	1.1402	1.4432	2.231	1.2552	1.7102	1.3362	1.5046	1.8009	1.4526	1.6858	2.1292	1.7447	2.0996	2.7063
	类型	1	1	1	2	1	1	1	1	1	1	1	2	1	2	3
重庆	指数	2.596	2.2095	2.2268	1.9527	2.0368	1.9343	2.0887	2.0661	2.1602	1.6437	2.3106	2.1616	2.3406	2.4793	2.5464
	类型	3	2	2	1	2	1	2	1	1	1	2	2	2	2	3
四川	指数	2.3317	1.7639	2.3227	2.2637	1.629	1.1197	1.1796	1.3044	1.9009	1.3552	1.1415	1.0247	1.6808	1.9049	1.695
	类型	2	1	2	2	1	1	1	1	1	1	1	1	1	1	1
贵州	指数	2.2367	2.5918	1.0768	2.6478	2.4297	1.6173	2.4476	2.4592	2.6842	2.5439	2.6206	2.5365	2.4499	2.5653	2.6117
	类型	2	3	1	3	2	1	2	2	3	3	3	3	2	3	3
云南	指数	1.4458	2.0033	2.8574	2.6494	2.6306	2.7215	2.6309	2.2051	2.5144	2.4415	2.345	2.5369	1.5618	2.3191	2.6684
	类型	1	2	3	3	3	3	3	2	3	3	3	3	1	2	3
西藏	指数	1.41	1.4349	1.3917	1.4597	1.8341	1.3394	1.3071	1.2716	1.4997	1.5068	1.3419	1.4365	1.2719	1.3852	1.4345
	类型	1	1	1	1	1	1	1	1	1	1	1	1	1	1	1
陕西	指数	1.7108	1.178	2.3965	2.7927	1.8819	1.5703	1.4652	2.0155	1.4182	1.5609	1.38	1.0413	1.0924	1.9123	1.806
	类型	1	1	2	3	1	1	1	2	1	1	1	1	1	1	1

续表

省域	指数/类型	2000年	2001年	2002年	2003年	2004年	2005年	2006年	2007年	2008年	2009年	2010年	2011年	2012年	2013年	2014年
甘肃	指数	1.8349	1.1269	1.5027	2.4609	1.2177	1.312	1.4959	1.25	1.7359	1.3505	1.6308	1.0155	1.6791	1.9852	2.8311
	类型	1	1	1	2	1	1	1	1	1	1	1	1	1	1	3
青海	指数	2.4195	2.8391	2.2728	2.6027	2.4583	2.1975	2.4507	1.8897	2.7106	2.3919	2.5259	2.5578	2.391	2.4086	2.6566
	类型	2	3	2	3	2	2	2	1	3	2	3	3	2	2	3
宁夏	指数	2.6894	1.5964	2.5148	2.6395	2.5345	2.2608	2.513	2.4082	2.2242	2.4901	2.5391	2.7541	2.9279	2.9017	2.936
	类型	3	1	3	3	3	2	3	2	2	2	3	3	3	3	3
新疆	指数	1.4759	1.7063	2.2751	2.6464	1.4595	1.5199	1.62	1.9112	1.5996	1.7021	2.0824	1.7276	2.0768	2.4344	2.7245
	类型	1	1	2	3	1	1	1	1	1	1	2	1	2	2	3

注：经济敏感性类型中，1为弱敏感性，2为中敏感性，3为高敏感性。

表4-18 省域不同阶段平均经济敏感性及排名

省域	2000—2004 年		2005—2009 年		2010—2014 年		2000—2014 年	
	平均值	排名	平均值	排名	平均值	排名	平均值	排名
北京	1.4090	31	1.4772	22	1.3854	29	1.4239	29
天津	2.4104	3	1.9951	9	2.3685	7	2.2580	6
河北	1.8018	24	1.1739	30	1.8817	18	1.6191	26
山西	2.2469	8	1.4050	24	1.6104	22	1.7541	19
内蒙古	2.6611	1	2.2400	5	2.4598	5	2.4536	2
辽宁	2.0204	14	1.2757	27	2.2033	12	1.8331	15
吉林	2.4011	4	2.0074	8	1.9974	15	2.1353	9
黑龙江	2.0843	11	1.1081	31	1.5614	24	1.5846	27
上海	1.8338	22	1.7410	15	1.4683	27	1.6810	22
江苏	2.0319	13	1.8240	12	1.6996	21	1.8519	14
浙江	1.4516	29	2.2287	6	2.3560	9	2.0121	11
安徽	1.6955	25	1.8233	13	1.9670	16	1.8286	16
福建	1.5645	27	1.9196	11	2.4136	6	1.9659	12
江西	1.8788	21	1.1956	29	1.1968	31	1.4237	30
山东	1.9953	16	1.6091	17	1.8400	19	1.8148	17
河南	2.3462	6	1.7452	14	2.1333	13	2.0749	10
湖北	1.8947	20	1.2358	28	1.5070	25	1.5458	28
湖南	2.0000	15	1.5027	21	1.8993	17	1.8007	18
广东	1.8280	23	1.5248	20	1.5754	23	1.6427	23
广西	1.9373	18	2.1268	7	2.5002	4	2.1881	7
海南	1.4170	30	1.5609	19	2.0731	14	1.6837	20
重庆	2.2044	9	1.9786	10	2.3677	8	2.1836	8
四川	2.0622	12	1.3720	26	1.4894	26	1.6412	24
贵州	2.1966	10	2.3504	3	2.5568	2	2.3679	5
云南	2.3173	7	2.5027	1	2.2862	10	2.3687	4
西藏	1.5061	28	1.3849	25	1.3740	30	1.4217	31
陕西	1.9920	17	1.6060	18	1.4464	28	1.6815	21
甘肃	1.6286	26	1.4289	23	1.8283	20	1.6286	25
青海	2.5185	2	2.3281	4	2.5080	3	2.4515	3

续表

省域	2000—2004 年		2005—2009 年		2010—2014 年		2000—2014 年	
	平均值	排名	平均值	排名	平均值	排名	平均值	排名
宁夏	2.3949	5	2.3793	2	2.8118	1	2.5286	1
新疆	1.9126	19	1.6706	16	2.2091	11	1.9308	13

注：从高到低进行经济敏感性的排序。

表 4-19　　　　　　　　经济敏感性排名前五和后五的省份

时间段（年）	五个平均经济敏感性高的省域（名次）	五个平均经济敏感性低的省域（名次）
2000—2004	内蒙古（1）、青海（2）、天津（3）、吉林（4）、宁夏（5）	北京（31）、海南（30）、浙江（29）、西藏（28）、福建（27）
2005—2009	云南（1）、宁夏（2）、贵州（3）、青海（4）、内蒙古（5）	黑龙江（31）、河北（30）、江西（29）、湖北（28）、辽宁（27）
2010—2014	宁夏（1）、贵州（2）、青海（3）、广西（4）、内蒙古（5）	江西（31）、西藏（30）、北京（29）、陕西（28）、上海（27）
2000—2014	宁夏（1）、内蒙古（2）、青海（3）、云南（4）、贵州（5）	西藏（31）、江西（30）、北京（29）、湖北（28）、黑龙江（27）

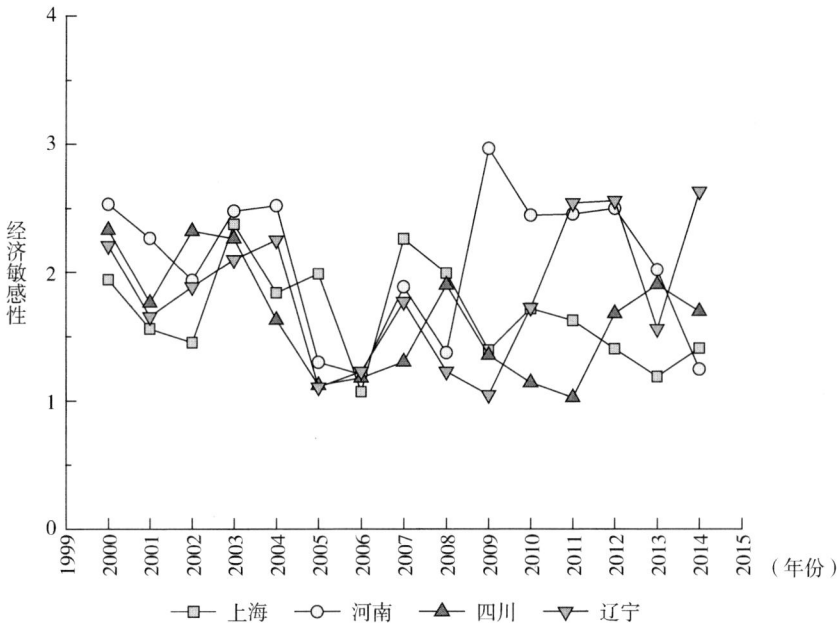

图 4-9　部分省域经济敏感性变化（2000—2014 年）

（二）省域经济适应性综合评价结果及分析

省域经济适应性的计算过程中，各指标权重统一采用全国经济适应性各个指标的权重，省域经济适应性综合评价的具体结果见表4-20。经济适应性排名较高的省域主要是上海、广东、天津、江苏和北京，排名比较低的是东部的河北，中部的河南、湖南和湖北，西部的西藏、贵州、广西、甘肃等省域（见表4-21和表4-22）。2000—2014年，各省域经济适应性不断增强，高适应性区域分布不断扩大。2000年仅上海呈现高经济适应性，到2014年，高经济适应性分布在北京、天津、山东、江苏、上海、浙江、福建、广东、安徽、陕西和重庆等区域。上海、河南、四川和辽宁四个区域的经济适应性显示，上海经济适应性在2004年之后有了显著的提升，四川在2010年后也有了大幅度的提高，中部的河南和东北地区的辽宁的经济适应性提升缓慢（见图4-10）。高经济适应性是应对经济敏感性扰动，降低脆弱性的主要手段。2000—2014年，尽管各省域的经济适应性有了不同的提升，但是在一些区域由于经济适应能力提升缓慢，必然加大了该区域的经济脆弱性，影响该区域的经济增长。

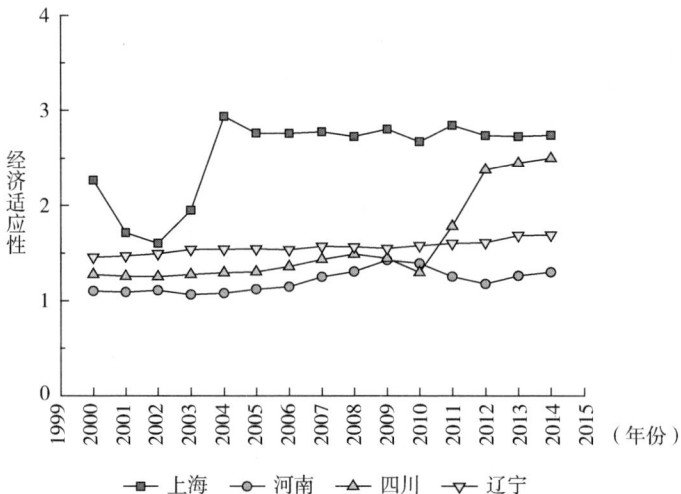

图4-10 部分省域经济适应性（2000—2014年）

表 4-20　省域经济适应性综合评价结果及其类型（2000—2014 年）

省域	指数/类型	2000年	2001年	2002年	2003年	2004年	2005年	2006年	2007年	2008年	2009年	2010年	2011年	2012年	2013年	2014年
北京	指数	1.4738	1.4236	1.4915	1.377	1.3888	2.576	1.6	1.3778	2.6782	2.4055	2.4768	2.8575	2.7433	2.6149	2.6222
	类型	1	1	1	1	1	3	1	1	3	2	2	3	3	3	3
天津	指数	1.6233	1.6977	1.7528	1.657	1.699	1.9607	2.2306	2.4558	2.5904	2.5892	2.6468	2.777	2.6522	2.7529	2.7276
	类型	1	1	1	1	1	1	1	2	3	2	3	3	3	3	3
河北	指数	1.1698	1.1961	1.1972	1.1683	1.1637	1.2476	1.2585	1.3169	1.3346	1.3303	1.445	1.7705	2.2199	2.3821	2.3911
	类型	1	1	1	1	1	1	1	1	1	1	3	1	2	2	2
山西	指数	1.2571	1.2634	1.2133	1.2389	1.2515	1.2771	1.2519	1.3038	1.3016	1.3955	1.5051	1.652	1.7516	1.9387	2.0917
	类型	1	1	1	1	1	1	1	1	1	1	1	1	2	2	2
内蒙古	指数	1.3195	1.3328	1.3456	1.3378	1.3331	1.3303	1.3365	1.3192	1.3171	1.33	1.376	1.4742	1.5743	1.6316	1.6717
	类型	1	1	1	1	1	1	1	1	1	1	1	1	1	1	2
辽宁	指数	1.4565	1.4707	1.4939	1.5384	1.5396	1.5453	1.5352	1.5709	1.5652	1.5488	1.5783	1.6012	1.6092	1.6847	1.6893
	类型	1	1	1	1	1	1	1	1	1	1	1	1	1	1	1
吉林	指数	1.3564	1.3456	1.3508	1.3634	1.3763	1.3833	1.4169	1.4561	1.4609	1.4517	1.5273	1.5503	1.5765	1.6051	1.6376
	类型	1	1	1	1	1	1	1	1	1	1	1	1	1	1	1
黑龙江	指数	1.3419	1.366	1.3826	1.4171	1.4319	1.4088	1.4404	1.4821	1.5135	1.5963	1.5137	1.5555	1.5687	1.6632	1.8445
	类型	1	1	1	1	1	1	1	1	1	1	1	1	1	1	1
上海	指数	2.2647	1.7135	1.6043	1.9494	2.937	2.761	2.758	2.7759	2.7267	2.8017	2.6707	2.8412	2.7364	2.7271	2.7375
	类型	3	1	1	1	3	3	1	3	3	3	3	3	3	3	3

省域	指数/类型	2000年	2001年	2002年	2003年	2004年	2005年	2006年	2007年	2008年	2009年	2010年	2011年	2012年	2013年	2014年
江苏	指数	1.4289	1.4289	1.4615	1.5131	1.5603	1.5762	1.5501	1.4955	2.4118	2.8556	2.8582	2.6269	2.6455	2.7219	2.7349
	类型	1	1	1	1	1	1	1	1	2	3	3	3	3	3	3
浙江	指数	1	1.4623	1.4297	1.5244	1.5528	1.7596	1.9974	1.9258	1.7035	2.6024	2.7315	2.6164	2.6853	2.6913	2.7097
	类型	1	1	1	1	1	1	1	1	1	3	3	3	3	3	3
安徽	指数	1.2379	1.2247	1.2409	1.2681	1.2752	1.2797	1.2622	1.3114	1.296	1.5172	1.3934	2.2222	2.5387	2.5109	2.5973
	类型	1	1	1	1	1	1	1	1	1	1	1	2	3	3	3
福建	指数	1.3516	1.4227	1.457	1.5039	1.4584	1.5114	1.4616	1.4195	1.3913	1.3233	1.2485	2.565	2.5891	2.5876	2.6567
	类型	1	1	1	1	1	1	1	1	1	1	1	3	3	3	3
江西	指数	1.2418	1.2658	1.2791	1.2853	1.2917	1.2961	1.2762	1.3071	1.3096	1.3243	1.3961	1.4164	1.8278	2.0891	2.2858
	类型	1	1	1	1	1	1	1	1	1	1	1	1	1	2	2
山东	指数	1.3915	1.3501	1.3816	1.4563	1.4243	1.4378	1.4198	1.3786	1.2066	1.228	1.5091	2.3441	2.5345	2.6388	2.6423
	类型	1	1	1	1	1	1	1	1	1	1	1	2	3	3	3
河南	指数	1.1031	1.0902	1.108	1.0645	1.0779	1.1217	1.1461	1.2501	1.3053	1.4276	1.3912	1.253	1.1773	1.2611	1.2985
	类型	1	1	1	1	1	1	1	1	1	1	1	1	1	1	1
湖北	指数	1.3344	1.3528	1.3215	1.3372	1.3501	1.3677	1.4181	1.4334	1.4758	1.4764	1.3578	1.3127	1.1279	1.371	1.7804
	类型	1	1	1	1	1	1	1	1	1	1	1	1	1	1	1
湖南	指数	1.2129	1.2382	1.2327	1.2617	1.2842	1.3135	1.367	1.3771	1.37	1.4469	1.3698	1.2655	1.3076	1.3062	1.2787
	类型	1	1	1	1	1	1	1	1	1	1	1	1	1	1	1

续表

省域	指数/类型	2000年	2001年	2002年	2003年	2004年	2005年	2006年	2007年	2008年	2009年	2010年	2011年	2012年	2013年	2014年
广东	指数	1.3944	1.4878	2.0751	2.1814	2.186	1.2961	1.4269	1.6503	1.9869	2.0097	2.586	2.8494	2.7604	2.7447	2.7551
	类型	1	1	2	2	2	1	1	1	1	2	3	3	3	3	3
广西	指数	1.1993	1.2051	1.2041	1.2229	1.2581	1.2877	1.2874	1.3041	1.2853	1.3282	1.3094	1.3318	1.4035	1.4969	1.4492
	类型	1	1	1	1	1	1	1	1	1	1	1	1	1	1	1
海南	指数	1.251	1.2591	1.1959	1.2811	1.2828	1.2869	1.227	1.2852	1.3304	1.4123	1.3537	1.4049	1.4909	1.5846	1.5516
	类型	1	1	1	1	1	1	1	1	1	1	1	1	1	1	1
重庆	指数	1.3371	1.3133	1.3563	1.4362	1.4886	1.521	1.5292	1.5388	1.5404	1.5553	2.0701	1.8383	2.4534	2.4798	2.5208
	类型	1	1	1	1	1	1	1	1	1	1	2	1	2	2	3
四川	指数	1.2768	1.258	1.2524	1.2761	1.295	1.3032	1.3597	1.4332	1.4889	1.4453	1.2974	1.7814	2.3754	2.4448	2.497
	类型	1	1	1	1	1	1	1	1	1	1	1	1	2	2	2
贵州	指数	1.0942	1.13	1.0386	1.0855	1.0933	1.1539	1.1751	1.2047	1.251	1.329	1.3837	1.4192	1.5055	1.5446	1.5428
	类型	1	1	1	1	1	1	1	1	1	1	1	1	1	1	1
云南	指数	1.1864	1.2261	1.2249	1.2496	1.2521	1.2606	1.2994	1.3189	1.3502	1.3601	1.4458	1.623	1.8878	2.0577	2.1436
	类型	1	1	1	1	1	1	1	1	1	1	1	1	1	2	2
西藏	指数	1.1552	1.068	1.1409	1.0628	1.1416	1.1818	1.1907	1.1968	1.1737	1.2884	1.1993	1.3479	1.3591	1.3705	1.3879
	类型	1	1	1	1	1	1	1	1	1	1	1	1	1	1	1
陕西	指数	1.2854	1.2199	1.2345	1.2487	1.265	1.2581	1.3022	1.3326	1.4171	1.5133	1.2523	1.5828	2.3643	2.5293	2.5062
	类型	1	1	1	1	1	1	1	1	1	1	1	1	2	3	3

续表

省域	指数/类型	2000年	2001年	2002年	2003年	2004年	2005年	2006年	2007年	2008年	2009年	2010年	2011年	2012年	2013年	2014年
甘肃	指数	1.1831	1.1858	1.1977	1.1898	1.2028	1.1968	1.2441	1.2734	1.2586	1.3019	1.3676	1.4552	1.7274	1.8805	1.8956
	类型	1	1	1	1	1	1	1	1	1	1	1	1	1	1	1
青海	指数	1.1999	1.2358	1.2391	1.25	1.2476	1.2335	1.2384	1.2694	1.2743	1.3034	1.3069	1.5246	1.5394	1.5922	1.7091
	类型	1	1	1	1	1	1	1	1	1	1	1	1	1	1	1
宁夏	指数	1.2093	1.2163	1.2336	1.2448	1.2693	1.2577	1.2865	1.2682	1.4281	1.5088	1.4528	1.4104	1.7674	1.9312	2.1311
	类型	1	1	1	1	1	1	1	1	1	1	1	1	1	1	2
新疆	指数	1.1751	1.2074	1.2343	1.2329	1.2299	1.1998	1.2124	1.2617	1.2555	1.313	1.3582	1.3564	1.758	1.718	1.7533
	类型	1	1	1	1	1	1	1	1	1	1	1	1	1	1	1

注：经济适应性类型中，1 为低适应性，2 为中适应性，3 为高适应性。

表 4－21 省域不同阶段平均经济适应性及排名

省域	2000—2004 年		2005—2009 年		2010—2014 年		2000—2014 年	
	平均值	排名	平均值	排名	平均值	排名	平均值	排名
北京	1.4309	7	2.1275	3	2.6629	6	2.0738	4
天津	1.6860	3	2.3653	2	2.7113	4	2.2542	2
河北	1.1790	28	1.2976	25	2.0417	13	1.5061	14
山西	1.2448	21	1.3060	22	1.7878	16	1.4462	19
内蒙古	1.3338	14	1.3266	19	1.5456	23	1.4020	21
辽宁	1.4998	4	1.5531	7	1.6325	19	1.5618	12
吉林	1.3585	12	1.4338	11	1.5794	22	1.4572	18
黑龙江	1.3879	10	1.4882	9	1.6291	20	1.5017	15
上海	2.0938	1	2.7647	1	2.7426	1	2.5337	1
江苏	1.4785	5	1.9778	5	2.7175	3	2.0580	5
浙江	1.3938	9	1.9977	4	2.6868	5	2.0261	6
安徽	1.2494	19	1.3333	18	2.2525	10	1.6117	10
福建	1.4387	6	1.4214	12	2.3294	8	1.7298	8
江西	1.2727	15	1.3027	23	1.8030	15	1.4595	16
山东	1.4008	8	1.3342	17	2.3338	7	1.6896	9
河南	1.0887	30	1.2502	28	1.2762	31	1.2050	31
湖北	1.3392	13	1.4343	10	1.3900	28	1.3878	22
湖南	1.2459	20	1.3749	14	1.3056	30	1.3088	27
广东	1.8649	2	1.6740	6	2.7391	2	2.0927	3
广西	1.2179	25	1.2985	24	1.3982	27	1.3049	28
海南	1.2540	17	1.3084	21	1.4771	26	1.3465	25
重庆	1.3863	11	1.5369	8	2.2725	9	1.7319	7
四川	1.2717	16	1.4061	13	2.0792	11	1.5856	11
贵州	1.0883	31	1.2227	30	1.4792	25	1.2634	29
云南	1.2278	24	1.3178	20	1.8316	14	1.4591	17
西藏	1.1137	29	1.2063	31	1.3329	29	1.2176	30
陕西	1.2507	18	1.3647	15	2.0470	12	1.5541	13
甘肃	1.1918	27	1.2550	27	1.6653	18	1.3707	23
青海	1.2345	23	1.2638	26	1.5344	24	1.3442	26

续表

省域	2000—2004 年		2005—2009 年		2010—2014 年		2000—2014 年	
	平均值	排名	平均值	排名	平均值	排名	平均值	排名
宁夏	1.2347	22	1.3499	16	1.7386	17	1.4410	20
新疆	1.2159	26	1.2485	29	1.5888	21	1.3511	24

表 4 - 22　　　　　　　　经济适应性排名前五和后五的省域

时间段（年）	五个平均经济适应性高的省域（名次）	五个平均经济适应性低的省域（名次）
2000—2004	上海（1）、广东（2）、天津（3）、辽宁（4）、江苏（5）	贵州（31）、河南（30）、西藏（29）、河北（28）、甘肃（27）
2005—2009	上海（1）、天津（2）、北京（3）、浙江（4）、江苏（5）	西藏（31）、贵州（30）、新疆（29）、河南（28）、甘肃（27）
2010—2014	上海（1）、广东（2）、江苏（3）、天津（4）、浙江（5）	河南（31）、湖南（30）、西藏（29）、湖北（28）、广西（27）
2000—2014	上海（1）、天津（2）、广东（3）、北京（4）、江苏（5）	河南（31）、西藏（30）、贵州（29）、广西（28）、湖南（27）

（三）省域经济脆弱性综合评价结果及分析

根据 VSD 综合评价模型，以及各省域经济敏感性和经济适应性的计算结果，计算出省域经济脆弱性的综合评价结果，并根据表 4 - 14 中经济脆弱性类型划分标准进行归类（见表 4 - 23）。

经济脆弱性排名较高的省域主要是西部的贵州、青海、宁夏、内蒙古、云南和广西，以及中部的河南。经济脆弱性排名较低的省域主要是东部的上海、北京、广东、江苏、浙江和天津，东北地区的黑龙江、辽宁，中部的江西等（见表 4 - 24 和表 4 - 25）。

各省域经济脆弱性呈现出以下特征。

首先，各省域经济脆弱性呈现出显著的差异性。对各省域经济脆弱性（见表 4 - 23）进行比较分析可知，2014 年，经济脆弱性最小的省域为广东（0.4354），经济脆弱性最大的省域为广西（1.8851），最高的广西经济脆弱性是最低的广东经济脆弱性的 4.3 倍。

表4-23 省域经济脆弱性综合评价结果及排名(2000—2014年)

省域	指数/类型	2000年	2001年	2002年	2003年	2004年	2005年	2006年	2007年	2008年	2009年	2010年	2011年	2012年	2013年	2014年
北京	指数	0.8937	0.8538	0.8921	0.9729	1.3265	0.6414	0.9698	0.8644	0.5559	0.6247	0.4796	0.5735	0.4832	0.5163	0.5433
	类型	7	7	7	7	7	7	7	7	9	8	8	9	9	9	9
天津	指数	1.4724	1.5097	1.2751	1.5299	1.3707	1.2485	0.6287	0.8431	0.8715	0.6941	0.8805	0.8281	0.9572	0.7697	0.9367
	类型	4	1	4	1	4	4	8	5	6	9	6	6	3	6	6
河北	指数	1.4750	1.9666	1.2517	1.5476	1.3963	0.8999	0.8242	0.7948	1.0557	0.9426	1.1954	0.8943	0.9481	0.8305	0.8426
	类型	7	4	7	7	7	7	7	7	7	7	7	7	5	8	5
山西	指数	2.0566	1.9527	2.2184	1.9969	0.8122	1.0835	0.9228	1.1334	1.1470	1.0856	1.1451	0.7141	0.9659	0.8740	0.8427
	类型	1	4	1	4	7	7	7	7	7	7	7	7	7	7	8
内蒙古	指数	2.1680	1.7107	2.1162	2.0260	1.9556	1.7172	2.0466	1.1739	1.5085	1.9887	2.0790	1.2621	1.5421	1.5348	1.5827
	类型	1	4	1	7	1	4	1	7	7	1	1	7	4	1	1
辽宁	指数	1.5168	1.1251	1.2623	1.3652	1.4628	0.7162	0.7998	1.1274	0.7842	0.6749	1.0927	1.5867	1.5904	0.9259	1.5580
	类型	4	4	7	4	4	7	7	7	7	1	1	7	4	1	1
吉林	指数	1.6645	1.6917	1.7604	1.8481	1.8702	0.9297	1.6667	1.5710	1.0272	1.7918	1.5630	0.6999	1.1756	1.2159	1.6547
	类型	4	4	4	1	4	7	4	4	4	1	4	7	1	7	1
黑龙江	指数	1.1949	1.7435	1.5911	1.2256	1.7459	0.8242	0.8807	0.6747	0.6723	0.6849	0.8303	0.9332	1.0548	1.0634	0.9083
	类型	7	4	4	7	7	7	4	7	7	7	7	7	7	7	7
上海	指数	0.8579	0.9093	0.9056	1.2189	0.6261	0.7201	0.3881	0.8147	0.7311	0.4967	0.6429	0.5720	0.5132	0.4353	0.5143
	类型	8	7	7	4	9	9	9	6	9	9	9	9	9	9	9

续表

省域	指数/类型	2000年	2001年	2002年	2003年	2004年	2005年	2006年	2007年	2008年	2009年	2010年	2011年	2012年	2013年	2014年
江苏	指数	0.9807	1.1864	1.1119	1.8186	1.7216	1.3058	0.8401	0.9333	1.1429	0.5630	0.4589	1.0216	0.5859	0.4692	0.6127
	类型	7	7	7	1	1	4	7	7	3	9	9	9	9	9	9
浙江	指数	1.3085	0.7262	0.8168	1.3639	1.0565	1.4350	1.0461	1.1087	1.3463	0.8072	0.8190	0.9252	0.8995	0.8828	0.8602
	类型	7	7	7	4	7	4	7	4	4	6	6	6	4	6	6
安徽	指数	0.9025	1.2744	1.4159	1.0916	2.0846	1.0389	2.1942	1.6465	1.0571	0.9810	1.6887	0.7229	1.1103	0.7480	0.4539
	类型	7	7	7	7	1	7	1	4	7	7	4	8	3	9	9
福建	指数	1.2108	1.5395	1.0281	0.7948	0.8930	1.2887	0.7240	1.4995	1.6376	1.6510	1.9262	0.9370	0.9279	0.9159	0.9364
	类型	7	4	7	7	7	7	1	4	4	4	4	5	6	6	6
江西	指数	1.2219	1.2608	2.0246	1.9576	0.9097	0.7760	0.9010	1.0878	0.9973	0.8264	0.8856	0.7146	0.6802	0.6347	0.5103
	类型	7	7	7	1	7	7	7	7	7	4	4	7	7	6	6
山东	指数	1.1532	1.2192	1.4810	1.6385	1.6103	0.8988	1.3601	1.2858	1.2587	1.2465	0.9111	0.9742	0.9222	0.4557	0.7574
	类型	7	7	4	1	4	7	1	7	7	7	7	7	7	9	9
河南	指数	2.2946	2.0792	1.7477	2.3270	2.3373	1.1574	1.0499	1.5089	1.0523	2.0767	1.7581	1.9591	2.1235	1.6025	0.9588
	类型	1	4	7	4	4	7	7	7	7	1	4	2	6	9	9
湖北	指数	1.7915	0.9410	1.6701	1.5825	1.1010	0.9676	0.9167	0.7184	0.9818	0.7294	1.5848	0.9395	0.8866	1.3863	0.7018
	类型	4	7	4	4	7	7	7	4	7	1	4	4	1	4	7
湖南	指数	1.3910	1.5002	1.2697	1.8691	1.9716	1.1858	0.8556	1.0099	1.3818	1.0383	1.5512	1.8940	1.2765	1.4897	1.0634
	类型	7	7	4	4	7	7	7	7	7	7	4	4	7	7	7

续表

省域	指数/类型	2000 年	2001 年	2002 年	2003 年	2004 年	2005 年	2006 年	2007 年	2008 年	2009 年	2010 年	2011 年	2012 年	2013 年	2014 年
广东	指数	1.1510	1.3408	0.9322	0.9123	0.7391	1.1530	1.0325	0.7759	1.0035	0.6878	0.7922	0.5076	0.6257	0.5302	0.4354
	类型	7	7	8	8	8	7	7	7	7	7	6	9	9	9	9
广西	指数	1.0456	1.3732	1.5897	1.6823	2.2304	1.8215	0.9209	1.7325	1.9641	1.7461	1.9586	1.7526	1.6235	1.7313	1.8851
	类型	7	4	7	4	1	4	7	4	1	4	1	4	4	4	1
海南	指数	0.8117	0.9056	1.2068	1.7415	0.9785	1.3289	1.0890	1.1707	1.3537	1.0285	1.2453	1.5156	1.1702	1.3250	1.7442
	类型	7	4	7	4	1	4	7	4	1	4	1	4	7	4	1
重庆	指数	1.9415	1.6824	1.6418	1.3596	1.3683	1.2717	1.3659	1.3427	1.4024	1.0568	1.1162	1.1759	0.9540	0.9998	1.0102
	类型	4	4	7	7	7	7	7	4	7	7	5	4	5	5	3
四川	指数	1.8262	1.4021	1.8546	1.7739	1.2579	0.8592	0.8675	0.9101	1.2767	0.9377	0.8798	0.5752	0.7076	0.7792	0.6788
	类型	4	4	4	4	7	7	7	7	7	7	7	7	8	8	8
贵州	指数	2.0441	2.2936	2.3328	2.4392	2.2224	1.4016	2.0829	2.0413	2.1456	1.9141	1.8939	1.7873	1.6273	1.6608	1.6928
	类型	4	4	4	7	1	7	4	4	1	7	1	1	4	1	1
云南	指数	1.2186	1.6339	—	2.1202	2.1010	2.1589	2.0247	1.6719	1.8622	1.7951	1.6219	1.5631	0.8273	1.1270	1.2448
	类型	4	4	—	1	1	1	1	4	1	4	4	1	7	5	2
西藏	指数	1.2206	1.3435	1.2198	1.3734	1.6066	1.1334	1.0978	1.0625	1.2778	1.1695	1.1189	1.0657	0.9358	1.0107	1.0336
	类型	7	7	7	7	7	7	7	7	7	7	7	7	7	7	7
陕西	指数	1.3309	0.9657	1.9413	2.2365	1.4877	1.2482	1.1252	1.5125	1.0008	1.0315	1.1020	0.6579	0.4620	0.7561	0.7206
	类型	7	7	4	1	7	7	7	4	7	7	7	7	8	9	9

续表

省域	指数/类型	2000年	2001年	2002年	2003年	2004年	2005年	2006年	2007年	2008年	2009年	2010年	2011年	2012年	2013年	2014年
甘肃	指数	1.5509	0.9503	1.2547	2.0683	1.0124	1.0963	1.2024	0.9816	1.3792	1.0373	1.1925	0.6978	0.9720	1.0557	1.4935
	类型	7	7	7	4	7	7	7	7	7	7	7	7	7	7	1
青海	指数	2.0164	2.2974	1.8342	2.0822	1.9704	1.7815	1.9789	1.4887	2.1271	1.8351	1.9327	1.6777	1.5532	1.5127	1.5544
	类型	4	7	7	4	4	7	7	7	4	4	1	1	4	4	1
宁夏	指数	2.2239	1.3125	2.0386	2.1204	1.9968	1.7976	1.9534	1.8989	1.5575	1.6504	1.7477	1.9527	1.6566	1.5025	1.3777
	类型	7	7	4	4	7	4	4	4	4	4	1	1	1	1	2
新疆	指数	1.2560	1.4132	1.8432	2.1465	1.1867	1.2668	1.3362	1.5148	1.2741	1.2963	1.5332	1.2737	1.1813	1.4170	1.5539
	类型	7	7	4	7	7	7	7	7	7	4	4	4	4	7	7

注：经济脆弱性的类型中，1 为高敏感性—低适应性，2 为高敏感性—中适应性，3 为高敏感性—高适应性，4 为中敏感性—高适应性，5 为中敏感性—中适应性，6 为中敏感性—低适应性，7 为弱敏感性—高适应性，8 为弱敏感性—中适应性，9 为弱敏感性—低适应性。

表 4 – 24　　　　　　　各省域不同阶段平均经济脆弱性及排名

省域	2000—2004 年		2005—2009 年		2010—2014 年		2000—2014 年	
	平均值	排名	平均值	排名	平均值	排名	平均值	排名
北京	0.9878	30	0.7312	30	0.5192	31	0.7461	30
天津	1.4316	18	0.8572	27	0.8744	23	1.0544	25
河北	1.5274	15	0.9034	25	0.9422	20	1.1244	22
山西	1.8074	7	1.0745	20	0.9084	21	1.2634	12
内蒙古	1.9953	4	1.6870	5	1.6001	6	1.7608	4
辽宁	1.3465	25	0.8205	28	1.3507	10	1.1726	18
吉林	1.7670	8	1.3973	7	1.2618	12	1.4754	8
黑龙江	1.5002	16	0.7474	29	0.9580	18	1.0685	24
上海	0.9036	31	0.6301	31	0.5356	30	0.6898	31
江苏	1.3638	22	0.9570	22	0.6297	28	0.9835	28
浙江	1.0544	28	1.1487	16	0.8773	22	1.0268	26
安徽	1.3538	23	1.3835	8	0.9448	19	1.2274	14
福建	1.0932	27	1.3602	10	1.1287	13	1.194	16
江西	1.4749	17	0.9177	24	0.6851	27	1.0259	27
山东	1.4204	19	1.2100	13	0.8041	24	1.1448	20
河南	2.1572	1	1.3690	9	1.6804	3	1.7355	5
湖北	1.4172	20	0.8628	26	1.0998	14	1.1266	21
湖南	1.6003	10	1.0943	19	1.4550	7	1.3832	10
广东	1.0151	29	0.9305	23	0.5782	29	0.8413	29
广西	1.5842	13	1.6370	6	1.7902	1	1.6705	7
海南	1.1288	26	1.1942	14	1.4001	8	1.241	13
重庆	1.5987	11	1.2879	12	1.0512	16	1.3126	11
四川	1.6230	9	0.9702	21	0.7241	26	1.1058	23
贵州	2.0072	3	1.9171	1	1.7324	2	1.8856	1
云南	1.8813	6	1.9026	2	1.2768	11	1.6869	6
西藏	1.3528	24	1.1482	17	1.0330	17	1.178	17
陕西	1.5924	12	1.1836	15	0.7397	25	1.1719	19
甘肃	1.3673	21	1.1394	18	1.0823	15	1.1963	15
青海	2.0401	2	1.8423	3	1.6462	5	1.8428	2

省域	2000—2004 年		2005—2009 年		2010—2014 年		2000—2014 年	
	平均值	排名	平均值	排名	平均值	排名	平均值	排名
宁夏	1.9384	5	1.7715	4	1.6475	4	1.7858	3
新疆	1.5691	14	1.3376	11	1.3918	9	1.4329	9

表 4 – 25 　　　　　　　　经济脆弱性排名前五和后五的省域

时间段（年）	五个平均经济脆弱性高的省域（名次）	五个平均经济脆弱性低的省域（名次）
2000—2004	河南（1）、青海（2）、贵州（3）、内蒙古（4）、宁夏（5）	上海（31）、北京（30）、广东（29）、浙江（28）、福建（27）
2005—2009	贵州（1）、云南（2）、青海（3）、宁夏（4）、内蒙古（5）	上海（31）、北京（30）、黑龙江（29）、辽宁（28）、天津（27）
2010—2014	广西（1）、贵州（2）、河南（3）、宁夏（4）、青海（5）	北京（31）、上海（30）、广东（29）、江苏（28）、江西（27）
2000—2014	贵州（1）、青海（2）、宁夏（3）、内蒙古（4）、河南（5）	上海（31）、北京（30）、广东（29）、江苏（28）、江西（27）

其次，各省域经济脆弱性类型的空间分布呈现出显著的差异性和多样化。2000—2014 年，从省域经济脆弱性类型的空间分布变化看，经济脆弱性类型呈现空间分布的分异化特征，经济脆弱性的类型也不相同。2000 年和 2005 年仅有 5 种类型，2010 年和 2014 年都呈现出 8 种类型，经济脆弱性类型显著增加，呈现出多样化的特征。2014 年仅中敏感性—低适应性类型没有出现。

最后，经济脆弱性的波动性。2000—2014 年各省域经济脆弱性具有明显的波动性特征：东部的上海和西部的四川的经济脆弱性呈现出降低趋势，波动的幅度较小；中部的河南和东北地区的辽宁的经济脆弱性趋势不明显，波动的幅度较大（见图 4 – 11）。

经济脆弱性的差异性、多样性和波动性是省域经济脆弱性的基本特征，反映出各省域经济脆弱性的地方化特征和经济脆弱性产生的复

杂性。需要根据各省域经济脆弱性的差异化特点、空间格局形成机制
分析出经济脆弱性的本质原因。因此，对于各省域经济脆弱性需在宏
观经济调整的过程中，根据各省域的地方化特征采取不同的经济调控
行动，从而可以有效地降低经济脆弱性。

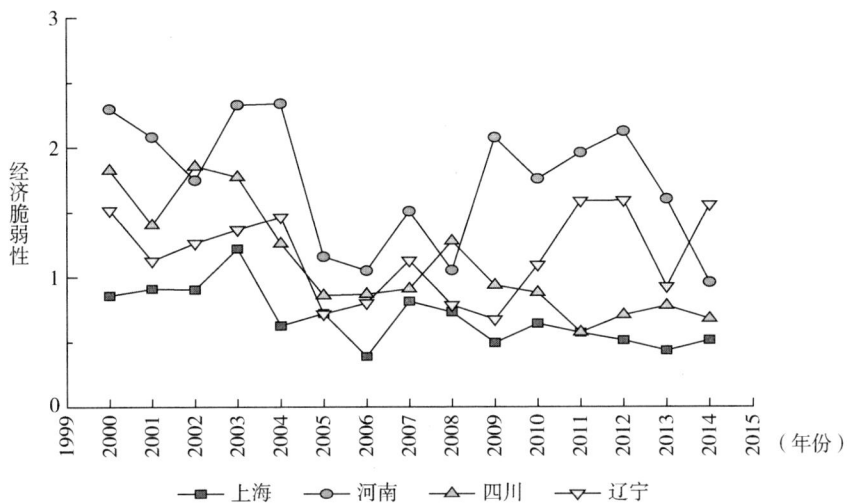

图 4 - 11　部分省域经济脆弱性（2000—2014 年）

第五章　经济脆弱性系统内部产生
机制及损失衡量

本章分析各子系统经济脆弱性的内部产生机制，采用脉冲响应函数从各子系统经济敏感性对各子系统经济脆弱性的扰动角度，分析各子系统经济脆弱性的产生机制；从各子系统经济脆弱性对经济脆弱性的影响和响应角度，分析经济脆弱性的产生机制。采用隶属函数协调度模型，根据经济适应性的静态协调度和动态协调度，分析经济脆弱性的系统协调机制。将经济脆弱性加入经典的生产函数模型，进行经济脆弱性与经济增长之间关系的构建，进行模型检验和模型修正，衡量经济脆弱性对经济增长造成的损失大小。

第一节　经济脆弱性系统内部产生机制

根据 Gallopín（2003，2006）、Metzger（2005，2006）分析脆弱性形成机制的结论，系统的内部特征是系统脆弱性产生的主要和直接原因。各系统的扰动和变化使脆弱性发生变化。通过探讨受到扰动后，各子系统产生的经济敏感性对经济脆弱性的响应和影响，可以分析经济脆弱性的内部产生机制。本书通过建立脉冲响应函数的方法（Impulse Response

Function，IRF）分析子系统扰动产生经济脆弱性的机制。

Dietz 等（2003）认为，适应性在协调管理（adaptive governance）方面具有重要性。经济子系统、社会子系统、自然—资源—环境子系统的协调发展是经济可持续增长的主要途径，也是系统从无序到有序变化的机制产生过程。通过系统之间的协调演化分析，可以从系统角度科学地认识经济脆弱性产生的本质，可以将其更好地应用到经济适应性的协调管理之中。本书采用隶属函数协调度模型分析经济适应性的协调程度。

一　脉冲响应函数方法

1980 年 Sims 和 Goldfeld（1982）将向量自回归模型（Vector Autoregression，VAR）用于系统动态性的研究，一方面可以分析随机扰动对变量系统的动态冲击响应，另一方面也可以解释各种变量冲击形成的影响（高铁梅，2006）。VAR 模型的数学表达式：

$$y_t = \sum_{p=1}^{m} A_p y_{t-p} + Bx_t + \varepsilon_t \quad t = 1，2，\cdots，T \qquad (5-1)$$

式中，y_t 是 k 维内生变量向量，p 是滞后阶数，A_p 是 $k \times k$ 维的系数矩阵，B 是 $k \times d$ 维的系数矩阵，x_t 是 d 维外生变量向量，ε_t 是 k 维扰动向量，T 是样本个数。

在 VAR 模型建立的基础上，实际应用中需要分析一个扰动对系统的冲击的动态影响，该方法是脉冲响应函数方法（IRF）。采用脉冲响应函数，可以衡量冲击对系统内生变量当前和未来的影响，据此判断系统内部变量之间的动态关系。分析每一个冲击对内生变量变化贡献度时，主要是采用方差分解的方法来评价不同变量的重要性（高铁梅，2006）。

二 隶属函数协调度模型

隶属函数协调度模型是基于模糊数学中隶属函数的一种协调度模型，包括静态协调度模型和动态协调度模型（钱力，2014；赵芳，2009）。静态协调度模型主要分析系统间的协调状态，动态协调度模型主要分析系统协调的演化方向。

静态协调度模型的基本形式：

$$C_s(i, j) = \frac{\min\{u(i/j), u(j/i)\}}{\max\{u(i/j), u(j/i)\}} \qquad (5-2)$$

式中，$C_s(i, j)$ 为系统 i 与系统 j 的静态协调度，$0 \leqslant C_s(i, j) \leqslant 1$，$C_s(i, j)$ 越大，系统越协调；$u(i/j)$ 为状态协调度，主要根据系统的实际发展水平与协调值之间的差异水平来计算，具体公式为：$u(i/j) = \exp\{-(x - \hat{x})^2/s^2\}$，$x$ 为系统实际值，$\hat{x}$ 为系统 i 对系统 j 的协调值，一般采用回归系数来表示，s^2 为系统 i 的均方差。

从时间序列上，系统的协调状态是系统在发展过程中不断协调结果的累积。因此，在考虑系统间协调的连续性时，还需要利用动态协调度。

动态协调度模型的基本形式：

$$C_t = \frac{1}{T} \sum_{k=0}^{T-1} C_s(t-k) \qquad (5-3)$$

式中，C_t 表示系统间在 t 时间的动态协调度指数，$0 \leqslant C_t \leqslant 1$；$C_s(t-k)$ 为系统在 $(t-T+1)$ 至 t 各个时刻的静态协调度。若 $t_1 > t_2$ 时，$C_{t1} \geqslant C_{t2}$，表明系统处于不断发展的协调状态；反之，表明系统处于不断衰退的协调状态。

目前，普遍采纳的协调度类型划分标准为 9 级（见表 5 - 1）（钱力，2014；赵芳，2009）。

表 5 – 1　　　　　　　　　　　　动态协调度类型划分

序号	动态协调度指数（C_t）	协调类型
1	$C_t = 0$	完全不协调
2	$0 < C_t < 0.4$	严重不协调
3	$0.4 \leqslant C_t < 0.5$	中度不协调
4	$0.5 \leqslant C_t < 0.6$	轻度不协调
5	$0.6 \leqslant C_t < 0.7$	弱度协调
6	$0.7 \leqslant C_t < 0.8$	基本协调
7	$0.8 \leqslant C_t < 0.9$	良好协调
8	$0.9 \leqslant C_t < 1$	优质协调
9	$C_t = 1$	完全协调

三　各子系统经济敏感性的扰动分析

（一）VAR 模型的建立与检验

内部机制主要考察经济子系统、社会子系统、自然—资源—环境子系统的经济敏感性与各子系统经济脆弱性之间的动态关系。将多级可拓评价计算出来的各子系统经济敏感性指数和经济脆弱性指数作为变量。为了消除异方差，分别取其自然对数作为 VAR 模型中的变量。设定 ES 代表经济子系统经济敏感性，SS 代表社会子系统经济敏感性，RS 代表自然—资源—环境子系统经济敏感性，EV 代表经济子系统经济脆弱性，SV 代表社会子系统经济脆弱性，RV 代表自然—资源—环境子系统经济脆弱性，S 代表经济敏感性，V 代表经济脆弱性。本书采用软件 Eviews 6.0 进行分析。

首先进行 ADF 检验，以判断能否构建 VAR 模型用于脉冲响应分析和方差分析。ADF 检验结果（见表 5 – 2）显示，原始数据都是不平稳序列。一阶差分序列中，DES、DSS、DRS、DS、DEV、DSV、DRV

在1%、5%和10%显著性水平下都是平稳的。因此，据变量一阶差分序列可以建立 VAR 模型，模型中方程特征根的倒数都处于单位圆内，说明建立的 VAR 模型结构稳定，可以用来做脉冲响应分析和方差分析。

表 5 - 2　　　　　各子系统经济敏感性与各子系统经济脆弱性的
ADF 检验结果

变量	检验形式 (c, t, q)	ADF 统计值	1% 临界值	5% 临界值	10% 临界值	P 值	结论
ES	(c, 0, 0)	-1.480267	-3.788030	-3.012363	-2.646119	0.5263	不平稳
SS	(c, 0, 0)	-1.862062	-3.788030	-3.012363	-2.646119	0.3424	不平稳
RS	(c, 0, 0)	-3.698514	-3.788030	-3.012363	-2.646119	0.0121	不平稳*
S	(c, 0, 0)	-2.303351	-3.788030	-3.012363	-2.646119	0.1800	不平稳
EV	(c, 0, 0)	-2.534900	-3.788030	-3.012363	-2.646119	0.1219	不平稳
SV	(c, 0, 0)	-2.460550	-3.788030	-3.012363	-2.646119	0.1386	不平稳
RV	(c, 0, 0)	-1.475287	-3.788030	-3.012363	-2.646119	0.5260	不平稳
DES	(c, 0, 0)	-4.891829	-3.808546	-3.020686	-2.650413	0.0010	平稳
DSS	(c, 0, 0)	-5.188041	-3.808546	-3.020686	-2.650413	0.0005	平稳
DRS	(c, 0, 0)	-6.221580	-3.808546	-3.020686	-2.650413	0.0000	平稳
DS	(c, 0, 0)	-4.578776	-3.831511	-3.029970	-2.655194	0.0021	平稳
DEV	(c, 0, 0)	-5.101504	-3.808546	-3.020686	-2.650413	0.0006	平稳
DSV	(c, 0, 0)	-6.612992	-3.808546	-3.020686	-2.650413	0.0000	平稳
DRV	(c, 0, 0)	-7.349524	-3.808546	-3.020686	-2.650413	0.0000	平稳

注：(c, t, q) 为 ADF 检验形式，c、t、q 分别代表常数项、时间趋势和滞后阶数；q 为根据赤池信息准则（AIC）和施瓦茨信息准则（SC）确定的最优滞后项；D 代表序列的一阶差分；*表示在1%显著性水平下不平稳。

（二）经济子系统经济敏感性的扰动机制分析

通过给经济子系统、社会子系统和自然—资源—环境子系统的经济敏感性一个单位正冲击，得到经济子系统经济脆弱性脉冲响应函数（见图 5 - 1）、累积脉冲响应函数（见图 5 - 2）和方差贡献（见图 5 - 3）。

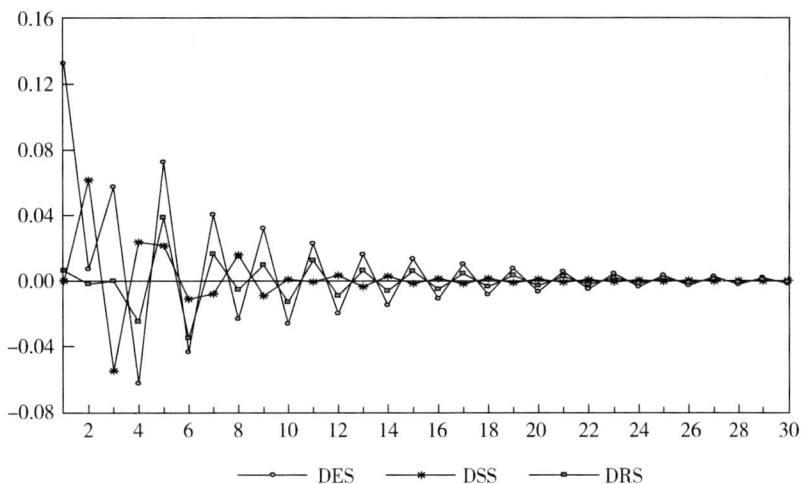

图 5 - 1　经济子系统经济敏感性脉冲响应函数

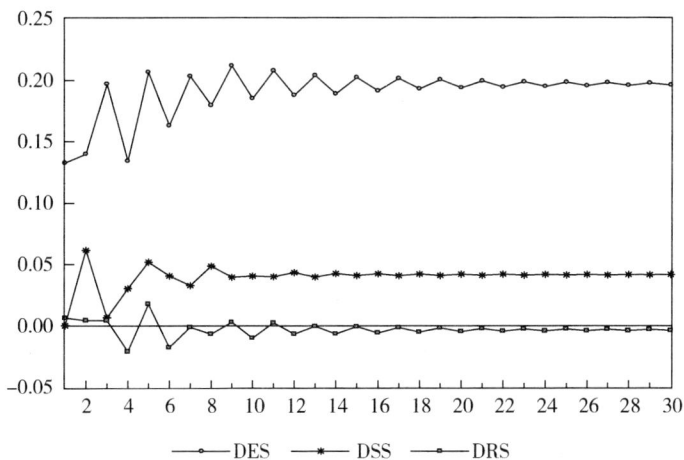

图 5 - 2　经济子系统经济敏感性累积脉冲响应函数

经济子系统经济敏感性扰动产生最高响应的时段发生在第 4—5 期，累积响应共计 0.19 个单位，长期方差贡献值约为 69%。社会子系统经济敏感性冲击产生最高响应的时段发生在第 2—3 期，累积响应为 0.04 个单位，长期方差贡献值约为 16%，自然—资源—环境子系统冲击产生最高响应的时段发生在第5—6期，累积响应接近0个单位，长期方差贡献值约为8%。此外，还存在7%的经济子系统自身的贡献。

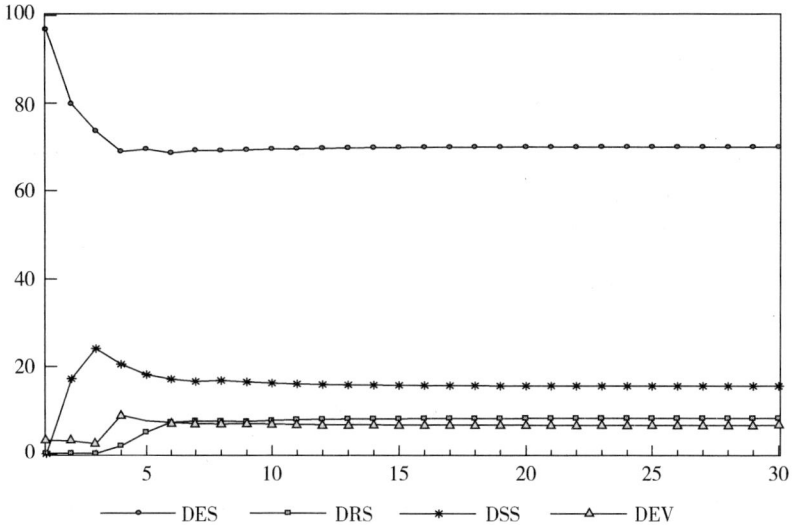

图5-3　经济子系统经济敏感性方差贡献

（三）社会子系统经济敏感性的扰动机制分析

通过给经济子系统、社会子系统和自然—资源—环境子系统经济敏感性一个单位正冲击，得到社会子系统经济脆弱性脉冲响应函数（见图5-4）、累积脉冲响应函数（见图5-5）和方差贡献（见图5-6）。经济子系统经济敏感性扰动产生最高响应的时段发生在第2—6期，累积响应共计0.08个单位，长期方差贡献值约为8%。社会子系统经济敏感性冲击产生最高响应的时段发生在第2—7期，累积响应大约为0.035个单位，长期方差贡献值约为64%。自然—资源—环境子系统冲击产生最高响应的时段发生在第2—5期，累积响应接近-0.02个单位，长期方差贡献值约为5%。此外，还存在23%的社会子系统自身的贡献。

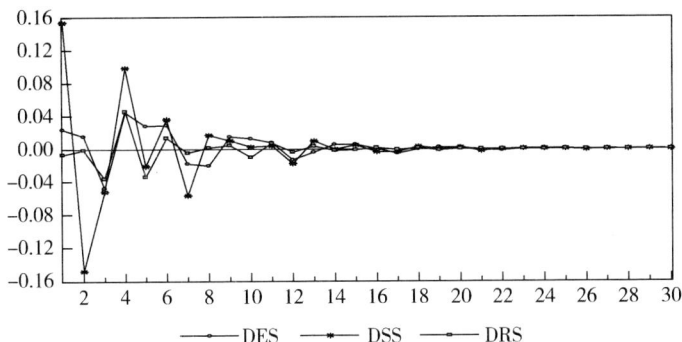

图 5 - 4　社会子系统经济敏感性脉冲响应函数

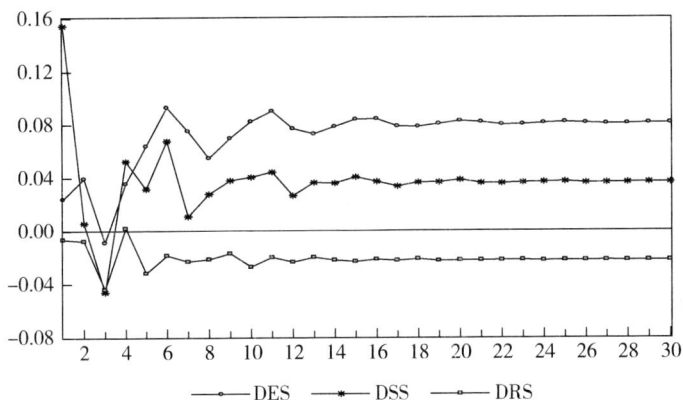

图 5 - 5　社会子系统经济敏感性累计脉冲响应函数

（四）自然—资源—环境子系统经济敏感性的扰动机制分析

通过给经济子系统、社会子系统和自然—资源—环境子系统的经济敏感性一个单位正冲击，得到自然—资源—环境子系统经济脆弱性脉冲响应函数（见图 5 - 7）、累积脉冲响应函数（见图 5 - 8）和方差贡献（见图 5 - 9）。经济子系统经济敏感性扰动产生最高响应的时段发生在第 2—3 期，累积响应共计 - 0.29 个单位，长期方差贡献值约为 16%。社会子系统经济敏感性冲击产生最高响应的时段发生在第

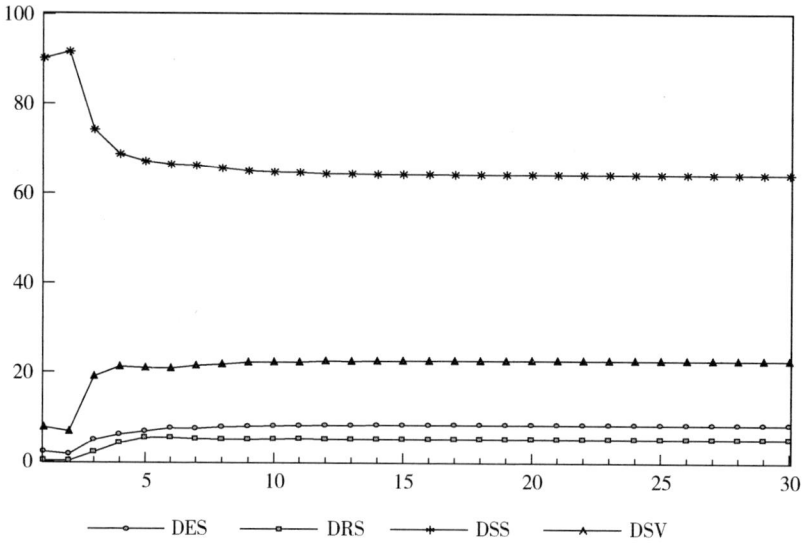

图 5-6 社会子系统经济敏感性方差贡献

4—9 期，累积响应为 0.008 个单位，长期方差贡献值约为 26%。自然—资源—环境子系统冲击产生最高响应的时段发生在第 2—5 期，累积响应接近为 0.17 个单位，长期方差贡献值约为 43%。此外，还存在 15% 的自然—资源—环境子系统自身的贡献。

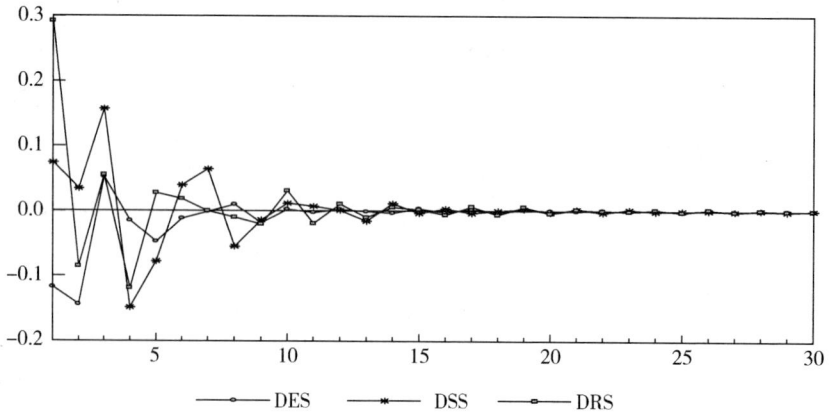

图 5-7 自然—资源—环境子系统脉冲响应函数

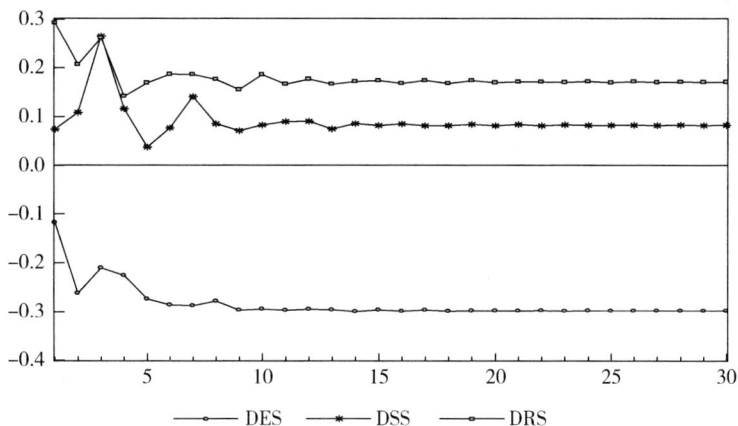

图 5 - 8　自然—资源—环境子系统经济敏感性累积脉冲响应函数

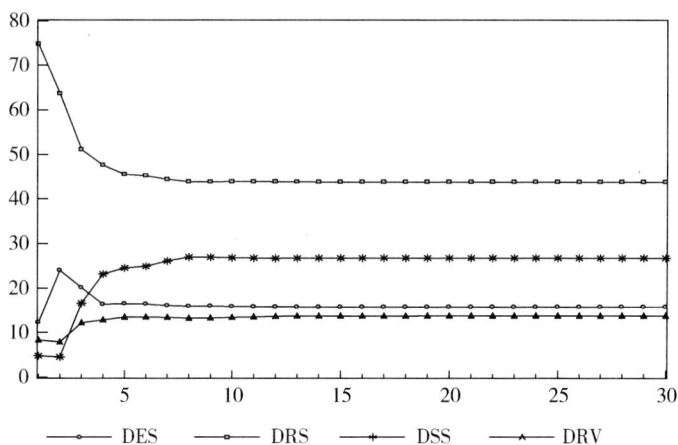

图 5 - 9　自然—资源—环境子系统经济敏感性方差贡献

综合以上三个子系统经济敏感性与子系统经济脆弱性之间的扰动机制分析（见表 5 - 3），得出以下结论。

（1）各子系统经济敏感性对子系统经济脆弱性的影响都是短期的，长期作用不明显。

（2）各子系统经济敏感性对子系统经济脆弱性产生的累积响应是

不同的。经济子系统经济敏感性对经济子系统和社会子系统经济脆弱
性产生正向的累积响应，对自然—资源—环境子系统经济脆弱性产生
负向的累积响应；社会子系统经济敏感性对三个子系统经济脆弱性产
生正向的累积响应；自然—资源—环境子系统经济敏感性对经济子系
统和社会子系统经济脆弱性产生负向的累积响应，对自然—资源—环
境子系统经济脆弱性产生正向的累积响应。

（3）各子系统经济脆弱性主要由相应的子系统经济敏感性导致，
子系统自身也是产生经济脆弱性的主要根源。

表5－3   各子系统经济敏感性对子系统经济脆弱性的扰动情况

	脉冲响应和贡献	经济子系统经济敏感性	社会子系统经济敏感性	自然—资源—环境子系统经济敏感性	子系统本身的经济敏感性
经济子系统经济脆弱性	脉冲响应时段	第4—5期	第2—3期	第5—6期	—
	累积响应值	0.19个单位	0.04个单位	-0.003个单位	—
	方差贡献值	69%	16%	8%	7%
社会子系统经济脆弱性	脉冲响应时段	第2—6期	第2—7期	第2—5期	—
	累积响应值	0.08个单位	0.035个单位	-0.02个单位	—
	方差贡献值	8%	64%	5%	23%
自然—资源—环境子系统经济脆弱性	脉冲响应时段	第2—3期	第4—9期	第2—5期	—
	累积响应值	-0.29个单位	0.008个单位	0.17个单位	—
	方差贡献值	16%	26%	43%	15%

（五）各子系统经济脆弱性对经济脆弱性的扰动分析

采用 VAR 模型分析各子系统经济脆弱性对于经济脆弱性的扰动。
为了消除异方差的影响，分别取其自然对数作为 VAR 模型中的变量。
设定 EV 代表经济子系统经济脆弱性，SV 代表社会子系统经济脆弱性，
RV 代表自然—资源—环境子系统经济脆弱性，V 代表经济脆弱性。

首先进行 ADF 检验，以判断能否构建 VAR 模型用于脉冲响应分析和方差分析。ADF 检验结果（见表 5 - 4）显示，原始数据都是不平稳序列，不能够建立 VAR 模型。一阶差分序列，都是平稳的。因此，用变量一阶差分序列建立 VAR 模型，模型中方程特征根的倒数都处于单位圆内，说明建立的 VAR 模型结构稳定，可以用来做脉冲响应分析和方差分析。通过给各子系统经济脆弱性一个单位正冲击，得到经济脆弱性脉冲响应函数（见图 5 - 10）、累积脉冲响应函数（见图 5 - 11）和方差贡献（见图 5 - 12）。

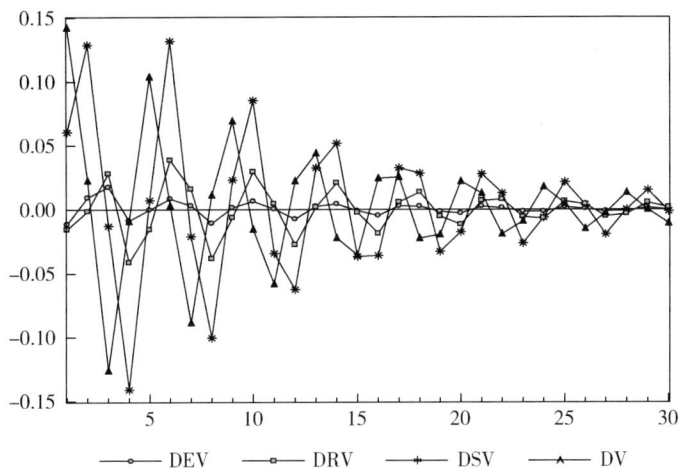

图 5 - 10　经济脆弱性脉冲响应函数

三个子系统经济脆弱性对于经济子系统经济脆弱性的冲击具有明显的短期响应，但是波动性较大，长期响应在波动中逐渐减少。短期看，经济子系统和自然—资源—环境子系统的经济脆弱性冲击产生的经济脆弱性较小。社会子系统经济脆弱性冲击产生的经济脆弱性较大，波动幅度也较大（见图 5 - 10）。

经济子系统经济脆弱性对经济脆弱性冲击产生正的累积响应，在 2 期后基本处于稳态，幅度较小，累积响应大约为 0. 06—0. 17 个单位；社会子系统经济脆弱性对经济脆弱性冲击产生正的累积响应，具有波动性，累积响应为0.05—0.17个单位。自然—资源—环境子系统经济脆弱性对经济脆弱性冲击产生负的累积响应，经济脆弱性的累积响应在第14期左右达到稳态，累积响应接近0。从三个子系统经济脆弱性累积响应值的比较分析看，社会子系统经济脆弱性 > 经济子系统经济脆弱性 > 自然—资源—环境子系统经济脆弱性（见图5–11）。

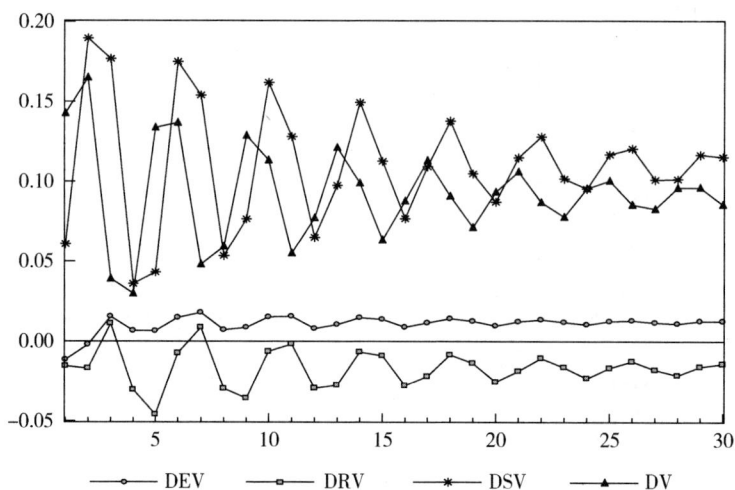

图5–11　经济脆弱性累积脉冲响应函数

经济子系统经济脆弱性的方差贡献值最低，几乎不产生贡献值，长期贡献值约为0.6%。社会子系统经济脆弱性最高，长期方差贡献值约为53%。自然—资源—环境子系统长期方差贡献值约为5.4%。除三个子系统产生的经济脆弱性之外，复合系统本身也产生一定的经济脆弱性，自身经济脆弱性贡献值较高，大约为41%。从方差贡献值比较分析，社会子系统经济脆弱性 > 系统自身经济脆弱性 > 自然—资源—环境子系统经济脆弱性 > 经济子系统经济脆弱性（见图5–12）。

表5-4　　　各子系统经济脆弱性与经济脆弱性的 ADF 检验结果

变量	检验形式 （c，t，q）	ADF 统计值	1% 临界值	5% 临界值	10% 临界值	P 值	结论
EV	（c，0，0）	-2.534900	-3.788030	-3.012363	-2.646119	0.1219	不平稳
SV	（c，0，0）	-2.460550	-3.788030	-3.012363	-2.646119	0.1386	不平稳
RV	（c，0，0）	-1.475287	-3.788030	-3.012363	-2.646119	0.5260	不平稳
V	（c，0，0）	-1.901853	-3.831511	-3.029970	-2.655194	0.3244	不平稳
DEV	（c，0，0）	-5.101504	-3.808546	-3.020686	-2.650413	0.0006	平稳
DSV	（c，0，0）	-6.612992	-3.808546	-3.020686	-2.650413	0.0000	平稳
DRV	（c，0，0）	-7.349524	-3.808546	-3.020686	-2.650413	0.0000	平稳
DV	（c，0，0）	-7.641502	-3.831511	-3.029970	-2.655194	0.0000	平稳

注：（c，t，q）为 ADF 检验形式，c、t、q 分别代表常数项、时间趋势和滞后阶数；q 为根据赤池信息准则（AIC）和施瓦茨信息准则（SC）确定的最优滞后项；D 代表序列的一阶差分。

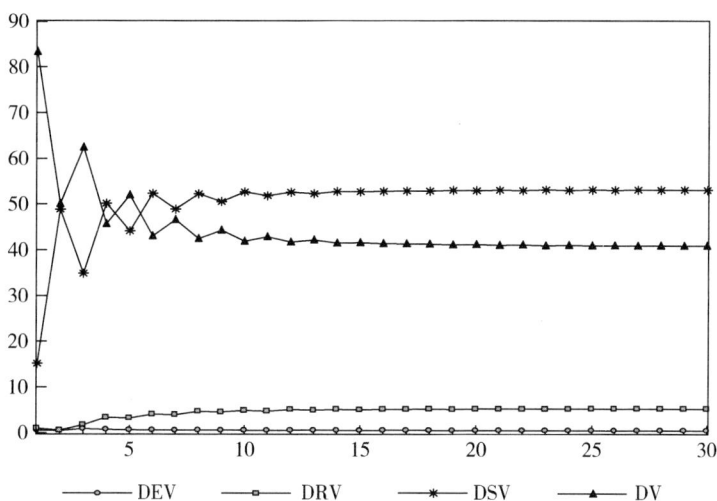

图5-12　经济脆弱性方差贡献

结果显示，三个子系统经济脆弱性的扰动对经济脆弱性的影响具有波动性。短期扰动波动幅度较大，长期扰动波动幅度小。经济子系统和社会子系统的经济脆弱性对经济脆弱性产生正的影响，自然—资源—环境子系统经济脆弱性对经济脆弱性产生负的影响。系统自身产生较大的贡献，为41%，一半以上的经济脆弱性来源于社会子系统经济脆弱性的贡献（53%）。为了降低经济脆弱性，社会子系统经济脆弱性必然成为重点调控方向。

表5－5　　　　各子系统经济脆弱性对经济脆弱性的扰动情况

	脉冲响应和贡献	经济子系统经济脆弱性	社会子系统经济脆弱性	自然—资源—环境子系统经济脆弱性	系统本身的经济脆弱性
经济脆弱性	脉冲响应时段	2—4 期	2—10 期	3—10 期	—
	累积响应值	0.06—0.17 个单位	0.05—0.17 个单位	-0.006—-0.03 个单位	—
	方差贡献值	0.6%	53%	5.4%	41%

四　各子系统经济适应性的协调分析

（一）静态协调度分析

根据隶属函数协调度模型，采用 ED—SD 代表经济子系统经济适应性和社会子系统经济适应性的协调关系，ED—RD 代表经济子系统经济适应性与自然—资源—环境子系统经济适应性的协调关系，SD—RD 代表社会子系统经济适应性与自然—资源—环境子系统经济适应性的协调关系，ED—SD—RD 代表系统经济适应性的综合协调关系。综合协调关系假定任何两两子系统在系统协调关系中的作用是相同的，因此，将两两系统的协调度进行平均来计算综合协调度（见表5－6）。

1993—2007 年的静态协调度呈现平稳下降趋势，2008—2012 年静态协调度波动较大，2012—2014 年静态协调度极低，并且系统在大部分年份是严重不协调类型。从上面计算的各子系统经济适应性指数看，各个子系统经济适应性指数在1993—2014年都有了较大的提升，但是各子系统之间以及复合系统的协调度基本上处于下降的趋势，并且协调度的类型大部分年份为严重不协调的状态，影响到整体适应能力的提升，因而导致系统经济脆弱性的产生（见图5－13）。

表5－6　　子系统经济适应性之间静态协调度（1993—2014年）

年份	ED—SD		ED—RD		SD—RD		ED—SD—RD	
	协调度	协调类型	协调度	协调类型	协调度	协调类型	协调度	协调类型
1993	0.1887	严重不协调	0.7591	基本协调	0.1501	严重不协调	0.3660	严重不协调
1994	0.1902	严重不协调	0.7241	基本协调	0.1494	严重不协调	0.3546	严重不协调
1995	0.1871	严重不协调	0.7595	基本协调	0.1429	严重不协调	0.3632	严重不协调
1996	0.1787	严重不协调	0.7626	基本协调	0.1356	严重不协调	0.3590	严重不协调
1997	0.1738	严重不协调	0.7079	基本协调	0.1327	严重不协调	0.3381	严重不协调
1998	0.1580	严重不协调	0.7135	基本协调	0.1180	严重不协调	0.3298	严重不协调
1999	0.1407	严重不协调	0.6115	弱度协调	0.1013	严重不协调	0.2845	严重不协调
2000	0.1353	严重不协调	0.5669	轻度不协调	0.0962	严重不协调	0.2661	严重不协调
2001	0.1193	严重不协调	0.6413	弱度协调	0.0826	严重不协调	0.2811	严重不协调
2002	0.1162	严重不协调	0.5594	轻度不协调	0.0762	严重不协调	0.2506	严重不协调
2003	0.1223	严重不协调	0.4521	中度不协调	0.0739	严重不协调	0.2161	严重不协调
2004	0.1193	严重不协调	0.4870	中度不协调	0.0724	严重不协调	0.2262	严重不协调
2005	0.1197	严重不协调	0.4898	严重不协调	0.0722	严重不协调	0.2272	严重不协调
2006	0.1266	严重不协调	0.4884	严重不协调	0.0756	严重不协调	0.2302	严重不协调
2007	0.1568	严重不协调	0.3998	严重不协调	0.0834	严重不协调	0.2133	严重不协调
2008	0.2006	严重不协调	0.0854	严重不协调	0.6764	弱度协调	0.3208	严重不协调
2009	0.5661	轻度不协调	0.3400	严重不协调	0.2798	轻度不协调	0.3953	严重不协调
2010	0.7625	基本协调	0.3895	严重不协调	0.7437	基本协调	0.6319	弱度协调
2011	0.3888	严重不协调	0.0492	严重不协调	0.2794	严重不协调	0.2391	严重不协调
2012	0.0081	严重不协调	0.1488	严重不协调	0.0016	严重不协调	0.0528	严重不协调
2013	0.0041	严重不协调	0.0714	严重不协调	0.0004	严重不协调	0.0253	严重不协调
2014	0.0025	严重不协调	0.1279	严重不协调	0.0004	严重不协调	0.0436	严重不协调

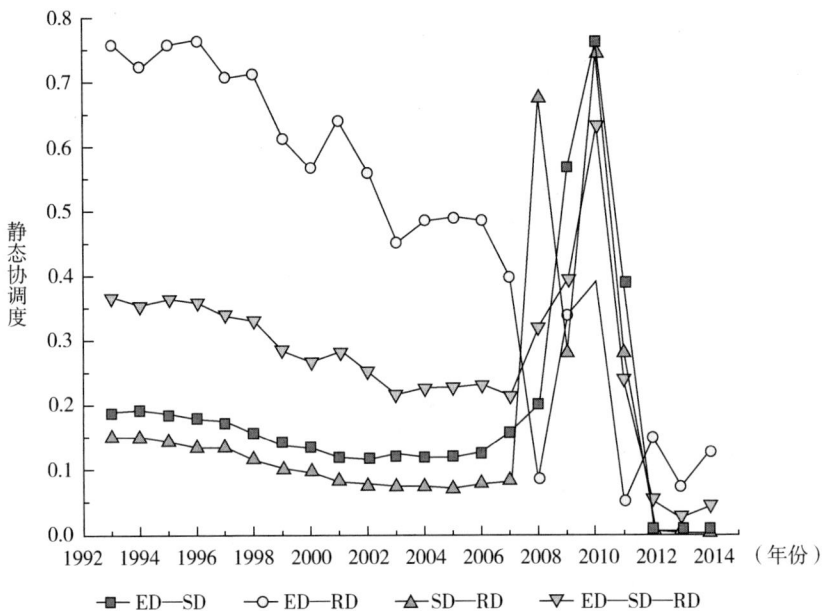

图 5 – 13　各子系统经济适应性静态协调度趋势（1993—2014 年）

（二）动态协调度分析

无论是两两子系统之间还是整个复合系统，在 2007 年之前动态协调度在下降，2008—2011 年除了经济子系统与自然—资源—环境子系统经济适应性的动态协调度处于向下衰退的方向，经济子系统与社会子系统、社会子系统与自然—资源—环境子系统以及整个复合系统的经济适应性都处于向上发展的方向。究其根源：2008 年国际金融危机对中国经济增长产生了影响和冲击，中国在经济、社会和自然—资源—环境方面具有很强的适应能力，促使系统之间的动态协调度增加。2011—2014 年，各子系统经济适应性之间以及整个复合系统都处于明显衰退的发展方向，导致经济脆弱性增加，进而影响到经济增长（见表 5 – 7 和图 5 – 14）。

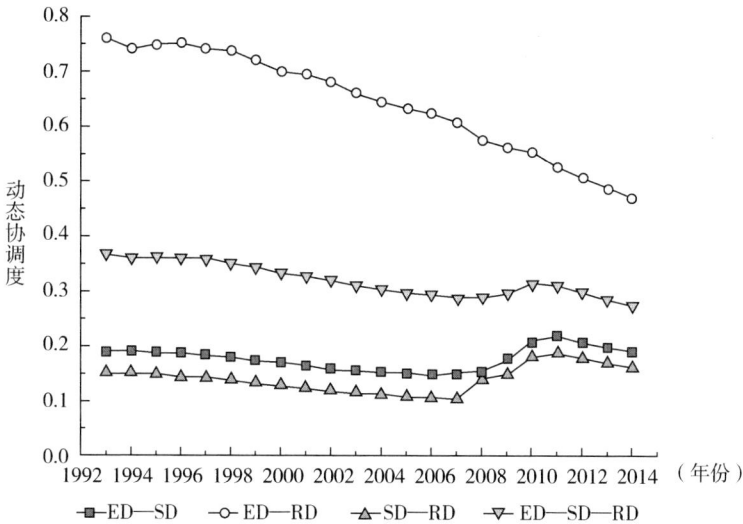

图 5-14　各子系统经济适应性动态协调度趋势（1993—2014 年）

表 5-7　　　各子系统经济适应性动态协调度（1993—2014 年）

年份	ED—SD		ED—RD		SD—RD		ED—SD—RD	
	协调度	发展方向	协调度	发展方向	协调度	发展方向	协调度	发展方向
1993	0.1887	—	0.7591	—	0.1501	—	0.3660	—
1994	0.1895	↑	0.7416	↓	0.1498	↓	0.3603	↓
1995	0.1887	↓	0.7476	↑	0.1475	↓	0.3613	↑
1996	0.1862	↓	0.7513	↑	0.1445	↓	0.3607	↓
1997	0.1837	↓	0.7426	↓	0.1421	↓	0.3562	↓
1998	0.1794	↓	0.7378	↓	0.1381	↓	0.3518	↓
1999	0.1739	↓	0.7197	↓	0.1329	↓	0.3422	↓
2000	0.1691	↓	0.7006	↓	0.1283	↓	0.3327	↓
2001	0.1635	↓	0.6940	↓	0.1232	↓	0.3269	↓
2002	0.1588	↓	0.6806	↓	0.1185	↓	0.3193	↓
2003	0.1555	↓	0.6598	↓	0.1144	↓	0.3099	↓
2004	0.1525	↓	0.6454	↓	0.1109	↓	0.3029	↓
2005	0.1499	↓	0.6334	↓	0.1080	↓	0.2971	↓
2006	0.1483	↓	0.6231	↓	0.1057	↓	0.2923	↓

年份	ED—SD		ED—RD		SD—RD		ED—SD—RD	
	协调度	发展方向	协调度	发展方向	协调度	发展方向	协调度	发展方向
2007	0.1488	↑	0.6082	↓	0.1042	↓	0.2871	↓
2008	0.1521	↑	0.5755	↓	0.1399	↑	0.2892	↑
2009	0.1764	↑	0.5617	↓	0.1482	↓	0.2954	↑
2010	0.2090	↑	0.5521	↓	0.1812	↑	0.3141	↑
2011	0.2185	↑	0.5256	↓	0.1864	↑	0.3102	↓
2012	0.2079	↓	0.5068	↓	0.1772	↓	0.2973	↓
2013	0.1982	↓	0.4861	↓	0.1688	↓	0.2843	↓
2014	0.1893	↓	0.4698	↓	0.1611	↓	0.2734	↓

注："↑"表示系统之间经济适应性处于向上发展的方向；"↓"表示系统之间经济适应性处于向下衰退的方向；"—"表示系统之间经济适应性发展方向不变。

第二节　经济脆弱性对经济增长造成的损失分析

经济脆弱性对经济增长造成潜在的影响，究竟影响有多大呢？本书根据柯布—道格拉斯（C—D）生产函数模型，将经济脆弱性作为独立要素加入模型中，构建有经济脆弱性的生产函数模型，得出经济脆弱性和经济增长之间的关系，依据此关系粗略衡量经济脆弱性对经济增长总量和经济增长率造成的影响。

一　计量模型的设定

经济增长的计量模型中，C—D生产函数模型是利用最为广泛的模型，其函数形式为：

$$Y = Af(K, L) = AK^{\alpha}L^{\beta} \qquad (5-4)$$

式中，Y 表示产出，K 表示资本，L 表示劳动，A 表示全要素生产率（技术水平），α 表示资本存量的产出弹性，β 表示劳动存量的产出弹性。

借鉴专家将一些变量纳入 C—D 生产函数模型的做法，如将区域一体化作为独立要素加入生产函数模型（陆铭、陈钊，2009；姚丽、谷国锋，2014），以及将制度要素直接加入生产函数模型（胡晓辉，2016）。本书尝试将经济脆弱性作为独立要素加入生产函数模型，加入经济脆弱性的生产函数为：

$$Y = AK^{\alpha}L^{\beta}e^{\lambda V} \tag{5-5}$$

式中，V 表示经济脆弱性，λ 为经济脆弱性对经济增长的影响系数。对式（5-5）两边取对数得：

$$\ln Y = \ln A + \alpha \ln K + \beta \ln L + \lambda V \tag{5-6}$$

该模型可以考量技术水平、投入的生产要素以及系统内部存在的经济脆弱性对经济增长的影响。

二　数据选取

模型中时间序列为 1993—2014 年，因变量（Y）选取 GDP 总量，自变量中资本（K）选取资本存量，劳动（L）选取就业人数，全要素生产率（A）采用经济适应性中的计算数据，经济脆弱性（V）为综合评价的计算结果（见表 5-8）。

表 5-8　　　　　　　　经济脆弱性损失衡量模型的数据

年份	GDP 总量 （亿元）	资本存量 （亿元）	就业人数 （万人）	全要素生产率	经济脆弱性
1993	35450.4	15717.7	18262	1.07	2.2781
1994	48370.3	20341.1	18653	1.33	1.9640

续表

年份	GDP 总量 （亿元）	资本存量 （亿元）	就业人数 （万人）	全要素生产率	经济脆弱性
1995	60146.5	25470.1	14908	1.52	1.6483
1996	70538.3	28784.9	19815	1.65	1.9402
1997	78517.3	29968	20207	1.72	1.9289
1998	83505.7	31314.2	20678	1.71	1.4299
1999	88989.8	32951.5	21014	1.69	1.1595
2000	98562.2	34842.8	23151	1.74	1.1164
2001	108683.4	39769.4	23940	1.78	1.0342
2002	119765	45565	24780	1.80	1.0043
2003	135718.9	55963	26230	1.85	0.9191
2004	160289.7	69168.4	27293	1.96	0.8811
2005	184575.8	77856.8	27331	2.02	0.8046
2006	217246.6	92954.1	29630	2.09	0.8216
2007	268631	110943.2	30953	2.27	0.8436
2008	318736.7	138325.3	32103	2.39	0.8608
2009	345046.4	164463.2	33322	2.26	0.8589
2010	407137.8	193603.9	34687	2.32	0.6656
2011	479576.1	228344.3	35914	2.43	0.5869
2012	532872.1	252773.2	37102	2.43	1.0309
2013	583196.7	280356.11	38240	2.37	1.1110
2014	634043.4	293783.1	39310	2.30	0.5363

三　计量模型检验与结果分析

（一）变量的平稳性检验

根据表 5 - 9 中可知，除 lnK 在 10% 的显著性水平下拒绝原假设，是平稳的，其他变量都在 1%、5% 和 10% 的显著性水平下拒绝原假设。因此，变量都通过了 10% 平稳性检验，具有平稳性，不存在单位根。

表 5 - 9 　　　　　　　　　　　变量的平稳性检验

变量	检验形式 (c, t, q)	ADF 统计值	1% 临界值	5% 临界值	10% 临界值	结论
lnY	$(c, t, 0)$	-0.534041	-3.886751	-3.052169	-2.666593	平稳
lnA	$(c, t, 0)$	-4.898982	-3.788030	-3.012363	-2.646119	平稳
lnK	$(c, t, 2)$	-3.411651	-4.498307	-3.658446	-3.268973	平稳*
lnL	$(c, t, 0)$	-3.605800	-3.857386	-3.040391	-2.660551	平稳
V	$(c, t, 0)$	-3.330522	-2.692358	-1.960171	-1.607051	平稳

注：(c, t, q) 为 ADF 检验形式，c、t、q 分别代表常数项、时间趋势和滞后阶数；q 为根据赤池信息准则（AIC）和施瓦茨信息准则（SC）确定的最优滞后项；D 代表序列的一阶差分；* 表示在 10% 显著性水平下显著。

（二）格兰杰因果关系检验

格兰杰因果关系检验是基于时间序列的分布滞后模型进行的因果关系的显著性检验（Sims，1980）。其原假设 H0 为：

（1）Y 不是 X 的格兰杰原因；

（2）X 不是 Y 的格兰杰原因。

当 F 统计量的值显著大于 F 临界值时拒绝原假设，认为 X 与 Y 之间存在统计意义上的因果关系。反之，则认为二者不存在统计意义上的因果关系。

格兰杰因果检验的结果（见表 5 - 10）显示：lnA 和 lnY 在 99% 的置信区间都拒绝了原假设，说明二者之间互为格兰杰因果关系。在 95% 的置信区间，lnK 不是 lnY 的格兰杰原因，同时拒绝了 lnY 不是 lnK 的格兰杰原因，说明 lnY 是 lnK 变化的格兰杰原因。在 99% 的置信区间，lnL 不是 lnY 的格兰杰原因，同时拒绝了 lnY 不是 lnL 的格兰杰原因，说明 lnY 是 lnL 变化的格兰杰原因。在 90% 的置信区间，V 不是 lnY 格兰杰的原因，同时拒绝了 lnY 不是 V 的格兰杰原因，说明 lnY 是 V 变化的格兰杰原因。检验结果进一步说明，经济脆弱性会影响到经济增长。

表 5 – 10　　　　　　　　　　格兰杰因果关系检验

原假设	样本数	F 值	P 值
lnA 不是 lnY 的格兰杰原因	20	11. 3635	0. 00099
lnY 不是 lnA 的格兰杰原因	20	8. 90286	0. 00283
lnK 不是 lnY 的格兰杰原因	20	1. 40905	0. 27493
lnY 不是 lnK 的格兰杰原因	20	4. 00660	0. 04035
lnL 不是 lnY 的格兰杰原因	20	1. 68274	0. 21911
lnY 不是 lnL 的格兰杰原因	20	9. 98726	0. 00175
V 不是 lnY 的格兰杰原因	20	1. 10376	0. 35711
lnY 不是 V 的格兰杰原因	20	2. 94075	0. 08365

(三) 模型协整检验及结果分析

协整分析是向量自回归模型基础上的建模方法,协整表达的是线性量值稳定的动态均衡关系。本书对于协整检验采用恩格尔—格兰杰(Engel-Granger)两步法。该方法首先进行 OLS(最小二乘法)回归,形成协整回归方程;其次根据方程残差进行 ADF 检验,检验方程残差的平稳性(Olley and Pakes,1992)。

在 81.2% 的置信水平下,协整方程通过检验(见表 5 – 11),为:

$$\ln Y = 1.4997 + 0.5204\ln A + 0.7166\ln K + 0.2221\ln L - 0.0639V$$

$$t \quad (1.37) \quad (3.58) \quad (14.29) \quad (1.51) \quad (-1.59)$$

$$R^2 = 0.9977 \quad F = 1880.71 \quad DW = 0.5283 \qquad (5 - 7)$$

从模型的残差结果(见表 5 – 12)分析可知,在 95% 的置信区间,残差处于平稳状态,说明回归方程存在协整关系。从协整方程得出经济脆弱性与经济增长率之间的关系:一单位的经济脆弱性将会导致经济增长率减少 0.0639 个单位,即经济增长率将会降低 6.39% 。

表 5 - 11　　　　　　　　　　　模型协整检验

变量	系数	标准差	t 值	P 值
lnA	0.520412	0.145535	3.575845	0.0023
lnK	0.716599	0.050143	14.291130	0.0000
lnL	0.222073	0.146763	1.513141	0.1486
V	-0.063898	0.040193	-1.589784	0.1303
C	1.499738	1.093271	1.371790	0.1880
R^2	0.997745	被解释变量均值		12.00552
调整的 R^2	0.997214	被解释变量标准差		0.854741
回归标准误差	0.045117	赤池信息准则（AIC）		-3.162414
残差平方和	0.034604	施瓦茨信息准则（SC）		-2.914449
极大似然值	39.78655	F 值		1880.071
DW 值	0.528313	P 值		0.000000

表 5 - 12　　　　　　　　　　　误差修正模型检验

变量	系数	标准差	t 值	P 值
RESID01 （-1）	-0.487362	0.212878	-2.289396	0.0360
D（RESID01（-1））	0.409801	0.241232	1.698783	0.1087
D（RESID01（-2））	0.522851	0.250111	2.090471	0.0529
R^2	0.298056	被解释变量均值		0.004957
调整的 R^2	0.210313	被解释变量标准差		0.030454
回归标准误差	0.027063	赤池信息准则		-4.237371
残差平方和	0.011718	施瓦茨信息准则		-4.088250
极大似然值	43.25503	DW 值		1.799356

四　损失衡量的结果及分析

（一）全国经济增长潜在损失结果及分析

根据表 5 - 13，1993—2014 年全国经济脆弱性将会造成年均 GDP

总量减少 11656.49 亿元，年均经济增长率减少 7.38 个百分点。若排除经济脆弱性对 GDP 总量的影响，年平均 GDP 总量将会达到 241638.32 亿元，年均经济增长率将会达到 23.04%。2012 年和 2013 年是 1993—2014 年经济脆弱性导致损失最多的两个年份，2012 年损失 31165.49 亿元，2013 年损失 36841.20 亿元。从这两年的损失量值看，已经超过大多数省份的 GDP 总量，仅有广东、江苏、山东、浙江、河南 5 个省份达到或超过这样的量值（河南仅在 2013 年超过）。2014 年，GDP 总量为 634043.40 亿元，经济增长率为 8.72%，经济脆弱性导致 2014 年经济增长率下降 3.43 个百分点。排除经济脆弱性，经济增长率将会达到 12.15%，GDP 总量将会达到 653537.48 亿元，经济脆弱性使得经济总量减少了 19494.08 亿元。

表 5-13　全国经济脆弱性对经济增长的潜在影响（1993—2014 年）

年份	GDP 总量（亿元）	经济增长率（%）	经济脆弱性	经济脆弱性导致 GDP 总量的减少量（亿元）	经济脆弱性导致减少的经济增长率（%）	排除经济脆弱性后的 GDP 总量（亿元）	排除经济脆弱性后的经济增长率（%）
1993	35450.40	30.90	2.28	3942.34	14.56	39392.74	45.46
1994	48370.30	36.45	1.96	4434.39	12.55	52804.69	48.99
1995	60146.50	24.35	1.65	5076.51	10.53	65223.01	34.88
1996	70538.30	17.28	1.94	7537.13	12.40	78075.43	29.68
1997	78517.30	11.31	1.93	8772.99	12.33	87290.29	23.64
1998	83505.70	6.35	1.43	7215.81	9.14	90721.51	15.49
1999	88989.80	6.57	1.16	6253.54	7.41	95243.34	13.98
2000	98562.20	10.76	1.12	6397.38	7.13	104959.58	17.89
2001	108683.40	10.27	1.03	6556.63	6.61	115240.03	16.88
2002	119765.00	10.20	1.00	7037.10	6.42	126802.10	16.61
2003	135718.90	13.32	0.92	7067.20	5.87	142786.10	19.19
2004	160289.70	18.10	0.88	7647.13	5.63	167936.83	23.73

续表

年份	GDP 总量（亿元）	经济增长率（%）	经济脆弱性	经济脆弱性导致 GDP 总量的减少量（亿元）	经济脆弱性导致减少的经济增长率（%）	排除经济脆弱性后的 GDP 总量（亿元）	排除经济脆弱性后的经济增长率（%）
2005	184575.80	15.15	0.80	8219.97	5.14	192795.77	20.29
2006	217246.60	17.70	0.82	9709.26	5.25	226955.86	22.95
2007	268631.00	23.65	0.84	11660.65	5.39	280291.65	29.04
2008	318736.70	18.65	0.86	14620.93	5.50	333357.63	24.15
2009	345046.40	8.25	0.86	17235.98	5.49	362282.38	13.74
2010	407137.80	18.00	0.67	14499.22	4.25	421637.02	22.25
2011	479576.10	17.79	0.59	15057.90	3.75	494634.00	21.54
2012	532872.10	11.11	1.03	31165.49	6.59	564037.59	17.70
2013	583196.70	9.44	1.11	36841.20	7.10	620037.90	16.54
2014	634043.40	8.72	0.54	19494.08	3.43	653537.48	12.15
均值	229981.82	15.65	1.16	11656.49	7.38	241638.32	23.04

（二）省域经济增长潜在损失测算结果及分析

2000—2014 年省域平均经济脆弱性高的 5 个省域为贵州（1.8856）、青海（1.8428）、宁夏（1.7858）、内蒙古（1.7608）和河南（1.7355），平均经济脆弱性低的 5 个省域为上海（0.6898）、北京（0.7461）、广东（0.8413）、江苏（0.9835）和江西（1.0259）。经济脆弱性导致平均 GDP 总量的减少量最大的省域为广东，平均减少量为 1635.92 亿元，最少的为西藏，平均减少量为 19.37 亿元。经济脆弱性导致平均经济增长率减少最大的省域为贵州，平均减少了 12.05%，最小的为上海，平均减少了 4.41%（见表 5-14）。

以 2014 年为例进行分析（见表 5-15），经济脆弱性导致经济总量减少最多的 5 个省份为辽宁（2695.72）、山东（2646.76）、江苏（2316.45）、浙江（2065.03）和河南（1970.10）。2014 年辽宁经济总量排第七位，但是经济脆弱性比较高，经济总量损失也比较多。从损失量占省域总量的份额分析，排在前五名的为广西（11.05%）、海南（10.02%）、贵州（9.36%）、吉林（9.94%）和内蒙古（9.58%）。经济增长率最快的省域为贵州（15.54%）、西藏（14.01%）、重庆（12.71%）、海南（11.26%）和湖北（10.94%），经济增长率最低的省域为山西（1.25%）、河北（3.96%）、黑龙江（4.56%）、内蒙古（5.57%）和辽宁（5.72%）。从排除经济脆弱性后的平均经济增长率看，经济增长率最高的省域为贵州（26.36%）、海南（22.40%）、广西（21.05%）、新疆（20.74%）和西藏（20.61%），经济增长率最低的省域为山西（6.63%）、河北（9.34%）、黑龙江（10.37%）、广东（11.84%）和上海（12.35%）。

表5-14　省域平均经济脆弱性对经济增长的潜在影响（2000—2014年）

省域	平均GDP总量（亿元）	平均经济增长率（%）	平均经济脆弱性	经济脆弱性导致平均GDP总量的减少量（亿元）	经济脆弱性导致减少的平均经济增长率（%）	排除经济脆弱性后的平均GDP总量（亿元）	排除经济脆弱性后的平均经济增长率（%）
北京	10633.57	10.53	0.7461	507.22	4.77	11140.79	15.30
天津	6842.20	14.24	1.0544	326.37	6.74	7168.58	20.98
河北	15335.21	10.65	1.1244	731.49	7.18	16066.69	17.83
山西	6689.79	11.05	1.2634	319.10	8.07	7008.89	19.12
内蒙古	8043.11	15.18	1.7608	383.66	11.25	8426.76	26.43
辽宁	13764.99	11.31	1.1726	656.59	7.49	14421.58	18.80
吉林	6470.03	11.82	1.4754	308.62	9.43	6778.65	21.25
黑龙江	8052.47	10.46	1.0685	384.10	6.83	8436.57	17.28
上海	12866.90	10.33	0.6898	613.75	4.41	13480.65	14.74
江苏	30490.13	12.14	0.9835	1454.38	6.28	31944.51	18.43
浙江	20479.51	11.25	1.0268	976.87	6.56	21456.39	17.81
安徽	9407.16	11.43	1.2274	448.72	7.84	9855.88	19.28
福建	11193.73	11.75	1.1940	533.94	7.63	11727.67	19.38

续表

省域	平均GDP总量（亿元）	平均经济增长率（%）	平均经济脆弱性	经济脆弱性导致平均GDP总量的减少量（亿元）	经济脆弱性导致减少的平均经济增长率（%）	排除经济脆弱性后的平均GDP总量（亿元）	排除经济脆弱性后的平均经济增长率（%）
江西	7095.12	11.70	1.0259	338.44	6.56	7433.56	18.25
山东	29031.82	12.07	1.1448	1384.82	7.32	30416.64	19.39
河南	16970.19	11.51	1.7355	809.48	11.09	17779.67	22.60
湖北	11983.09	11.59	1.1266	571.59	7.20	12554.69	18.79
湖南	11972.53	11.43	1.3832	571.09	8.84	12543.62	20.27
广东	34296.07	11.39	0.8413	1635.92	5.38	35932.00	16.76
广西	7129.14	11.59	1.6705	340.06	10.67	7469.20	22.27
海南	1580.73	10.97	1.2410	75.40	7.93	1656.13	18.90
重庆	6064.53	12.80	1.3126	289.28	8.39	6353.81	21.19
四川	13001.38	11.94	1.1058	620.17	7.07	13621.55	19.01
贵州	3708.50	11.42	1.8856	176.90	12.05	3885.40	23.47
云南	5811.78	10.51	1.6869	277.22	10.78	6089.00	21.29
西藏	406.11	25.42	1.1780	19.37	7.53	425.49	32.94
陕西	7420.19	12.18	1.1719	353.94	7.49	7774.13	19.67
甘肃	3190.76	10.95	1.1963	152.20	7.64	3342.96	18.59
青海	1011.21	12.05	1.8428	48.23	11.78	1059.44	23.82
宁夏	1217.15	11.15	1.7858	58.06	11.41	1275.21	22.56
新疆	4230.08	10.34	1.4329	201.78	9.16	4431.86	19.50

表5－15　　　省域经济脆弱性对经济增长的潜在影响（2014年）

省域	GDP总量（亿元）	经济增长率（%）	经济脆弱性	经济脆弱性导致GDP总量的减少量（亿元）	经济脆弱性导致减少的经济增长率（%）	排除经济脆弱性后的GDP总量（亿元）	排除经济脆弱性后的经济增长率（%）
北京	21330.8	9.39	0.5433	677.03	3.47	22007.83	12.86
天津	15722.5	9.41	0.9367	860.12	5.99	16582.62	15.40
河北	29421.2	3.96	0.8426	1523.78	5.38	30944.98	9.34

续表

省域	GDP 总量（亿元）	经济增长率（%）	经济脆弱性	经济脆弱性导致 GDP 总量的减少量（亿元）	经济脆弱性导致减少的经济增长率（%）	排除经济脆弱性后的 GDP 总量（亿元）	排除经济脆弱性后的经济增长率（%）
山西	12759.4	1.25	0.8427	678.62	5.38	13438.02	6.63
内蒙古	17769.5	5.57	1.5827	1702.34	10.11	19471.84	15.68
辽宁	28626.6	5.72	1.5580	2695.72	9.96	31322.32	15.68
吉林	13803.8	6.33	1.6547	1372.58	10.57	15176.38	16.91
黑龙江	15039.4	4.56	0.9083	834.76	5.80	15874.16	10.37
上海	23560.9	9.07	0.5143	709.93	3.29	24270.83	12.35
江苏	65088.3	10.02	0.6127	2316.45	3.92	67404.75	13.93
浙江	40153.5	6.88	0.8602	2065.03	5.50	42218.53	12.38
安徽	20848.8	9.51	0.4539	552.15	2.90	21400.95	12.41
福建	24055.8	10.55	0.9364	1301.99	5.98	25357.79	16.54
江西	15708.6	9.56	0.5103	467.53	3.26	16176.13	12.82
山东	59426.6	8.67	0.7574	2646.76	4.84	62073.36	13.51
河南	34939.4	8.66	0.9588	1970.10	6.13	36909.50	14.78
湖北	27367	10.94	0.7018	1106.18	4.48	28473.18	15.42
湖南	27048.5	10.39	1.0634	1664.96	6.80	28713.46	17.19
广东	67792.2	9.05	0.4354	1729.57	2.78	69521.77	11.84
广西	15673	9.01	1.8851	1731.95	12.05	17404.95	21.05
海南	3500.7	11.26	1.7442	350.69	11.15	3851.39	22.40
重庆	14265.4	12.71	1.0102	816.98	6.45	15082.38	19.17
四川	28536.7	8.67	0.6788	1139.10	4.34	29675.80	13.00
贵州	9251	15.54	1.6928	866.11	10.82	10117.11	26.36
云南	12814.6	9.33	1.2448	932.33	7.95	13746.93	17.29
西藏	920.83	14.01	1.0336	53.34	6.60	974.17	20.61
陕西	17689.9	10.25	0.7206	738.84	4.60	18428.74	14.86
甘肃	6835.3	9.05	1.4935	598.19	9.54	7433.49	18.59
青海	2301.1	9.52	1.5544	208.69	9.93	2509.79	19.45
宁夏	2752.1	7.29	1.3777	225.82	8.80	2977.92	16.09
新疆	9264.1	10.81	1.5539	830.13	9.93	10094.23	20.74

　　综上所述，经济脆弱性对经济增长造成较大的潜在损失，如果采取有效降低经济脆弱性的调控措施，可以释放出巨大的经济增长空间，促进区域经济的可持续增长。因此，可以对经济脆弱性进行积极的调控，将经济脆弱性纳入区域经济规划和区域经济风险防范实践中。

第六章　经济脆弱性的区域差异特征分析

本章分析经济脆弱性的区域差异及其空间格局变化特征。脆弱性是系统的本质属性,具有客观存在性和时空差异性等特征(程林、修春亮等,2011)。区域经济差异性是经济发展过程中普遍存在的问题,在一定程度上也反映了经济活动的空间布局模式和空间格局变化。经济脆弱性同样存在区域差异性,反映着经济脆弱性的空间布局模式和空间格局的动态演变特征。

第一节　区域差异分析方法

一　区域差异的时序分析方法

经济脆弱性区域差异的时序分析方法主要采用时间序列的绝对指标和相对指标。绝对指标衡量的是区域差异的绝对不平衡程度;相对指标反映区域差异的内在性,衡量的是区域差异的相对不平衡程度。从时间序列角度衡量的绝对指标和相对指标,主要反映区域差异的不平衡程度的变动趋势,即区域差异的时序变化特征。采取区域差异的时序分析方法,可以更好地分析出中国各省域经济脆弱性的时序变化特征。

衡量区域差异的绝对指标有标准差、方差和极差等。标准差和方差是基于全部样本数据基础上的偏离程度，但是方差数据结果不够平稳，容易产生波动。极差主要依据样本数据的两个极值进行偏离度分析，因没有充分考虑所有数据而容易产生较大的偏误。因此，本书经济脆弱性的区域差异绝对指标采取标准差。

标准差的公式为：

$$Std\ (V)\ =\ \sqrt{\frac{\sum\limits_{i}^{n}(V_i - \overline{V})^2}{n-1}} \qquad (6-1)$$

式中，$Std\ (V)$ 为经济脆弱性的标准差，n 为省域单元总数，V_i 为 i 省域某年份的经济脆弱性，$\overline{V}$ 为经济脆弱性的均值。

衡量区域差异的相对指标主要有变异系数、基尼系数等。本书为与绝对指标保持一致，采用变异系数衡量经济脆弱性的相对差异程度。

变异系数的公式为：

$$C\ (V)\ =\ \frac{\sqrt{\dfrac{\sum\limits_{i}^{n}(V_i - \overline{V})^2}{n-1}}}{\overline{V}} \qquad (6-2)$$

式中，$C\ (V)$ 为经济脆弱性的变异系数，n 为区域单元总数，V_i 为 i 区域经济脆弱性，$\overline{V}$ 为经济脆弱性的均值。

二　区域差异的空间格局分析方法

本书采取由荷兰经济学家泰尔提出来的泰尔指数（Theil Index）进行经济脆弱性区域差异的空间格局分析（Theil，1967）。泰尔指数是衡量区域差异的相对指标，但由于泰尔指数可以分解为相互独立的不同区域之间的差异和区域内部的差异，具有地理构成分解的特性，因此被广泛用于区域差异演化的空间格局分析。

泰尔指数的公式为：

$$T\ (V)\ = T_{BR(V)} + T_{WR(V)}$$

$$= \sum_{i=1}^{4} V_i \cdot \ln\left(\frac{V_i}{Y_i}\right) + \sum_{i=1}^{4} V_i \times \left[\sum_{j=1}^{4} V_{ij} \cdot \ln\left(\frac{V_{ij}}{Y_{ij}}\right) \right] \qquad (6-3)$$

式中，$T\ (V)$ 为中国各省域经济脆弱性总体差异，$T_{BR(V)}$ 为区域之间的经济脆弱性差异，$T_{WR(V)}$ 为区域内部的经济脆弱性差异，i 为经济地带（根据国家统计局的划分标准划分为东部地区、中部地区、西部地区和东北地区四个经济地带），V_i 为 i 经济地带内各省域经济脆弱性之和占中国31个省域经济脆弱性的比重，Y_i 为 i 经济地带内各省域经济总值之和占中国经济总量的比重，V_{ij} 为 i 经济地带内 j 省域经济脆弱性占 i 经济地带各省域经济脆弱性之和的比重，Y_{ij} 为 i 经济地带内 j 省域经济总量占 i 经济地带各省域经济总量之和的比重。

$T\ (V)$ 越大，说明中国各省域经济脆弱性差异性越大；$T_{BR(V)}$ 越大，说明经济地带之间的经济脆弱性差异较大；$T_{WR(V)}$ 越大，说明经济地带内部省域的经济脆弱性差异较大。

在分析区域之间和区域内经济脆弱性对总体经济脆弱性区域差异的影响时，可以采用贡献率进行分析。

区域之间经济脆弱性差异的贡献率公式为：

$$W_{BR(V)} = \frac{T_{BR(V)}}{T\ (V)} \times 100\% \qquad (6-4)$$

区域内部经济脆弱性差异的贡献率公式为：

$$W_{WR(V)} = \frac{T_{WR(V)}}{T\ (V)} \times 100\% \qquad (6-5)$$

Cullen 等（1978）在对泰尔指数的进一步研究中，基于区域差异在不同时段的不同表现，采用区域分离系数来揭示不同区域空间差异格局的演变特征。

区域分离系数的公式为：

$$S_{R(V)} = \frac{T_{BR(V)}}{\ln\left(\dfrac{Y}{Y_{min}}\right)} \times \frac{\ln\ (Y_{min})}{T_{WR(V)}} \tag{6-6}$$

式中，$S_{R(V)}$ 为中国各省域经济脆弱性的区域分离系数，Y 为中国各省域的经济总量之和，Y_{min} 为中国各省域中经济总量最小省域的经济总量。

第二节　经济脆弱性区域差异时序特征分析

一　经济脆弱性区域差异时序变化

2000—2003 年经济脆弱性的标准差相对平稳，说明各省域经济脆弱性绝对差异的不平衡程度相对稳定。2004—2009 年标准差波动较大，经济脆弱性绝对差异的变化复杂，处于不稳定的非平衡性。2004年绝对差异达到最大值 0.4919，2005 年绝对差异达到最小值 0.3649。2010—2013 年标准差有逐渐下降的趋势，省域经济脆弱性的绝对差异在变小，不平衡程度在减弱。2014 年经济脆弱性的标准差呈现明显上升趋势（见表 6-1 和图 6-1）。

2000—2003 年变异系数略有下降，说明经济脆弱性的相对差异在下降，省域经济脆弱性的内在不平衡性减弱。2004—2014 年变异系数呈现波动中上升的趋势，说明在此期间经济脆弱性的相对差异在波动中逐渐加大（见表 6-1 和图 6-1）。

总体来看，各省域经济脆弱性的绝对差异在时序上具有较强的波动性，相对差异在时序上呈现出在波动中上升的显著特征。

表 6 - 1　　　　经济脆弱性的标准差和变异系数（2000—2014 年）

年份	绝对指标 （标准差）	相对指标 （变异系数）
2000	0.4364	0.2994
2001	0.4161	0.2925
2002	0.4263	0.2838
2003	0.4359	0.2587
2004	0.4919	0.3286
2005	0.3649	0.3045
2006	0.4859	0.4061
2007	0.3673	0.3004
2008	0.3973	0.3172
2009	0.4768	0.4096
2010	0.4655	0.3642
2011	0.4619	0.4168
2012	0.4024	0.3787
2013	0.3921	0.3780
2014	0.4374	0.4151

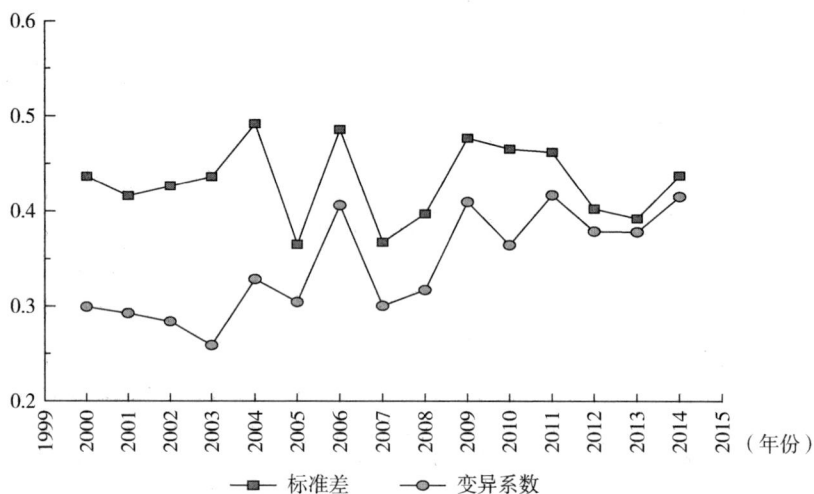

图 6 - 1　经济脆弱性的绝对差异与相对差异趋势变化（2000—2014 年）

二　不同时间段的时序特征分析

根据表 6-2 和图 6-2，2000—2004 年，中部地区和西部地区经济脆弱性的差异较大，不平衡程度较大，东部地区和东北地区的差异较小，区域间差异不大。2005—2009 年，西部地区和东北地区的差异较大，区域间差异呈现拉大的趋势。2010—2014 年，中部地区和西部地区差异较大，区域间差异较大。

整体上，西部地区一直为经济脆弱性差异最高的区域，且逐渐增高，区域不平衡程度在加深。东部地区差异较低，但也在缓慢拉大，不平衡程度在加深。中部地区在 2010—2014 年，差异显著拉大，不平衡程度在加深。东北地区经历了差异逐渐扩大又下降的过程。

表 6-2　　　　　　　不同时段经济地带经济脆弱性的差异

时间段（年）	经济地带	绝对差异（标准差）	相对差异（变异系数）
2000—2004	东部地区	0.1959	0.1666
	中部地区	0.2659	0.1732
	西部地区	0.2527	0.1512
	东北地区	0.1949	0.1374
2005—2009	东部地区	0.2692	0.2802
	中部地区	0.2487	0.2077
	西部地区	0.3521	0.2354
	东北地区	0.4118	0.3899
2010—2014	东部地区	0.2780	0.3464
	中部地区	0.4052	0.3851
	西部地区	0.3785	0.3008
	东北地区	0.2127	0.1778

（a）

（b）

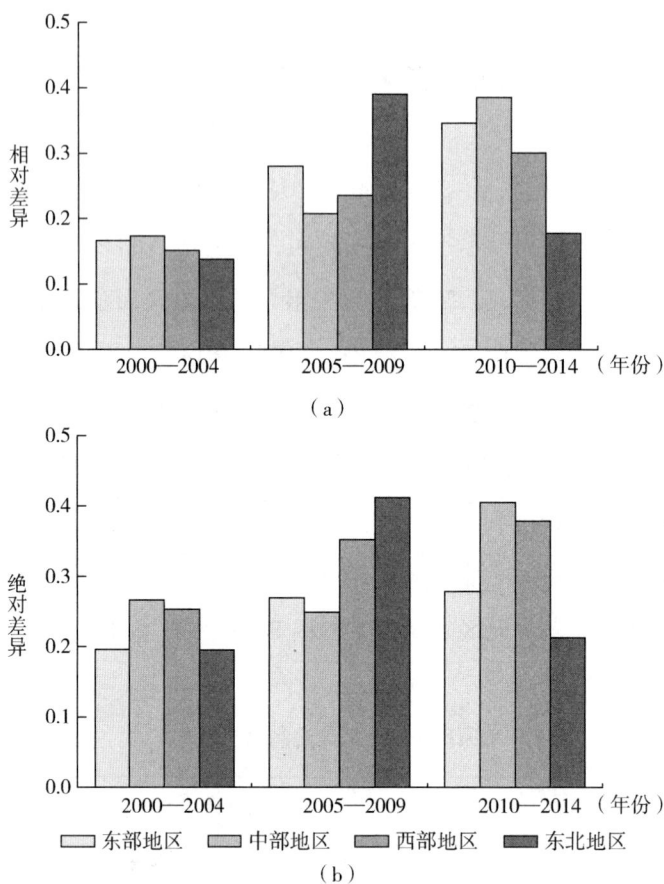

图 6-2 不同时段经济地带经济脆弱性的差异系数比较

第三节 经济脆弱性区域差异空间格局分析

一 不同阶段经济脆弱性空间格局比较分析

四个经济地带不同时段的平均经济脆弱性呈现出不同的空间格局特征（见表6-3）。2000—2004 年，东部地区和东北地区的平均经济脆弱性低于全国平均水平，中部地区和西部地区高于全国平均水平。2005—2009 年西部地区比全国平均经济脆弱性高，其他三个地区比全国低。2011—2014 年东北地区和西部地区呈现出经济脆弱性比全国高的情况。从空间格局分布看，西部地区和东北地区的经济脆弱性相对较高。西部地区一直是经济脆弱性较高的区域，而东北地区在 2011—2014 年呈现出高经济脆弱性的空间特征。

表 6 - 3　　　　　各经济地带不同时段平均经济脆弱性的比较

时间段（年）	区域	平均经济脆弱性
2000—2004	东部地区	1.1759
	中部地区	1.5351
	西部地区	1.6709
	东北地区	1.4188
	全国	1.4605
2005—2009	东部地区	0.9609
	中部地区	1.1971
	西部地区	1.4957
	东北地区	1.0561
	全国	1.2229
2010—2014	东部地区	0.8024
	中部地区	1.0522
	西部地区	1.2583
	东北地区	1.1972
	全国	1.0655

二　区域内外差异分析

根据表 6 - 4 和图 6 - 3，经济脆弱性区域差异呈现逐渐扩大的趋势，但在不同时段内区域差异呈现出不同的变化幅度与趋势。2000—2006年，全国经济脆弱性区域差异呈现明显上升趋势，特别在 2004—2006年，有比较大的提升幅度，并在 2006 年达到差异的最大值 0.6431。2007—2012 年，全国经济脆弱性区域差异具有轻微的波动性，但是幅度较小。2012—2014 年，全国经济脆弱性区域差异呈现明显扩大的趋势。

经济脆弱性区域内部差异呈现逐渐扩大趋势，经济脆弱性区域间差异呈现略微下降的趋势。2002 年之后，经济脆弱性区域内差异开始逐渐扩大，并且从 2003 年开始经济脆弱性区域内差异超过区域间差异。经济脆弱性区域间差异在 2006 年之后开始明显减弱。2006—2014年，经济脆弱性区域内外差异均呈现出明显扩大的趋势。

2003 年之后，经济脆弱性区域内差异贡献率均高于区域间贡献率，并且区域内差异一直高于区域间差异（见图 6 - 4），说明经济脆弱性区域内差异是产生经济脆弱性差异的主要原因。

总之，经济脆弱性区域差异在逐渐扩大，特别是 2012—2014 年，全国泰尔指数在扩大，区域内差异也呈现出扩大的趋势，区域内差异是导致经济脆弱性差异扩大的主要原因。

表6 - 4　　　　　　　经济脆弱性泰尔指数（2000—2014 年）

年份	全国泰尔指数	区域间泰尔指数	区域内泰尔指数	区域间贡献率（%）	区域内贡献率（%）
2000	0.5100	0.2392	0.2708	46.91	53.09
2001	0.4859	0.2066	0.2794	42.51	57.49
2002	0.5076	0.2666	0.2410	52.52	47.48
2003	0.5197	0.2592	0.2606	49.87	50.13
2004	0.5185	0.2572	0.2612	49.61	50.39
2005	0.5625	0.2576	0.3049	45.79	54.21
2006	0.6431	0.3037	0.3393	47.24	52.76
2007	0.5482	0.2467	0.3015	45.00	55.00

续表

年份	全国 泰尔指数	区域间 泰尔指数	区域内 泰尔指数	区域间贡献率 （%）	区域内贡献率 （%）
2008	0.5615	0.2515	0.3100	44.79	55.21
2009	0.6003	0.2718	0.3285	45.27	54.73
2010	0.5663	0.2456	0.3207	43.36	56.64
2011	0.5730	0.2085	0.3644	36.40	63.60
2012	0.5144	0.1916	0.3228	37.25	62.75
2013	0.5739	0.2364	0.3375	41.19	58.81
2014	0.6188	0.2444	0.3743	39.50	60.50

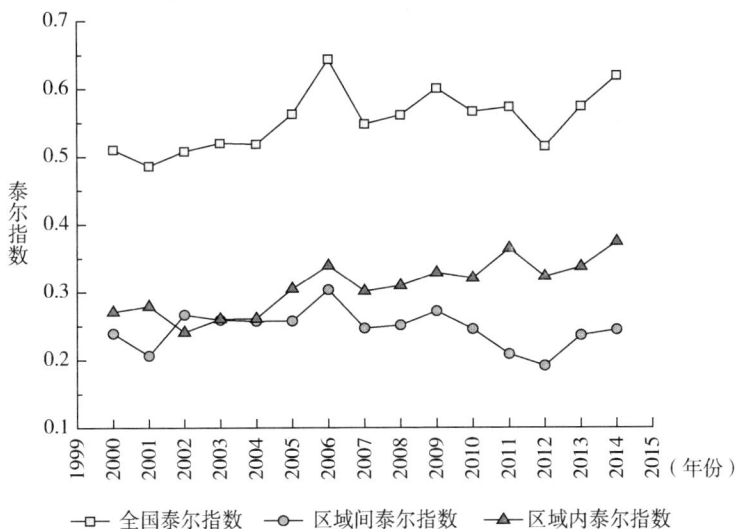

图 6-3　经济脆弱性泰尔指数变化趋势（2000—2014 年）

三　区域差异空间结构特征分析

根据经济地带经济脆弱性区域内部差异的泰尔指数和变化趋势（见表 6-5 和图 6-5），2000—2014 年，东部地区和西部地区经济脆弱性区域差异的泰尔指数较高，且整体上呈现出在波动中扩大的趋势。

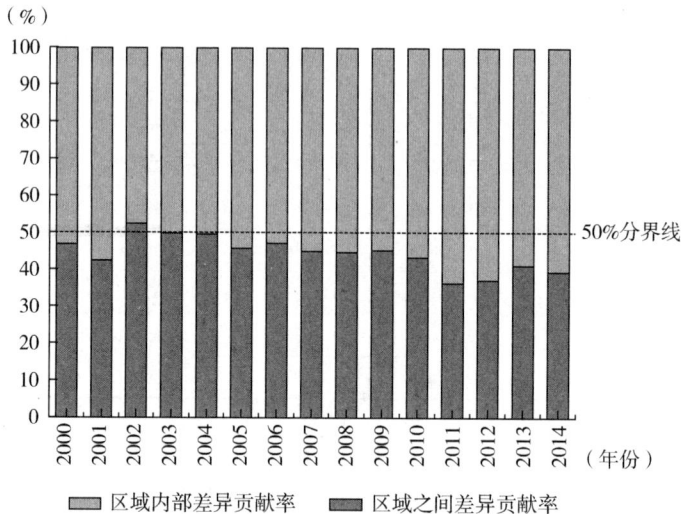

图 6 - 4　经济脆弱性内外差异贡献率（2000—2014 年）

中部地区和东北地区经济脆性区域差异的泰尔指数较低，整体上呈现出波动中缩小的趋势。不同经济地带经济脆弱性呈现出不同的空间格局特征，尽管东部地区和西部地区相似，中部地区和东北地区相似，但是由于不同经济地带内部涵盖不同省域的经济增长，经济脆弱性差异呈现出不平衡的区域特征。

东部地区：2000—2003 年，呈现逐步扩大趋势；2004—2010 年，呈现波动中扩大的趋势；2011—2012 年，呈现出略有缩小的趋势；2012—2014 年，区域差异呈现快速扩大的趋势。整体上看，东部的泰尔指数较高，差异较大。2012 年之后，区域差异快速扩大，说明东部地区 10 省域的经济脆弱性空间格局分布不均衡，各省域之间差异较大。

中部地区：2000—2005 年，呈现稳中下滑的趋势，2006 年达到差异的最大点。2006 年之后，区域差异逐渐缩小。整体上看，中部地区的泰尔指数较小，区域差异不大，说明中部地区 6 个省域经济脆弱性在空间上相对均衡。

西部地区：2000—2002 年，呈现逐渐缩小的趋势，2003—2006 年呈现出扩大的趋势，2007—2010 年比较稳定，2011—2014 年，呈现明显的缩小趋势。整体上看，西部 12 省域泰尔指数较大，说明区域差异较大，空间分布不平衡特征突出。2011 年后，区域不平衡性有较弱的趋势。

东北地区：2000—2005 年，呈现稳中下滑的趋势，2006 年达到差异的最大点，随后在 2007 年、2008 年差异缩小，在 2009 年差异值最大。2011 年缩小到最低值。2011 年之后，略有波动，差异变化不大。整体上看，东北地区的泰尔指数较小，区域差异不大，说明东北地区 3 个省域经济脆弱性在空间上相对均衡。

总之，东部地区和西部地区的经济脆弱性差异较高，表现为区域不平衡突出且有加强趋势的空间格局特征。中部地区和东北地区经济脆弱性差异值较低，表现为区域不平衡性处于减弱的空间格局特征。

表 6 – 5　　　经济地带经济脆弱性泰尔指数（2000—2014 年）

年份	东部地区	中部地区	西部地区	东北地区
2000	0.2445	0.0741	0.4217	0.0883
2001	0.2719	0.0857	0.4161	0.1305
2002	0.3109	0.1097	0.2984	0.1130
2003	0.3601	0.0599	0.3233	0.1150
2004	0.2779	0.0340	0.3989	0.0823
2005	0.3618	0.0379	0.3940	0.0923
2006	0.3024	0.1387	0.4582	0.2078
2007	0.3558	0.0742	0.3944	0.1412
2008	0.3503	0.0581	0.4037	0.0954
2009	0.4070	0.0369	0.4114	0.2750
2010	0.5018	0.0202	0.4085	0.1200
2011	0.4720	0.0322	0.5282	0.0008
2012	0.4196	0.0231	0.5011	0.0160

续表

年份	东部地区	中部地区	西部地区	东北地区
2013	0.5723	0.0142	0.4224	0.0948
2014	0.6376	0.0586	0.4219	0.0161

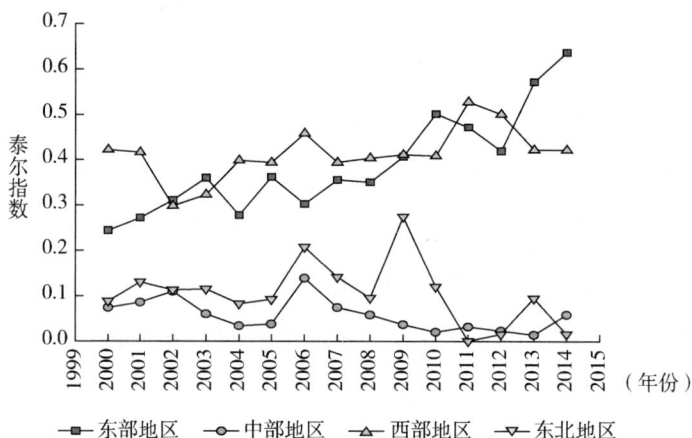

图 6 - 5　经济地带经济脆弱性泰尔指数趋势（2000—2014 年）

四　区域差异空间结构演化趋势分析

区域分离系数反映不同经济地带空间上相互分离的状况，可用来反映经济脆弱性差异的空间结构演化趋势。根据区域分离系数式（6 - 6），以经济总量最小的西藏作为参照省域，计算出 2000—2014 年中国四大经济地带之间的区域分离系数（见表 6 - 6）。

2001—2011 年，经济脆弱性的区域分离系数呈现出先显著变大后逐渐减小的倒 "U" 形变化的特征，此阶段经济脆弱性在空间结构经历了由趋异向趋同的演化趋势。2011 年区域分离系数呈现明显的拐点变化，区域分离趋异加强，经济脆弱性在空间结构上呈现出复杂性和明显的空间异质性（见图 6 - 6）。

表 6 - 6　　　　　　经济脆弱性区域分离系数（2000—2014 年）

年份	区域分离系数
2000	0. 6259
2001	0. 5478
2002	0. 8592
2003	0. 7840
2004	0. 8005
2005	0. 6994
2006	0. 7594
2007	0. 7115
2008	0. 7198
2009	0. 7500
2010	0. 7059
2011	0. 5424
2012	0. 5794
2013	0. 7041
2014	0. 6741

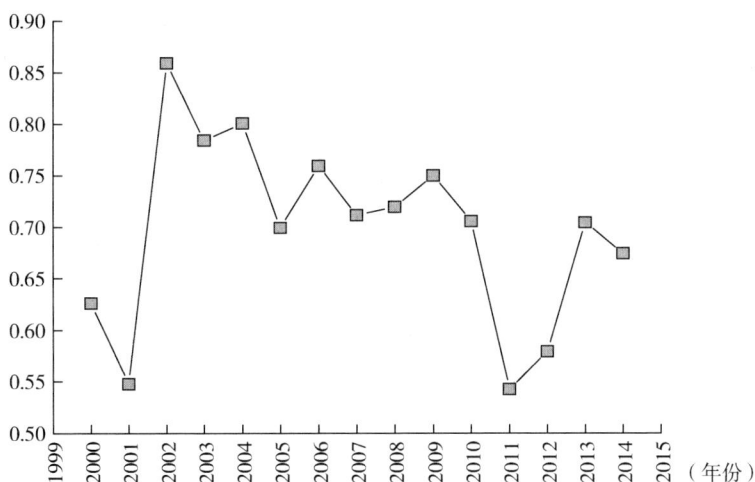

图 6 - 6　经济脆弱性区域分离系数趋势变化（2000—2014 年）

第七章　经济脆弱性的空间关联特征分析

地理第一定理指出"地理是相互关联的空间，空间邻近的关联度高"（Tobler，1979）。区域之间的经济增长不是独立存在的个体，与其他区域经济增长存在密切的关联。不同区域经济增长变化中的脆弱性也同样在空间上存在关联性。本书中的空间分析主要采取空间关联分析和空间计量模型分析两种方法。在经济脆弱与经济增长的空间分析中，首先对经济脆弱性与经济增长进行探索性空间数据分析（Exploratory Spatial Data Analysis，ESDA），即进行空间关联分析；其次进行证实性空间数据分析（Confirmatory Spatial Data Analysis，CSDA），即建立空间计量模型进行分析。本章进行空间关联分析，下一章进行空间计量分析。

第一节　空间关联分析方法

为了探究经济脆弱性的空间关联特征，本书通过 ESDA 中的空间自相关测度方法对经济增长与经济脆弱性之间的关系进行空间关联的验证，主要包括全局空间自相关和局部空间自相关两种方法。采用 Geoda 软件进行相关的计算和图形的绘制。

一 全局空间自相关分析

全局空间自相关主要描述整个研究区域在空间上的关联程度（Cliff and Ord，1981），全局空间自相关是基于时间序列，对观测量值在区域空间上的特征进行空间表达，反映的是空间邻接或邻近的区域单元在观测量值上的相似程度或者自相关趋势，从而判定区域内部存在的关联性或者空间聚集特征的演化趋势。通常采用莫兰指数（Moran's Index）、Geary C 指数、全局 G 指数等全局空间自相关统计量进行度量。本书采用莫兰指数进行测度。

（一）莫兰指数

莫兰指数作为全局空间自相关的模型，计算公式为：

$$I = \frac{\sum_{i=1}^{n}\sum_{j=1}^{n}W_{ij}(y_i - \bar{y})(y_j - \bar{y})}{S^2\sum_{i=1}^{n}\sum_{j=1}^{n}W_{ij}} \qquad (7-1)$$

式中，I 为莫兰指数，$S^2 = \frac{1}{n}\sum_{i=1}^{n}(y_i - \bar{y})$，$\bar{y} = \frac{1}{n}\sum_{i=1}^{n}y_i$，$y_i$ 为第 i 区域的实际观测值，y_j 为第 j 区域的实际观测值，W_{ij} 为邻近空间权重。该指标可以衡量邻近空间的关系，莫兰指数的取值范围在 [-1，1]，正值表示邻近空间分布具有正相关性，说明邻近地理空间中相似的属性值具有聚集作用，正向相关性越强，聚集程度越高。负值表示邻近空间分布具有负相关性，说明邻近地理空间的属性值存在差异性且呈分散分布，负值越小，差异性越大。0 表示邻近地理空间不具有空间相关性，在地理空间上呈现随机关系（Ord and Getis，1995，2001）。

（二）地理空间权重的确定

目前确定空间权重 W_{ij} 的常用方法主要有两种。

第一种是依据地理相邻空间来确定权重，亦称为简单的二进制邻近矩阵。该方法一般采用 i 区域与 j 区域是否有共同边界来确定，有共同边界则 $W_{ij}=1$，没有共同边界则 $W_{ij}=0$。公式为：

$$W_{ij} = \begin{cases} 1, & \text{当区域}i\text{和区域}j\text{相邻} \\ 0, & \text{当区域}i\text{和区域}j\text{不相邻} \end{cases} \quad (7-2)$$

第二种是依据地理距离空间来确定权重，亦称为基于距离的二进制空间权重矩阵。该方法需要确定最小距离 d，当距离小于 d 时说明两个区域的权重 $W_{ij}=1$，否则 $W_{ij}=0$。公式为：

$$W_{ij} = \begin{cases} 1, & \text{当区域}i\text{和区域}j\text{的距离小于}d\text{时} \\ 0, & \text{其他} \end{cases} \quad (7-3)$$

本书主要采用地理空间邻近的方法来确定省域之间的空间权重，采用 Queen 原则，将地理单元中有共同边界或者相同顶点的作为空间邻近，由于海南省的特殊情况，本书将海南省与广东省作为有邻近的共同边界处理，中国 31 个省域空间权重详见附录 8。

（三）莫兰指数的可信度检验

莫兰指数的可信度检验可以证实是否具有空间相关性，检验公式为：

$$Z(I) = \frac{I - E(I)}{S_{E(I)}} \quad (7-4)$$

$$S_{E(I)} = \left\{ \frac{N^2 \sum_{ij} W_{ij}^2 + 3\left(\sum_{ij} W_{ij}\right)^2 - N \sum_i \left(\sum_j W_{ij}\right)^2}{(N^2-1)\left(\sum_j W_{ij}\right)^2} \right\}^{1/2} \quad (7-5)$$

二 局部空间关联性分析

局部空间自相关可以识别不同空间位置上可能存在的空间关联模式（或空间集聚模式），主要基于观察不同空间位置上的局部不平稳性，辨别不同观测变量的空间异质性，为区域进行分类或者区划提供依据（Getis and Ord，1992，1995，1996；Anselin，1994，1995）。
Anselin（1994，1995）将其发展为局部空间关联指标（Local Indicators of Spatial Association，LISA）。LISA 并不是特指某一个统计量，而是基于每一个观测值的 LISA 表示该值周围相似观测值在空间上的集聚程度，以及所有观测值的 LISA 之和与全局空间关联度指标之间成比例这两个条件的局部空间关联指标（Anselin，1995）。局部莫兰指数统计量的显著性水平 P 值非常小，则表明该位置周围邻近的观测值相对较高；若 P 值较大，则表明该位置周围的观测值相对较低。莫兰指数散点图可以分为四个象限，分别对应四种不同类型的局部空间关联模式。这四个象限及其含义分别为：右上象限（H—H）和左下象限（L—L）对应空间关联为正的空间自相关，表示该位置上的观测值和周围邻近的观测值之间相似。其中，右上象限（H—H）对应高—高相似，左下象限（L—L）对应低—低相似。左上象限（L—H）和右下象限（H—L）对应空间关联为负的空间自相关，表示该位置上的观测值和周围邻近的观测值之间是相异的。其中，左上象限（L—H）对应低—高相异，即低值被周围的高值所围绕，右下象限（H—L）对应高—低相异，即高值被周围的低值所围绕。

第二节　经济增长的空间关联分析

一　GDP 总量的全局空间关联分析

省域经济增长的全局莫兰指数分析显示（见表 7 -1），全局莫兰指数都为正值，在 90% 置信的水平下通过双侧检验（临界值 $Z_{0.1}$ = 1.65），省域经济增长表现出较强的空间关联，呈现出明显的空间聚集特征。经济增长全局莫兰指数为正值，反映出 GDP 总量大的省域趋于聚集，GDP 总量小的省域也趋于聚集。经济增长全局莫兰指数呈现出略有下降的趋势，说明经济增长在空间分布上差异扩大，聚集程度下降，省域 GDP 总量之间呈现不平衡性。

表 7 - 1   经济增长全局莫兰指数及其置信水平（2000—2014 年）

年份	全局莫兰指数	Z 值	P 值
2000	0.1646	1.7498	0.0480
2001	0.1675	1.7385	0.0460
2002	0.1633	1.8617	0.0360
2003	0.1670	1.7820	0.0450
2004	0.1727	1.8102	0.0470
2005	0.1655	1.7138	0.0480
2006	0.1584	1.7411	0.0460
2007	0.1516	1.6748	0.0540
2008	0.1488	1.6727	0.0610
2009	0.1558	1.7656	0.0510
2010	0.1576	1.7029	0.0530
2011	0.1535	1.6649	0.0470
2012	0.1506	1.6703	0.0570
2013	0.1491	1.7289	0.0400
2014	0.1509	1.6977	0.0400

二   GDP 总量的局部空间关联分析

经济增长的高—高（H—H）空间聚集区域主要在山东、江苏、上海和福建 4 个省域，呈现出 GDP 总量较高的正空间相关特征，并且聚集区域相对稳定。

经济增长的低—低（L—L）空间聚集区域主要在西北的甘肃、青海和新疆 3 个省域,呈现出 GDP 总量较低的正空间相关特征。尽管在个别年份聚集区域有些许的变化,但从整体上看,GDP 总量低的省域在该区域聚集状态比较稳定。

经济增长的高—低(H—L)空间聚集区域仅在四川出现,呈现出负空间相关特征,说明四川相对于周围省域,具有较高的经济总量。

经济增长的低—高(L—H)空间聚集区域主要出现在海南以及中部的安徽和江西 3 个省域,呈现出这些省域 GDP 总量较低但周围较高的负空间相关特征,这些省域的低—高(L—H)空间聚集特征较为稳定。

第三节 经济脆弱性的空间关联分析

一 经济脆弱性的全局空间关联分析

从省域经济脆弱性的全局莫兰指数在 90% 置信水平下通过双侧检验(临界值 $Z_{0.1} = 1.65$)的年份为 2000 年、2002 年、2004 年、2008 年、2013 年和 2014 年,通过检验的年份全局莫兰指数为正值,反映出经济脆弱性高的省域趋于聚集,经济脆弱性小的省域趋于聚集。其他年份,经济脆弱性的全局莫兰指数没有通过检验,说明这些年份的经济脆弱性具有随机的空间分布特征(见表 7 – 2)。

表 7 – 2 经济脆弱性全局莫兰指数及其置信水平(2000—2014 年)

年份	全局莫兰指数	Z 值	P 值
2000	0.2390	2.2825	0.0150
2001	0.0713	0.8940	0.1730

续表

年份	全局莫兰指数	Z 值	P 值
2002	0. 2346	2. 2551	0. 0210
2003	0. 1444	1. 4262	0. 0800
2004	0. 1802	1. 6838	0. 0550
2005	0. 0413	0. 7812	0. 3000
2006	0. 0196	0. 4386	0. 3000
2007	0. 0336	0. 5461	0. 2950
2008	0. 2848	2. 7211	0. 0110
2009	0. 0628	0. 7040	0. 2200
2010	0. 0629	0. 962	0. 1600
2011	- 0. 0386	- 0. 0413	0. 5000
2012	0. 0231	0. 4282	0. 2900
2013	0. 1926	1. 9177	0. 0330
2014	0. 2546	2. 3162	0. 0210

二 经济脆弱性的局部空间关联分析

根据表 7 - 2，经济脆弱性高—高（H—H）空间关联模式在中部和西部地区呈现明显的聚集状态。2000 年，经济脆弱性呈现高—高（H—H）空间关联模式的省域有中部的山西、西部的甘肃。2005 年呈现高—高（H—H）空间关联模式的省域有西南区域的贵州和广西。2010 年，仅有上海和黑龙江的经济脆弱性呈现低—高（L—H）空间关联模式，说明该区域与邻近区域相比较，经济脆弱性较低。2014年，东部的江苏、浙江、福建，中部的河南、湖北、安徽和江西，呈现出低—低（L—L）空间关联模式，说明较低的经济脆弱性在中部和东部区域聚集。

第四节　经济增长与经济脆弱性的空间关联分析

将 GDP 总量与经济脆弱性进行空间关联分析，采取 GeoDa 软件中多元变量莫兰指数方法进行分析。

一　经济增长与经济脆弱性的全局空间关联分析

GDP 总量与经济脆弱性全局莫兰指数在 90% 置信水平下通过检验（临界值 $Z_{0.1} = -1.65$）的年份仅为 2000 年和 2014 年，其他年份没有通过全局莫兰指数检验，说明这些年份经济增长与经济脆弱性之间具有随机的空间分布特征。2000 年和 2014 年的全局莫兰指数都小于 0，说明 GDP 总量与经济脆弱性呈现相异的空间分布特征（见表 7 – 3）。

表 7 – 3　　　　经济增长与经济脆弱性的全局莫兰指数及

显著性水平（2000—2014 年）

年份	全局莫兰指数	Z 值	P 值
2000	– 0.2555	– 1.9857	0.0170
2001	– 0.1112	– 0.7973	0.2100
2002	– 0.1909	– 1.2792	0.0800
2003	– 0.1796	– 1.4273	0.0900
2004	– 0.0093	0.2010	0.6060
2005	– 0.1292	– 0.8563	0.1800
2006	– 0.1387	– 0.9696	0.1800
2007	0.0258	0.4856	0.2700
2008	– 0.1254	– 0.9903	0.1300
2009	– 0.1210	– 0.8449	0.1800
2010	– 0.0680	– 0.3271	0.3600

年份	全局莫兰指数	Z 值	P 值
2011	− 0.0108	0.1904	0.6300
2012	− 0.0145	0.1483	0.6700
2013	− 0.1706	− 1.2643	0.0700
2014	− 0.2089	− 1.6692	0.0700

二 经济增长与经济脆弱性的局部空间关联分析

2000 年 GDP 总量与经济脆弱性呈现不一致的发展状态，甘肃和陕西呈现出低经济增长与高经济增长（L—H）的空间聚集特征。江苏、浙江和广东呈现出高经济增长与低经济脆弱性（H—L）的空间聚集特征。2005 年，四川呈现出高经济增长与高经济脆弱性（H—H）方向一致的空间聚集特征。西藏、贵州和广西呈现出低经济增长与高经济脆弱性（L—H）的空间聚集特征。2005 年，仅福建呈现出高经济增长与低经济脆弱性（H—L）的空间聚集特征。2014 年，安徽和江西呈现出低经济增长与低经济脆弱性（L—L）的空间聚集特征。东部区域的山东、江苏、浙江和福建，中部区域的河南和湖北呈现出高经济增长与低经济脆弱性（H—L）的空间聚集特征。

第八章 经济脆弱性与经济增长的 空间计量分析

本章构建空间计量模型，对经济增长与经济脆弱性的空间关系进行分析，进一步验证经济脆弱性对经济增长的空间影响。

第一节 空间计量模型

在进行探索性空间数据分析（ESDA）的基础上，还需要对其进行证实性空间数据分析（CSDA）。Anselin 和 Getis（1992）认为，ESDA 和 CSDA 之间的区别模糊，性质雷同。Haining 等（1993，2003）认为，ESDA 模型为"软模型"，ESDA 的基础性分析为 CSDA 模型的构建和评价提供了重要的基础性工作和依据，经过 CSDA 模型的不断提炼，所构建的模型才能成为"硬模型"。本章进行证实性空间数据分析时采用空间滞后模型（Spatial Lag Model，SLM）、空间误差模型（Spatial Error Components Model，SEM）和空间杜宾模型（Spatial Durbin Model，SDM）。

一 空间滞后模型

空间关联性或者空间依赖的产生在于实质的空间相互作用（Anselin，

1988；Anselin and Rey，1991）。在具体的空间建模过程中，以空间滞后变量的形式出现的模型即空间滞后模型（SLM），是基于经典线性回归模型的拓展。SLM 表明，空间要素与邻近区域上的空间要素相互作用时产生扩散或者溢出效应。根据空间变量空间关联或者空间依赖出现在自变量之间还是因变量之间，SLM 分为自变量的空间滞后模型和因变量的空间滞后模型。

（一）自变量空间滞后模型

自变量空间滞后模型也称为空间交叉—回归模型（Spatial Cross-regressive Model），表明空间单元的因变量不仅与该空间单元上的自变量有关，还与相邻空间单元上的自变量有关。自变量空间滞后模型的一般形式（Anselin and Bera，1998）为：

$$y = X\beta + \rho WX + \varepsilon \qquad (8-1)$$

式中，y 表示空间单元观测的因变量，X 表示空间单元观测的自变量，W 表示空间单元权重矩阵，WX 表示自变量的空间滞后，ρ 表示空间自回归系数，β 表示回归系数向量，ε 表示随机误差项。

在自变量空间滞后模型中，空间自回归系数 ρ 的大小大致反映了不同空间单元之间空间相互作用的平均强度，取值范围为 -1—1。若空间自回归系数 ρ 显著，则表明自变量之间的确存在实质性的空间关联或者空间依赖，即相邻的空间单元之间存在扩散或溢出等空间效应。

（二）因变量空间滞后模型

因变量空间滞后模型亦称为回归—空间自回归混合模型（Mixed Regressive-spatial Autoregressive Model），表明在一个空间单元上的因变量不仅与该空间单元的自变量有关，还与邻近空间单元的因变量有关。因变量空间滞后模型的一般形式（Anselin and Bera，1998）为：

$$y = X\beta + \rho Wy + \varepsilon \qquad (8-2)$$

式中，y、X、W、ρ、β、ε 的含义与自变量空间滞后模型中的含

义相一致，Wy 为因变量的空间滞后，ρ 的大小则度量了空间单元因变量之间扩散或溢出等空间效应相互作用的程度。

二　空间误差模型

空间关联性或者空间依赖的存在除了实质的空间相互作用，也可能由在测量时产生的空间误差所导致。以空间自回归出现在误差项中的模型，即空间误差模型（SEM）。如果测量误差导致空间关联或者空间依赖，那么测量结果往往会失去实际意义，需要消除测量误差（Anselin and Rey，1991；Anselina and Bera，1998）。最常见的处理方式是将误差项设定为一个空间单元的自回归过程。空间误差模型的一般形式（Anselin and Bera，1998）为：

$$y = X\beta + \varepsilon$$
$$\varepsilon = \lambda W\varepsilon + \xi$$

$$(8-3)$$

式中，$W\varepsilon$ 表示误差项的空间滞后；ξ 表示不相关的或者同方差的空间单元的误差项；λ 表示误差项的空间单元自回归系数。若 λ 显著，说明模型中存在一些因素导致了误差项之间的空间自相关，如测量误差、空间权重以及变量的选取不合适等因素造成的空间自相关。在实际应用中，需要针对不同情况，进行区别对待，直至构建一个较为满意并符合现实的空间计量模型（Anselin，1988；Anselin and Rey，1991，Anselin and Bera，1998）。

三　空间杜宾模型

空间杜宾模型（SDM）同时考虑空间单元的因变量和自变量的空间相关性，空间杜宾模型的一般形式（LeSage and Pace，2009）为：

$$y = \rho Wy + X\beta + W\overline{X}\gamma + \varepsilon \qquad (8-4)$$

式中，y、X、W、ρ、β、ε 的含义与自变量空间滞后模型中的含义相一致，γ 表示邻近空间单元的自变量对因变量的影响，$W\overline{X}\gamma$ 表示邻近空间单元自变量的空间滞后解释变量。

第二节　空间计量模型的设定及结果分析

一　空间计量模型的设定

（一）空间滞后模型的设定

本书中加入空间自变量后的空间滞后模型为：

$$\ln Y = \rho W \ln Y + \ln A + \alpha \ln K + \beta \ln L + \lambda V + \mu, \ \mu \sim N\ (0,\ \sigma^2 I) \qquad (8-5)$$

式中，Y 表示经济总量（GDP 总量），K 表示资本，L 表示劳动，A 表示全要素生产率（技术水平），α 表示资本存量的产出弹性，β 表示劳动存量的产出弹性，μ 表示（$n \times 1$）阶正态分布的误差项向量，ρ 表示空间自回归系数。

（二）空间误差模型的设定

本书中加入空间自变量后的空间误差模型为：

$$\ln Y = \ln A + \alpha \ln K + \beta \ln L + \lambda V + \gamma W\varepsilon + \mu, \ \mu \sim N\ (0,\ \sigma^2 I) \qquad (8-6)$$

式中，γ 表示回归残差空间相关强度的向量系数，能够衡量邻近区域经济增长对该区域经济增长的影响方向和程度。

（三）空间杜宾模型的设定

本书中加入空间自变量后的空间杜宾模型为：

$$\ln Y = \rho W \ln Y + \ln A + \alpha \ln K + \beta \ln L + \lambda V + \gamma W \overline{V}$$
$$+ \gamma W \overline{(\ln A + \alpha \ln K + \beta \ln L + \lambda V)} + \gamma W\varepsilon + \mu, \ \mu \sim N\ (0,\ \sigma^2 I)$$
$$(8-7)$$

式中，$\overline{(\ln A + \alpha \ln K + \beta \ln L + \lambda V)}$ 表示可解释变量矩阵，γ 表示参数向量，能够衡量周边经济增长对该区域的边际影响。γW $\overline{(\ln A + \alpha \ln K + \beta \ln L + \lambda V)}$ 表示周边区域平均观测值的空间滞后解释变量。

二　空间计量结果及分析

空间权重采用邻近空间权重矩阵（见附录 8），利用 Matlab10.0 对全国各省域三个模型进行空间计量分析，结果详见表 8 - 1，并对东部、中部、西部和东北地区分别进行空间计量，结果详见表 8 - 2。

SLM、SEM 和 SDM 的空间计量模型都通过了相应的检验，且满足赤池信息准则（AIC）和施瓦茨信息准则（SC）对模型变量优选的判断（AIC < SC），从极大似然值（Log Likelihood）看，SDM 模型的值较高，为较优的模型。R^2 分别为 0.9926、0.9910 和 0.9995，拟合度较高。空间计量模型的估计结果见表 8 - 1。

表 8 - 1　　　　　经济增长与经济脆弱性的空间计量模型结果

变量	空间计量模型		
	SLM	SEM	SDM
lnA	0. 2498 *	0. 2823 *	0. 1071 ***
lnK	0. 5830 ***	0. 5593 ***	0. 5184 ***
lnL	0. 5395 ***	0. 5765 ***	0. 1323 ***
V	− 0. 2069 ***	− 0. 8171 ***	− 0. 0230 ***
W $\overline{\text{lnA}}$	—	—	0. 4907 ***
W $\overline{\text{lnK}}$	—	—	0. 4590 ***
W $\overline{\text{lnL}}$	—	—	0. 3266 ***
W $\overline{\text{V}}$	—	—	− 0. 2605
ρWlnY	0. 065 **	–	0. 032 *
γWε	—	0. 1347 ***	0. 590 ***
R^2	0. 9926	0. 9910	0. 9995

变量	空间计量模型		
	SLM	SEM	SDM
平方和	0.0066	0.0081	0.0041
极大似然值	33.7614	30.5272	75.3871
AIC	−55.5228	−51.0544	−138.774
SC	−46.9188	−43.8844	−130.17

注：＊、＊＊、＊＊＊分别表示在1%、5%和10%的显著性水平下显著。

SLM、SEM 和 SDM 模型显示（见表 8-2），生产要素和技术水平对区域经济增长具有明显的正向作用，经济脆弱性对区域经济增长具有明显的负向作用。

SLM 模型显示，空间滞后项 $\rho W \ln Y$ 在 5% 的显著性水平下为 0.065，说明区域经济增长对邻近区域经济增长有正溢出效应。

SEM 模型显示，空间扰动项 $\gamma W \varepsilon$ 在 10% 的显著性水平下为 0.1347，说明生产要素、技术水平和经济脆弱性对经济增长具有明显的空间扰动作用。

SDM 模型显示，空间扰动项 $\gamma W \varepsilon$ 在 10% 的显著性水平下变动为 0.590，生产要素、技术水平和经济脆弱性对经济增长的空间扰动加强。生产要素和技术水平对邻近区域经济增长具有正的溢出效应。经济脆弱性的空间交互项 $W \bar{V}$ 为 −0.2605，说明经济脆弱性对邻近区域经济增长具有明显的负溢出效应，经济脆弱性阻碍区域的经济增长，而且还对邻近区域的经济增长产生明显的阻碍作用。

从东部地区、中部地区、西部地区和东北地区的空间计量结果分析（见表 8-2），SLM、SEM 和 SDM 的空间计量模型都通过了相应的检验，拟合度较高。

表 8-2　东部、中部、西部、东北地区经济增长与经济脆弱性的空间计量模型结果

变量	东部地区 SLM	东部地区 SEM	东部地区 SDM	中部地区 SLM	中部地区 SEM	中部地区 SDM	西部地区 SLM	西部地区 SEM	西部地区 SDM	东北地区 SLM	东北地区 SEM	东北地区 SDM
$\ln A$	0.4527***	0.4617***	0.4509***	0.2310***	0.2219***	0.1737***	0.1345***	0.1384***	0.0934***	0.4402***	0.4204*	0.3924***
$\ln K$	0.7282***	0.7138***	0.7057***	0.5030***	0.4929***	0.4329***	0.2733***	0.2844***	0.2644***	0.6920***	0.6242*	0.6307***
$\ln L$	0.3723***	0.4021***	0.3976***	0.5798***	0.5957***	0.5639***	0.4927***	0.5293***	0.5264***	0.4024***	0.4974*	0.4229***
V	-0.1302***	-0.5508***	-0.0103***	-0.3248***	-0.6242***	-0.1394***	-0.4023***	-0.8333***	-0.0923***	-0.1194***	-0.7134***	-0.1283***
$W\overline{\ln A}$	—	—	0.5739***	—	—	0.5328***	—	—	0.3293***	—	—	0.4320*
$W\overline{\ln K}$	—	—	0.6034***	—	—	0.3843***	—	—	0.0934**	—	—	0.2193*
$W\overline{\ln L}$	—	—	0.2684***	—	—	0.3648***	—	—	0.4284***	—	—	0.2844*
$W\overline{V}$	—	—	-0.1034***	—	—	0.2145***	—	—	0.0528***	—	—	-0.2605
$\rho W\ln Y$	0.1386***	—	0.1023***	0.1118***	—	0.0947***	0.0103*	—	0.072**	0.8013**	—	0.0331***
$\gamma W\varepsilon$	—	0.1384***	0.3720***	—	0.1634***	0.4632***	—	0.2743***	0.7342***	—	0.1934***	0.4903***
R^2	0.9304	0.9365	0.9936	0.9985	0.9962	0.9354	0.9926	0.9991	0.9923	0.9912	0.9945	0.9956
平方和	0.0021	0.0074	0.0083	0.0073	0.0081	0.0053	0.0073	0.0078	0.0053	0.0067	0.0079	0.0056
极大似然值	44.8465	40.8463	89.8343	39.3957	24.3947	103.9347	67.3552	70.3846	132.3745	56.2573	63.3856	118.322
AIC	-74.3956	-70.0544	-142.8446	-61.3957	-55.2947	-173.243	-89.3957	-101.3863	-193.3058	-80.993	-89.0375	-139.9304
SC	-70.9394	-68.4954	-138.3946	-56.3745	-54.3744	-167.234	-86.3856	-90.8353	-185.0358	-76.3346	-83.8574	-133.8322

注：*、**、***分别表示在1%、5%和10%的显著性水平下显著。

东部地区、中部地区和东北地区的 SLM、SEM 和 SDM 模型都显示，在三个地区，经济脆弱性对经济增长具有明显的负向作用；经济增长对邻近区域经济增长有正的溢出效应；经济脆弱性对经济增长具有明显的扰动作用；经济脆弱性对邻近区域经济增长具有明显的负的溢出效应。说明在三个地区内部，经济脆弱性不但阻碍自身省域的经济增长，并且对于邻近省域的经济增长也产生明显的阻碍作用。

西部地区的 SLM、SEM 显示，经济脆弱性对西部地区经济增长具有明显的负向作用，经济增长对邻近区域经济增长有正的溢出效应。经济脆弱性对经济增长具有明显的扰动作用。西部地区的 SDM 模型显示，经济脆弱性的空间交互项 $W\bar{V}$ 为 0.0528，经济脆弱性对邻近区域经济增长具有轻微的正的溢出效应。说明在西部地区各个省域的经济脆弱性对自身省域经济增长产生阻碍的同时，却对邻近省域的经济增长具有一定的促进作用。究其原因在于西部地区一些省域具有较高的经济脆弱性，经济增长实力较弱，为了经济增长目标的实现，需要国家的财政支持，而对于处于同样情况的邻近省域，也获得了对等的国家政策支持，从而促进了经济增长。

第九章　经济脆弱性的调控方向与措施

本书第五章经济脆弱性产生机制分析得出，社会子系统对于经济脆弱性的贡献在53%左右，因此从社会子系统的角度对于经济脆弱性进行调控必然成为重点方向，但由于社会子系统的经济敏感性和经济适应性指标涵盖内容较多，不能够突出目前中国经济增长中迫切需要解决的现实问题和重点，因此，本章采用障碍度模型和效率模型，明确近期中国降低经济脆弱性的具体调控指标和方向。

第一节　经济脆弱性的调控目标

White（1971）提出将"调整与适应"作为解决脆弱性的主要原则。本书遵循这样的原则，以降低经济脆弱性为目的，以降低经济敏感性和提高经济适应性效率作为调控目标。

降低经济脆弱性是实现可持续经济增长的主要手段。降低经济脆弱性包括两种方法：一是降低经济敏感性，减轻经济增长系统的扰动，实现降低经济脆弱性的目的；二是在提高经济适应能力的基础上，提高经济适应性的效率，实现降低经济脆弱性的目的。根据这两种方法，可以明确经济脆弱性的调控方向。本书采用障碍度模型和效率模型确定经济脆弱性的关键影响因素，将这些因素作为降低经济脆弱性的主要调控方向。根据第四章经济脆弱性综合评价结果，选取经济脆弱性数值比较高、波动比较大的 2011—2014 年作为研究的时间尺度范围，此阶段也是中国整体经济从中高速经济增长开始进行换挡的时期，相应的调控方向和措施也是据此进行制定的。

第二节　基于经济敏感性的调控方向与措施

一　障碍度模型

一些学者根据障碍度模型找出脆弱性的主要影响因素（苏飞、张平宇，2010；苏飞、吴苏娟等，2016）。障碍度模型主要从经济敏感性指标中计算出影响经济敏感性的关键要素。障碍度越大，说明其在经济敏感性中越是主要的扰动因素，对经济增长系统的影响越大，容易引发系统的经济脆弱性，这些指标就成为经济脆弱性的主要调控方向。障碍度的计算公式为：

$$O_j = \frac{W_j Y_{ij}}{\sum\limits_{j}^{20} W_j Y_{ij}} \times 100\% \qquad (9-1)$$

式中，O_j 为经济敏感性第 j 个指标的障碍度；W_j 为经济敏感性第 j 个指标的权重；Y_{ij} 为经济敏感性第 i 个样本第 j 个指标标准化后的数据。

二　调控方向

根据 2011—2014 年中国经济敏感性四级指标及其权重（见表 4-5）和式（9-1）障碍度计算公式，计算出排名前五的中国经济敏感性指标，将其作为影响经济脆弱性的主要因素。

2011—2014 年前五位障碍因素（见表 9 - 1）为经济子系统中的产业扰动、金融风险和投资扰动，社会子系统中的卫生医疗和贫困压力。因此，将产业安全、金融风险、固定资产投资结构、扶贫和居民健康作为降低经济脆弱性的主要调控方向，并制定相应的调控措施。

表 9 - 1　　　　　经济敏感性前五障碍因素（2011—2014 年）

年份	第一障碍因素		第二障碍因素		第三障碍因素		第四障碍因素		第五障碍因素	
	指标	障碍度	指标	障碍度	指标	障碍度	指标	障碍度	指标	障碍度
2011	居民年住院率	11.49	农村贫困发生率	10.73	第一产业扰动度	10.57	第二产业扰动度	9.84	第三产业扰动度	8.50
2012	第一产业扰动度	10.83	第二产业扰动度	10.63	第三产业扰动度	9.27	存贷比	8.79	居民年住院率	8.00
2013	第一产业扰动度	12.21	第二产业扰动度	10.18	第三产业扰动度	10.08	投资扰动度	9.47	存贷比	8.42
2014	存贷比	13.58	第一产业扰动度	11.81	第二产业扰动度	11.61	第三产业扰动度	10.58	投资扰动度	10.41

三　调控措施

（一）促进产业安全发展

如表 9 - 1 所示，2011—2014 年，第一产业扰动的障碍度分别为 10.57、10.83、12.21 和 11.81；第二产业扰动的障碍度分别为 9.84、10.63、10.18 和 11.61；第三产业扰动的障碍度分别为 8.50、9.27、10.08 和 10.58。三次产业受到内外不利因素的冲击较大，威胁到产业发展安全，导致经济子系统经济敏感性加强，加大了产生经济脆弱性的风险。产业安全是在经济全球化和区域一体化迅速发展进程中面临的主要问题。经济全球化通过贸易加剧了产业的竞争，改变了国际分工格局，对于国家的民族产业产生较强的国际市场的冲击。在国家内部，产业在不同区域间的无序转移和竞争，破坏了产业发展良性循环的产业链条和产业生态，导致区域经济产生脆弱性，影响到区域经济增长。

降低经济敏感性，继而降低经济脆弱性，从产业安全发展角度提出如下调控措施。

（1）遵循产业生命周期的发展规律。一般情况下，产业发展过程类似于生命个体的成长，经历产生、成长、成熟和衰退四个阶段（苏东水，2010）。随着经济社会的发展，三次产业结构也发生着显著的变化。某产业在产业发展中的比重下降，意味着产业发展衰退。但是，随着技术进步或者市场需求发生变化，会在原有产业的基础上产生新兴的产业，产业进入了一个新的生命周期的循环，在此过程中产业结构已经发生了演变，从而形成了新的产业结构特征。三次产业的扰动，尽管导致了产业发展的不稳定性，产生经济脆弱性，但是在这样的产业生命周期循环中，产业发展会从相对不安全进入安全发展的良性循环之中。

（2）建立多维的产业安全预警系统。将产业安全预警、区域发展与经济增长系统结合起来，形成多维的产业安全预警系统（张炜熙，2011）（见图9-1）。将经济增长系统中的经济子系统、社会子系统和自然—资源—环境子系统与三次产业发展结合起来，根据系统特点和产业特点对区域产业安全发展进行调控。建立产业微观部门的组织结构，明确各次产业产生敏感性扰动的机制，对产业安全发展与经济脆弱性进行科学评估，建立产业安全敏感度的评价模型，研判产业安全发展的状态，利用大数据平台建立产业安全发展预警信号的信息系统，进行产业安全的实时监测，引导区域产业安全发展和可持续发展，实现降低经济脆弱性的目的。

区域维

区域一

区域二

……

自然—资源—环境子系统

社会子系统　　　　第一产业　第二产业　　第三产业　产业维

经济子系统

经济增长系统维

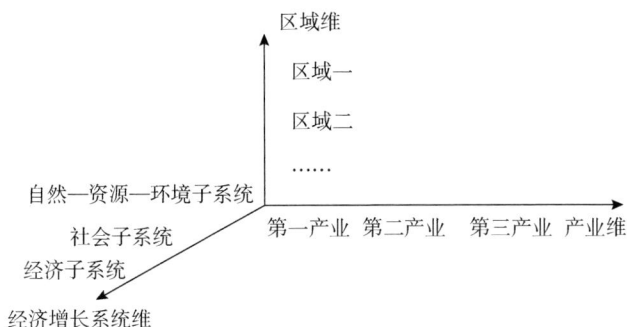

图 9 - 1　多维产业安全预警系统示意

资料来源：张炜熙（2011）。

（3）建立和实施科学的产业安全发展规划。产业安全属于国家经济安全的范畴，关乎着产业的兴衰和稳定，影响到农业现代化的建设，关联着工业化水平的提高以及现代服务业的提升。建立和实施科学的产业安全发展规划，可以在国际贸易冲击和全球经济化的"竞合"态势下，减轻冲击，维护自己产业安全；可以在区域产业的有效转移过程中，接受和容纳具有竞争力的产业，通过发达区域的资本、技术以及市场的作用力，优化区域经济，有效地减少区域发展不平衡，促进区域经济增长。

（二）防范金融风险

在 2012 年和 2013 年，存贷比成为经济敏感性因素里第四障碍因素（8.79）和第五障碍因素（8.42）。在 2014 年，存贷比已经成为第一障碍因素（13.58）。这反映出金融中存在流动性风险，并且金融风险呈现明显的聚集爆发态势。2011—2014 年，金融风险与经济增长下行压力造成的经济困境结合，容易爆发系统性风险。降低经济敏感性，进而降低经济脆弱性，防范和化解金融风险势在必行。可以采取如下措施。

（1）金融支持供给侧结构性改革，服务实体经济。2015年，国家取消了75%存贷比的红线，放开了存贷款的比例，为支持实体经济发展提供了有力的金融支持。金融支持供给侧结构性改革，需为实体经济发展创造良好的金融环境，疏通实体经济的金融渠道，规范发展多层次资本市场，扩大直接融资，促进金融流动。需丰富金融供给，引导社会资金投入实体经济中去，降低实体经济融资的难度和成本，为稳定金融，降低经济脆弱性，实现经济的转型与升级，促进经济增长提供强大的支撑。

（2）加强金融监管。紧跟金融业态发展防范金融风险，提高金融机构防范意识和治理水平。深化金融改革，完善金融体系，推进金融机构承担起风险管理责任，完善市场规则，健全市场化、法制化违约处置机制。统筹监管系统性重要性金融机构、金融控股公司和重要金融基础设施，加强金融综合统计工作，确保风险防范。银监会、证监会和保监会加强监管制度的制定、规则制定和修订，加强监管部门之间的协调，形成监管的合力。完善金融风险的监测与预警机制。以可控方式和节奏主动处置风险，稳健推进金融去杠杆化。加强对金融创新过程的监管力度，防止因为创新过度或监管真空滋生新的风险。

（3）优化固定投资结构。2013年投资扰动度为第四障碍因素（9.47），2014年投资扰动度为第五障碍因素（10.41），障碍度在提高（见表9-1）。投资扰动引发了经济发展的不稳定，主要在于结构失调，不能够实现资源的有效配置。优化投资结构，降低经济敏感性，进而降低经济脆弱性，需加大工业技术改造投资的力度，特别是制造业技术改造投资的力度，部署加快推进实施"中国制造2025"，实现制造业升级。需加大高新产业投资和高新技术服务业投资，促进科教文卫投资，防控房地产投资风险。将优化固定投资结构与供给侧结构性改革密切结合，主要解决产能过剩、楼市库存大、债务高企的问题，积极推行去产能、去库存、去杠杆、降成本、补短板五大任务的"三去一降一补"的政策。

（4）加大扶贫力度。2011年农村贫困发生率为第二障碍因素（10.73）（见表9-1）。贫困问题是我国经济社会发展中最突出的"短板"，脱贫攻坚复杂严峻。由于经济增长下行压力加大，容易造成区域经济发展分化，贫困地区与全国发展差距的缩小面临挑战。剩余贫困人口程度深，减贫成本高，脱贫难度大，加大了经济脆弱性。降低贫困产生的经济敏感性，需提供坚强的政治保证和制度保障，坚持精准扶贫和精准脱贫的政策，激发贫困地区的内生动力和活力，增强贫困地区和贫困人口自我发展能力，增强可持续经济发展能力，实现与全国同步进入小康社会。立足贫困地区资源禀赋，以市场为导向，采取产业发展扶贫，通过产业扶贫工程、旅游扶贫工程、电商扶贫工程、资产收益扶贫工程和科技扶贫工程等促进贫困家庭的财产性收入稳定增加。加强贫困人口职业技能培训和就业服务，组织实施好易地扶贫搬迁工程。以提高贫困人口基本文化素质和贫困家庭劳动力技能为抓手，提升教育总体质量，阻断贫困的代际传递。处理好生态保护与扶贫开发的关系，加强贫困地区生态环境保护与治理修复，提升贫困地区可持续发展能力。加强监测评估，加强扶贫信息化建设，定期开展扶贫实施情况的动态监测和评估工作。

（5）推进健康中国建设。2011年第一障碍因素为居民年住院率，障碍度为11.49，2012年居民年住院率为第五障碍因素，障碍度为8.00（见表9-1）。居民年住院率体现健康风险的直接冲击，导致居民家庭收入减少和劳动供给减少，形成经济损失，造成经济敏感性，增加了经济脆弱性。将降低经济敏感性和全面落实国家"健康中国2030"规划纲要结合起来，全面深化医药卫生体制改革，健全全民医疗保障体系，加强重大疾病防治和基本公共卫生服务，加强妇幼卫生保健及生育服务，完善医疗服务体系，促进中医药传承与发展，广泛开展全民健身运动，保障食品药品安全。

第三节　基于经济适应性效率的调控方向与措施

一　效率模型

效率模型主要从经济适应性的角度来考虑，采用类似弹性的公式：具体公式形式为：

$$P_i = \frac{(r_i - r_{i-1})\ /r_{i-1} - (V_i - V_{i-1})\ /V_{i-1}}{(d_{ij} - d_{(i-1)j})\ /d_{(i-1)j}} = \frac{\Delta r/r_{i-1} - \Delta V/V_{i-1}}{\Delta d_{ij}/d_{(i-1)j}} \quad (9-2)$$

式中，P_i 为第 i 年的经济适应性效率，r_i 为第 i 年的经济增长率，r_{i-1} 为 $i-1$ 年的经济增长率，V_i 为第 i 年的经济脆弱性，V_{i-1} 为第 $i-1$ 年的经济脆弱性，d_{ij} 为第 i 年经济适应性四级指标第 j 指标，$d_{(i-1)j}$ 为第 $i-1$ 年经济适应性四级指标第 j 指标。若 $P_i > 0$，表明经济适应性效率较高；若 $P_i \leq 0$，表明经济适应性效率不高，需要进行调控。

二　调控方向

根据式（9-2）经济适应性效率公式，采用 2011—2014 年全国经济适应性四级指标数据（见附录 4、附录 5、附录 6）、经济增长数据（见附录 1）和全国经济适应性数据（见表 4-13），进行相关的计算，结果见表 9-2。

根据经济适应性效率最低的五个指标，确定提高经济适应性效率的调控方向为环境治理、城镇化，以及经济制度中的科技创新与投入、要素市场发育程度与市场分配资源等方面（见表 9-3）。

表 9 - 2　　　　　经济适应性效率计算结果（2011—2014 年）

经济适应性四级指标	2011 年	2012 年	2013 年	2014 年
资本生产率（D1）	2.12	3.71	0.03	3.03
劳动生产率（D2）	0.21	1.57	0.02	2.80
全要素生产率（D3）	-0.76	-0.98	-0.09	-7.89
非财政支出占 GDP 比例（D4）	3.94	-9.55	-0.37	17.02
非国有经济占工业总产值比例（D5）	6.14	5.50	0.54	9.59
实际利用外资占 GDP 比例（D6）	0.30	-1.15	-0.04	-2.94
每万人专利授权数（D7）	-0.21	-0.64	-0.05	-17.30
R&D 经费支出占 GDP 比例（D8）	-0.82	-2.41	-0.04	-11.38
人均 GDP（D9）	0.20	1.96	0.02	3.05
工业增加值占 GDP 比例（D10）	-2.100	-3.64	-0.7	-9.66
第三产业增加值占 GDP 比例（D11）	11.97	13.89	0.06	3.06
居民消费支出占 GDP 比例（D12）	-2.45	7.83	0.11	6.28
城镇化率（D13）	-1.36	-7.58	-0.10	-12.04
失业保险人数占就业人数比例（D14）	-0.55	3.21	0.03	6.81
基本养老保险人数占总人口比例（D15）	-0.36	0.11	0.06	10.48
社区服务机构覆盖率（D16）	-0.67	0.77	0.01	0.93
教育经费占 GDP 比例（D17）	-0.97	6.47	1.14	-3.35
卫生总费用占 GDP 比例（D18）	-1.05	3.81	0.07	-4.90
每万人次自然灾害救济费（D19）	0.08	0.22	0.00	0.44
能源生产弹性系数（D20）	1.40	-0.77	0.00	-0.30
能源加工转化总效率（D21）	5.14	12.32	0.30	25.07
工业污染源治理投资占工业总产值比例（D22）	0.76	3.84	0.00	4.08
工业废水排放达标率（D23）	-4.04	10.63	0.31	9.49
工业 SO$_2$ 排放达标率（D24）	-6.18	3.79	0.38	-2.11
工业固体废物综合利用率（D25）	0.35	10.45	0.10	-14.95

表 9 - 3　　　　　经济适应性效率最低的五个指标

排名	2011 年	2012 年	2013 年	2014 年
1	工业 SO$_2$ 排放达标率	非财政支出占 GDP 比例	工业增加值占 GDP 比例	每万人专利授权数

续表

排名	2011 年	2012 年	2013 年	2014 年
2	工业废水排放达标率	城镇化率	非财政支出占GDP 比例	工业固体废物综合利用率
3	居民消费支出占GDP 比例	工业增加值占GDP 比例	城镇化率	城镇化率
4	工业增加值占GDP 比例	R&D 经费支出占GDP 比例	全要素生产率	R&D 经费支出占GDP 比例
5	城镇化率	实际利用外资占GDP 比例	每万人专利授权数	工业增加值占GDP 比例

三　调控措施

（一）环境治理

中国高经济增长速度源于高投入、高消耗和高污染的粗放式经济增长方式，给环境带来了沉重的压力。环境系统具有复杂性，环境污染与环境破坏衍生的环境效应具有滞后性，再加上环境属于公共物品，环境污染会导致较高的负外部性。由于其价格要素难以确定，"搭便车"现象严重，在唯利的动机驱使下，环境污染者会采取"先污染、后治理"的方式，利用加大环境治理投资的方式来逃避其环境责任。此外，由于政府失灵和市场失灵，环境治理难度大，成效不明显。从2011—2014 年的经济适应性效率排名中可以看出，工业废气、工业废水和工业固体废物的治理成效难以和经济增长相适应。2015 年环境保护部重新启动了绿色 GDP 理念，但是政府对于经济增长的路径依赖，以及政府管制的惯性力量，环境治理之路任重道远。环境治理要落实在根源治理上，从转换经济增长方式着手，优化产业结构，深化工业污染治理，坚决淘汰落后生产工艺装备和产品，严控"两高"行业产能，大力淘汰不符合产业政策和节能减排要求的落后产品、技术和工艺设备。积极发展节能环保产业，制定环保产业发展规划，大力发展清洁能源，积极发展新能源和可再生能源，提高能源利用效率，节约利用能源。新环保法采用"损害担责"代替了"谁污染、谁治理"的原则，采用多元化的环境治理方式，形成了政府、企业、第三方治理企业相互监督的局面，提高了治理服务水平和治理效率。在完善新环保法的基础上，加大环境治理投资的同时，需加强环境执法和监督，加大环保机构的立法、执法和处罚权力。

（二）新型城镇化

城镇化是拉动经济增长的强大内生动力，城镇化和经济增长相互促进，城镇化是实现经济持续健康发展的重要路径。当前我国经济增长下行压力加大，经济转型升级面临多种挑战，城镇化也进入深入发展的关键时期，研判城镇化的趋势和特点，把握住城镇化拉动经济增长的巨大机遇，是提高经济适应能力，增加经济适应性，降低经济脆弱性，防范经济风险的有效路径。2011—2014年，城镇化与经济增长的经济适应性效率为负值（见表9-2和表9-3），城镇化没有完全发挥出强力引擎的作用。2014年，《国家新型城镇化规划（2014—2020）》的提出，明确了城镇化的发展方向。新型城镇化在产业结构转型与升级、社会保障、基础设施建设、公共服务等方面具有重要的优势，是化解经济增长瓶颈的有效手段。因此，需科学制定新型城镇化规划，因地制宜推进城镇化的发展，降低经济脆弱性，实现可持续的经济增长。在新型城镇化的发展过程中，坚持"以人为本"的理念，坚持社会公平正义的原则，化解城镇化中面临的社会矛盾和风险，促进人的全面进步、社会的全面进步和社会和谐的发展。转变城镇化的发展方式，有序推进农业转移人口市民化；推进城市群作为城镇化空间载体的主体形态，推动大中小城市和小城镇协调发展，将特色小城镇作为建设重点，培育经济增长极；以综合承载能力为支撑，提升城市可持续发展水平，将经济脆弱性贯穿到城镇规划建设中，实施弹性城市理念，扩大海绵城市试点，防范城市面临的经济、工程、生态和社会方面的风险。以体制机制创新为保障，通过改革释放城镇化的发展潜力，建立城镇化与经济适应性相协调的机制，促进新型城镇化的健康发展。

（三）经济制度

经济制度在中国经济增长中具有重要的贡献。依靠经济制度变革，实现了市场化的资源配置改革，提高了资源配置效率，促进了经济增长。任崇强、翟国方等（2015）的研究发现，经济制度对经济增长系统的脆弱性存在两年的滞后期。2011—2014 年的经济适应性效率计算中，经济制度中的科技创新与投入、要素市场发育程度、市场分配资源等方面与经济增长的适应性效率为负值，体现出经济制度与经济增长的适应性较低，亟须进行调控。

（1）科技创新与科技投入。在经济体制中，科技创新是经济体制变革的主要任务。科技创新有利于产生新生经济体，有利于创建创业创富等创新活动，有利于健全知识保护体系和创新体系，有利于创业者占据创新的主导地位。在科技创新过程中，建立以科技创新作为经济发展主要动力的制度环境，将创新型国家作为经济制度中的重要基础性制度，落实创新驱动发展战略，将科技创新与新兴产业发展、高新技术以及传统产业转型升级结合起来，推动大众创业、万众创新的蓬勃发展，促进新产业、新业态、新模式不断涌现。开放创新体系，建立多元创新主体，丰富创新活动，将研发、制造与服务业深度融合。

在科技创新政策贯彻落实的同时，需加大科技投入的力度。国家"十三五"规划提出了研发经费投入强度（R&D 经费占 GDP 比例）2.5% 的发展目标，2015 年这一指标仅为 2.05%，仅比 2014 年提高

0.05 个百分点，这一目标的实现面临着巨大挑战。因此，需要进一步加大国家财政科技投入力度，深入落实国家支持科技创新的优惠政策，营造科技投入的制度环境，调动科技创新投入的积极性，增加全社会研发经费的投入。

（2）要素市场发育程度与市场分配资源。供给侧结构性改革的关键在于要素市场发育程度（许经勇，2016）。有序的市场体系形成和完善的市场经济体制建立是要素市场发育的条件。政府对于市场的过度干预使生产要素市场得不到充分发育，导致市场化配置资源的效率低下，要素价格扭曲，影响到供给侧改革的结构问题。要素市场发育与市场资源分配，就是打破价格的垄断机制，将劳动力、资本、土地和技术等生产要素价格交给市场，打破行业垄断、行政垄断等，形成市场价格配置资源的长效机制。

第四节　基于经济脆弱性的区域经济规划

规划是降低经济脆弱性的重要手段。顾朝林（2008）、程林（2010）等认为，脆弱性具有重要的规划学意义，建议将其纳入规划之中。经济脆弱性指标体系中涉及经济、社会、自然、资源、环境各个子系统，包含经济增长中的产业、投资、消费、国际贸易、金融、财政、价格、城镇化、就业、社会保障、教育、卫生医疗、贫困、自然灾害、能源、环境等很多方面，因此，将经济脆弱性纳入区域规划之中，对于防范经济风险，促进经济社会可持续、健康发展，具有重要的意义。

一　规划目标——区域经济健康发展

区域经济健康发展是区域经济规划的终极目标，能够促进经济的可持续增长，经济社会与自然环境的协调发展。经济脆弱性是区域经济发展中的本质属性，在面对不确定性扰动时会放大不利影响的效应，影响到区域经济的健康发展。区域经济健康发展可以有效地防控经济风险，避免造成重大经济损失。因此，降低区域经济脆弱性，促进区域经济健康发展是区域规划中关注的主要方向。

二 规划依据——经济脆弱性的科学评价

将经济脆弱性的科学评价作为区域经济规划的重要依据。采取科学的经济脆弱性评价方法，对区域经济脆弱性的特征、大小、类型进行研判；根据区域经济脆弱性的系统产生机制和空间形成机制，找到区域经济发展中的主要影响因素和薄弱环节，将其作为区域经济规划编制中的重点，并落实到区域经济社会发展规划、经济空间规划以及城市规划的编制之中。

三 规划实施——降低经济脆弱性

将降低经济脆弱性作为区域经济规划实施的重要内容。通过加强产业安全，防控金融风险、财政风险，优化投资、消费与贸易结构，推进精准扶贫精准脱贫、新型城镇化、社会保障与公共服务均等化、环境投资和治理、自然灾害救济等一系列措施的实施，有效降低区域经济脆弱性，防范区域经济发展中的不确定性，促进区域经济健康发展。

第十章 结论和展望

一 主要结论

本书基于脆弱性与经济脆弱性理论，采用多级可拓评价方法，对中国经济脆弱性进行了综合评价，探究了经济脆弱性的系统内部产生机制，对区域经济脆弱性造成的潜在损失进行了衡量，对区域经济脆弱性进行了空间分析，明晰了降低经济脆弱性的调控方向和措施。

研究的主要结论有以下几个方面。

（1）中国经济脆弱性在逐渐下降，省域经济脆弱性呈现出西高东低的特点，经济脆弱性类型在增加。

综合评价结果显示，经济子系统和社会子系统的经济敏感性呈现先下降后上升的"U"形特征，自然—资源—环境子系统具有较强的波动性。各子系统经济适应性呈现上升的态势。目前中国经济脆弱性呈现出高敏感性—高适应性类型的显著特征。西部地区的经济脆弱性较高，东部地区的经济脆弱性较低，经济脆弱性类型呈现空间分布的多样化和复杂化的特征。

（2）社会子系统经济脆弱性成为中国经济脆弱性产生的主要根源，经济适应性处于不协调的衰退状态。

　　复合系统内部产生机制分析结果显示，复合系统的经济脆弱性中，除了复合系统自身的贡献，社会子系统的经济脆弱性对复合系统经济脆弱性的贡献率为53%，社会子系统的经济脆弱性成为目前中国经济脆弱性产生的主要根源，自然—资源—环境子系统的经济脆弱性贡献率为5.4%，而经济子系统的经济脆弱性对于复合系统经济脆弱性的贡献率仅为0.6%。当前，中国经济脆弱性亟须以社会子系统作为主要的调控对象，包括经济敏感性中的城乡差距、贫富差距、就业、贫困、卫生、教育以及经济适应性中的社会发展、社会保障和社会投资。各子系统经济适应性之间以及复合系统经济适应性处于严重不协调的状态，处于明显的衰退发展方向，影响到整体适应能力的提升，导致经济脆弱性增加，进而影响到经济增长。当前需在经济适应能力提高的同时，加强各子系统之间的协调性。

　　（3）经济脆弱性对于经济增长造成较大的潜在损失，经济增长具有较大的释放空间。

　　研究结果表明，1单位经济脆弱性的存在将会导致经济增长率降低6.39%。1993—2014年，中国经济脆弱性的存在将会造成年均GDP总量减少11656.49亿元，年均经济增长率减少7.38%，2012年和2013年是经济脆弱性导致经济增长损失最多的两个年份。2000—2014年，广东是平均GDP总量损失最多的省域，西藏为最少的省域；贵州平均经济增长率损失最大，最小的为上海。

　　（4）经济脆弱性的区域差异呈现逐渐扩大的趋势，区域内部差异是经济脆弱性差异扩大的主要原因，区域分离度近期显著增加。

　　东部地区和西部地区经济脆弱性的差异较高，呈现区域不平衡突出且有加强趋势的空间格局特征。中部地区和东北地区经济脆弱性差异值较低，呈现区域不平衡性处于减弱的空间格局特征。经济脆弱性的区域分离系数呈现出先显著变大后逐渐减小的倒"U"形变化特征，

2011 年之后，区域分离趋异加强，经济脆弱性在空间结构上呈现出复杂性和明显的空间异质性。

（5）经济增长与经济脆弱性的空间关联特征显著，经济脆弱性对经济增长产生负溢出效应，西部地区呈现正溢出效应。

经济增长与经济脆弱性在空间分布上具有明显的空间关联特征，但是聚集程度在下降，呈现出中部和西部地区经济增长滞后于经济脆弱性，东部地区的经济脆弱性滞后于经济增长的空间聚集特征。经济脆弱性对区域经济增长具有明显的负向作用。经济脆弱性对经济增长具有明显的空间扰动作用。经济脆弱性对邻近省域经济增长具有明显的负溢出效应，但是在西部地区经济脆弱性对邻近省域经济增长却具有轻微的正溢出效应。

（6）明确经济脆弱性的调控方向和措施，实现降低经济脆弱性的目的。

采取的主要措施为建立多维的产业安全预警系统，建立和实施科学的产业安全发展规划；金融支持供给侧结构性改革，服务实体经济，加强金融监管；加大扶贫力度；推进健康中国建设。采用多元化的环境治理方式，加大环境治理投资，加强环境法制建设；转变城镇化的发展方式；推进城市群建设，将特色小城镇作为建设重点；将经济脆弱性落实到城镇规划建设中，建设新型城镇化。建立科技创新的制度环境，建设创新型国家，落实创新促发展的体系建设；形成要素价格的市场机制，支持供给侧的结构改革，以市场价格配置资源，并将经济脆弱性落实到区域经济规划之中。

二　创新之处

本书的创新点主要有以下两个方面：

（1）根据可持续经济增长的视角，采用定性和定量结合的多级可拓综合评价方法，确定了模型的构建，计算出了经济脆弱性的大小和等级类型，并量化了经济脆弱性对经济增长的损失。

（2）对经济脆弱性的系统内部产生机制进行了深入探究，分析了区域经济脆弱性的空间格局变化和影响，明晰了经济脆弱性与经济增长的空间关系特征，提出了降低经济脆弱性的明确调控目标和重点方向。

三　不足与未来研究方向

本书遵循脆弱性和经济脆弱性理论框架的逻辑思路，对区域经济脆弱性进行了综合评价和深入分析，基本上完成了预期的研究目标。但是在研判过程中不可避免地存在主观推理和研判的因素，这在一定程度上会影响到某些研究结论的准确性；另外，在数据和计量模型选取上，还需要进行进一步的理论和方法探索，以使结果更具有科学性。在今后的研究中，对经济脆弱性的产生机制探讨、经济脆弱性的适应性调整、经济脆弱性的预测等方面亟须向专家、同领域学者进行请教和学习，以进一步深化经济脆弱性的研究内容。在未来的研究中，需努力的方向包括以下几个方面。

（1）理论方面。对于经济脆弱性理论研究有待进一步完善。本书尽管基于VSD模型综合评价了中国区域经济脆弱性，采用的理论基础仍然是脆弱性理论的框架模型，对于经济脆弱性的本质属性研究不足，有待继续探讨。

（2）实证研究方面。基于数据的可得性，研究数据主要来源于统计年鉴，所关注的尺度主要是中宏观尺度，对于微观层面的经济脆弱性缺乏关注和分析。今后在研究之中需对区域经济脆弱性的微观视角进行对应的地方化研究，加大微观数据的调研，这也是本书亟须和有待开展的下一个阶段的主要研究任务。

（3）研究方法方面。本书采用多级可拓评价方法来综合评价区域经济脆弱性，并且在此评价模型下得出了科学的结论，但是缺乏采用不同评价方法的结果比较。在下一步的研究过程中，需将本书中使用的方法和其他一些评价方法进行比较，以对多级可拓评价模型进行优化和调整。

参考文献

B. Kochunov、李国栋：《脆弱生态的概念及分类》，《地理译报》1993
年第 1 期。

蔡文：《可拓论及其应用》，《科学通报》1999 年第 44 期。

蔡文：《物元模型及其应用》，科学技术文献出版社 1994 年版。

蔡文、杨春燕：《可拓学的基础理论与方法体系》，《科学通报》2013
年第 13 期。

蔡文、杨春燕、何斌：《可拓学基础理论研究的新进展》，《中国工程
科学》2003 年第 2 期。

蔡文、杨春燕、王光华：《一门新的交叉学科——可拓学》，《中国科
学基金》2004 年第 5 期。

曹玉书、尤卓雅：《资源约束、能源替代与可持续发展——基于经济
增长理论的国外研究综述》，《浙江大学学报》（人文社会科学版）
2010 年第 4 期。

陈萍、陈晓玲：《全球环境变化下人—环境耦合系统的脆弱性研究综
述》，《地理科学进展》2010 年第 4 期。

陈倩：《解读乌尔里希·贝克的〈风险社会〉》，《新学术》2008 年第
5 期。

陈惟杉：《习近平为经济全球化注入新动力》，《中国经济周刊》2017
　　年第 1 期。

程林：《大城市脆弱性分析及其规划学意义》，硕士学位论文，东北师
　　范大学，2010 年。

程林、修春亮、张哲：《城市的脆弱性及其规避措施》，《城市问题》
　　2011 年第 4 期。

崔胜辉、李方一、黄静：《全球变化背景下的敏感性研究综述》，《地
　　球科学进展》2009 年第 9 期。

崔胜辉、李旋旗、李扬等：《全球变化背景下的适应性研究综述》，《地
　　理科学进展》2011 年第 9 期。

樊纲：《经济制度与体制改革》，中国改革论坛，2014 年。

樊纲：《要素价格体制改革与市场竞争的发展》，《全国商情·经济理
　　论研究》2009 年第 1 期。

樊纲：《中国各地区市场化进展状况》，《经济纵横》2005 年第 11 期。

樊纲：《中国经济增长的要素因素分析与展望》，《资本市场》2008 年
　　第 4 期。

樊纲、王小鲁、张立文等：《中国各地区市场化相对进程报告》，《经
　　济研究》2003 年第 3 期。

方修琦、殷培红：《弹性、脆弱性和适应：IHDP 三个核心概念综述》，
　　《地理科学进展》2007 年第 5 期。

冯振环、刘玉霞、杨亚柳：《京津冀经济圈发展的累积式脆弱性评价》，
　　《现代财经（天津财经大学学报）》2010 年第 10 期。

冯振环、赵国杰：《区域经济发展的脆弱性及其评价体系研究：兼论
　　脆弱性与可持续发展的关系》，《现代财经（天津财经大学学报）》
　　2015 年第 10 期。

傅崇辉、王文军、赵黛青等：《我国珠三角地区经济社会系统对海平

面上升的敏感性分析——属性层次模型的应用与扩展》，《中国软科学》2012 年第 12 期。

高超、金凤君、雷军等：《干旱区绿洲城市经济系统脆弱性评价研究》，《经济地理》2012 年第 8 期。

高鸿业、刘文忻等：《西方经济学：宏观部分》，中国人民大学出版社 2014 年版。

高铁梅：《计量经济分析方法与建模：EViews 应用及实例》，清华大学出版社 2009 年版。

顾朝林：《气候变化与适应性城市规划》，《建设科技》2010 年第 13 期。

哈斯巴根：《基于空间均衡的不同主体功能区脆弱性演变及其优化调控研究》，博士学位论文，西北大学，2013 年。

哈斯巴根：《区域发展脆弱性研究述评》，《经济论坛》2013 年第 2 期。

韩建飞、宗刚：《基于网络层次分析的工业产业脆弱性研究》，《现代管理科学》2013 年第 11 期。

韩瑞玲、佟连军、佟伟铭等：《基于集对分析的鞍山市人地系统脆弱性评估》，《地理科学进展》2012 年第 3 期。

何逢标：《综合评价方法 MATLAB 实现》，中国社会科学出版社 2010 年版。

赫希曼、曹征海：《经济发展战略》，经济科学出版社 1992 年版。

胡乃武、张可云：《统筹中国区域发展问题研究》，《经济理论与经济管理》2014 年第 1 期。

胡晓辉：《制度变迁的空间近邻效应》，博士学位论文，上海社会科学院，2016 年。

黄秉维：《论地球系统科学与可持续发展战略科学基础（Ⅰ）》，《地理学报》1996 年第 4 期。

黄承伟、王小林、徐丽萍：《贫困脆弱性：概念框架和测量方法》，《农业技术经济》2010 年第 8 期。

黄建毅、刘毅、马丽等：《国外脆弱性理论模型与评估框架研究评述》，《地域研究与开发》2012 年第 5 期。

黄晓军、黄馨、崔彩兰等：《社会脆弱性概念、分析框架与评价方法》，《地理科学进展》2014 年第 11 期。

康金：《河北省区域经济脆弱性综合评价研究》，硕士学位论文，燕山大学，2011 年。

郎丽华、周明生：《经济增速换档期的体制改革与发展转型——第八届中国经济增长与周期论坛综述》，《经济研究》2014 年第 10 期。

李博、韩增林：《基于三角图法的沿海城市系统脆弱性分类方法研究》，《海洋开发与管理》2011 年第 11 期。

李博、韩增林：《沿海城市人地关系地域系统脆弱性研究：以大连市为例》，《经济地理》2010 年第 10 期。

李博、韩增林：《沿海城市人海关系地域系统脆弱性分类研究》，《地理与地理信息科学》2010 年第 3 期。

李博、杨智、苏飞：《基于集对分析的大连市人海经济系统脆弱性测度》，《地理研究》2015 年第 5 期。

李锋：《基于集对分析法（SPA）的中国旅游经济系统脆弱性测度研究》，《旅游科学》2013 年第 1 期。

李锋、万年庆、史本林等：《基于"环境—结构"集成视角的旅游产业脆弱性测度——以中国大陆 31 个省区市为例》，《地理研究》2014 年第 3 期。

李鹤：《东北地区矿业城市脆弱性特征与对策研究》，《地域研究与开发》2011 年第 5 期。

李鹤、张平宇：《东北地区矿业城市经济系统脆弱性分析》，《煤炭学报》2008 年第 1 期。

李鹤、张平宇:《东北地区矿业城市社会就业脆弱性分析》,《地理研究》2009 年第 3 期。

李鹤、张平宇:《矿业城市经济脆弱性演变过程及应对时机选择研究——以东北三省为例》,《经济地理》2014 年第 1 期。

李鹤、张平宇:《全球变化背景下脆弱性研究进展与应用展望》,《地理科学进展》2011 年第 7 期。

李鹤、张平宇、程叶青:《脆弱性的概念及其评价方法》,《地理科学进展》2008 年第 2 期。

李金华:《中国经济增长敏感指数的设计与应用》,《财经问题研究》2009 年第 1 期。

李莉、王晓婷、王辉:《脆弱性内涵、评价与研究趋势综述》,《中国渔业经济》2010 年第 3 期。

李平星、陈诚:《基于 VSD 模型的经济发达地区生态脆弱性评价——以太湖流域为例》,《生态环境学报》2014 年第 2 期。

李晓琴、张炜熙:《海洋经济脆弱性的研究综述》,《海洋经济》2014 年第 1 期。

李永友:《经济波动对经济增长的减损效应:中国的经验证据》,《当代经济科学》2006 年第 4 期。

李志林:《可拓综合评价方法及其应用特色》,《广东工业大学学报》2000 年第 2 期。

梁增贤、解利剑:《传统旅游城市经济系统脆弱性研究:以桂林市为例》,《旅游学刊》2011 年第 5 期。

刘建、汤临佳、池仁勇:《复杂适应性系统理论研究方法在区域经济研究中的应用》,《科技进步与对策》2011 年第 14 期。

刘婧、史培军:《中国自然灾害与区域自然灾害系统》,《科学》2006 年第 2 期。

刘燕华、李秀彬:《脆弱性生态环境与可持续发展》,商务印书馆 2007
　　年版。

刘奕:《高速公路经济适应性理论与评价方法研究》,硕士学位论文,
　　北京交通大学,2009 年。

刘玉珍:《东中西部地区经济增长对固定资产投资的敏感性测度——
　　基于 1991—2005 年的数据》,《财会研究》2010 年第 16 期。

卢文刚:《城市地铁突发公共事件应急管理研究——基于复杂系统理
　　论的视角》,《城市发展研究》2011 年第 4 期。

陆大道:《关于"点—轴"空间结构系统的形成机理分析》,《地理科
　　学》2002 年第 1 期。

陆大道:《关于地理学的"人—地系统"理论研究》,《地理研究》2002
　　年第 2 期。

陆大道:《向 100 年来为国家和人类做出贡献的地理学家致敬——纪念
　　"中国地理学会"成立 100 周年》,《地理学报》2009 年第 10 期。

陆铭、陈钊:《分割市场的经济增长——为什么经济开放可能加剧地
　　方保护?》,《经济研究》2009 年第 3 期。

陆玉麒:《区域发展中的空间结构研究——以苏皖沿江地区为例》,博
　　士学位论文,南京地理与湖泊研究所,1998 年。

那伟:《辽源市人地系统脆弱性与可持续发展研究》,硕士学位论文,
　　东北师范大学,2008 年。

欧阳莹之:《复杂系统理论基础》,上海科技教育出版社 2002 年版。

钱力:《农村居民收入区域差异适度性分析——基于隶属函数协调度
　　模型测度方法》,《经济问题探索》2014 年第 8 期。

秦贤宏、段学军、李慧:《基于 EMD 的我国经济增长波动多尺度分析》,
　　《地理与地理信息科学》2008 年第 2 期。

任保平、钞小静、师博:《经济增长理论史》,科学出版社 2014 年版。

任崇强、翟国方、李莎莎等：《中国经济增长系统脆弱性的区域差异性研究——基于制度因素的度量》，《中国农业资源与区划》2017年第2期。

任崇强、翟国方、吴云清：《基于制度变迁的中国经济增长系统脆弱性演变过程及其影响因子研究》，《经济问题探索》2015年第10期。

商彦蕊：《灾害脆弱性概念模型综述》，《灾害学》2013年第1期。

沈丹凤、陈妍蓓、周嘉禾等：《基于 TOPSIS 法的舟山市经济系统脆弱性评估》，《资源与产业》2014年第1期。

沈莎莎、高群、陈爽等：《全球变化下的适应性及其研究进展》，《环境科学与技术》2012年第2期。

石勇：《灾害情景下城市脆弱性评估研究》，博士学位论文，华东师范大学，2010年。

史培军、王静爱、陈婧等：《当代地理学之人地相互作用研究的趋向——全球变化人类行为计划（IHDP）第六届开放会议透视》，《地理学报》2006年第2期。

宋守信、姚德志、肖楚阳：《基于多级可拓评价方法的大客流扰动下地铁脆弱性研究》，《城市轨道交通研究》2017年第1期。

苏东水：《产业经济学》（第二版），高等教育出版社2010年版。

苏飞、储毓婷、张平宇：《我国典型旅游城市经济脆弱性及障碍因素分析》，《经济地理》2013年第12期。

苏飞、吴苏娟、应蓉蓉等：《浙江沿海地区海洋经济脆弱性及障碍因素分析》，《资源与产业》2016年第3期。

苏飞、张平宇：《阜新市社会系统脆弱性评价》，《资源与产业》2008年第4期。

苏飞、张平宇：《基于集对分析的大庆市经济系统脆弱性评价》，《地理学报》2010年第4期。

苏飞、张平宇：《基于生态系统服务价值变化的环境与经济协调发展评价——以大庆市为例》，《地理科学进展》2009 年第 3 期。

苏飞、张平宇：《矿业城市社会系统脆弱性研究：以阜新市为例》，《地域研究与开发》2009 年第 2 期。

苏飞、张平宇：《石油城市经济系统脆弱性评价：以大庆市为例》，《自然资源学报》2009a 年第 7 期。

苏飞、张平宇：《中国区域能源安全供给脆弱性分析》，《中国人口·资源与环境》2008 年第 6 期。

苏飞、张平宇、李鹤：《中国煤矿城市经济系统脆弱性评价》，《地理研究》2008 年第 4 期。

孙才志、潘俊：《地下水脆弱性的概念、评价方法与研究前景》，《水科学进展》1999 年第 4 期。

孙平军、丁四保：《阜新市经济发展脆弱性的动态演变与关联分析》，《辽宁工程技术大学学报》2011 年第 4 期。

孙平军、修春亮：《基于 PSE 模型的矿业城市经济发展脆弱性研究》，《地理研究》2011a 年第 2 期。

孙平军、修春亮：《辽宁矿业城市经济系统应对能力分析与脆弱性评价》，《干旱区资源与环境》2011b 年第 4 期。

汤敏：《中国经济：警惕黑天鹅》，电子工业出版社 2013 年版。

田亚平、向清成、王鹏：《区域人地耦合系统脆弱性及其评价指标体系》，《地理研究》2013 年第 1 期。

汪小帆：《复杂网络理论及其应用》，清华大学出版社 2006 年版。

王红毅：《区域社会经济系统脆弱性综合评价及应用研究》，博士学位论文，燕山大学，2012 年。

王士君、王永超、冯章献：《石油城市经济系统脆弱性发生过程、机理及程度研究——以大庆市为例》，《经济地理》2010 年第 3 期。

王祥荣、凌焕然、黄舰等：《全球气候变化与河口城市气候脆弱性生态区划研究——以上海为例》，《上海城市规划》2012 年第 6 期。

王小鲁：《经济增长放缓的根本原因是结构失衡》，《河南社会科学》2015 年第 5 期。

王小鲁：《经济增长与结构失衡》，《中国房地产业》2014 年第 7 期。

王小鲁：《中国经济增长的可持续性与制度变革》，《经济研究》2000 年第 7 期。

王岩、方创琳：《大庆市城市脆弱性综合评价与动态演变研究》，《地理科学》2014 年第 5 期。

王岩、方创琳、张蔷：《城市脆弱性研究评述与展望》，《地理科学进展》2013 年第 5 期。

王竹泉：《利润敏感性分析与利润预测分析和经营风险防范》，《会计研究》1996 年第 7 期。

韦惠兰、宋桂英：《西北半干旱区农村经济可持续发展脆弱性的分析与测度》，《干旱区资源与环境》2008 年第 11 期。

魏宏耀：《运用索洛残差法估算中国的全要素生产率》，《发展》2013 年第 3 期。

魏后凯：《中国地区经济增长及其收敛性》，《中国工业经济》1997 年第 3 期。

魏震波、刘俊勇、朱国俊等：《电力系统脆弱性理论研究》，《电力自动化设备》2009 年第 7 期。

吴传钧：《论地理学的研究核心：人地关系地域系统》，《经济地理》1991 年第 3 期。

徐广才、康慕谊、贺丽娜等：《生态脆弱性及其研究进展》，《生态学报》2009 年第 5 期。

徐明东、田素华：《转型经济改革与企业投资的资本成本敏感性——基于中国国有工业企业的微观证据》，《管理世界》2013 年第 2 期。

许经勇：《农业供给侧改革与提高要素生产率》，《吉首大学学报》（社会科学版）2016 年第 3 期。

闫白洋：《海平面上升叠加风暴潮影响下上海市社会经济脆弱性评价》，博士学位论文，华东师范大学，2016 年。

杨爱婷、武剑：《我国经济系统脆弱性与可持续发展牵扯：15 年样本》，《改革》2012 年第 2 期。

杨春燕、张拥军：《可拓集合及其应用研究》，《数学的实践与认识》2002 年第 2 期。

杨文健、李晓明：《长江经济带城市综合脆弱性影响因素及其测度——以长江经济带的 36 个城市为例》，《城市问题》2017 年第 1 期。

杨艳茹：《石油城市人地系统脆弱性评价与可持续发展模式研究》，博士学位论文，东北师范大学，2015 年。

姚丽、谷国锋：《吉林省区域经济空间一体化的生态环境响应演变及其影响因素》，《地理科学》2014 年第 4 期。

伊特韦尔、陈岱孙：《新帕尔格雷夫经济学大辞典》（第二卷），经济科学出版社 1996 年版。

于维洋：《河北省区域社会经济系统脆弱性综合评价》，《燕山大学学报》（哲学社会科学版）2012 年第 1 期。

余强毅、吴文斌、唐华俊等：《复杂系统理论与 Agent 模型在土地变化科学中的研究进展》，《地理学报》2011 年第 11 期。

袁海红、高晓路：《城市经济脆弱性评价研究——以北京海淀区为例》，《自然资源学报》2014 年第 7 期。

翟国方、崔功豪、谢映霞等：《风险社会与弹性城市》，《城市规划》2015 年第 12 期。

张伟、段学军、张维阳：《长三角地区可持续发展测度与演化分析》，

《长江流域资源与环境》2013年第10期。

张炜熙:《区域脆弱性与系统恢复机制》,经济科学出版社2011年版。

赵芳:《中国能源—经济—环境(3E)协调发展状态的实证研究》,《经济学家》2009年第12期。

赵国杰、张炜熙:《海岸带社会经济脆弱性研究》,《统计与决策》2006年第5期。

赵人伟:《经济学译丛》,经济研究杂志社1988年版。

赵昕、肖凡:《沿海地区经济系统海洋灾害脆弱性评价研究——以山东省台风灾害为例》2013年第3期。

郑达:《区域综合交通系统经济适应性评价研究》,博士学位论文,北京交通大学,2014年。

周利敏:《从自然脆弱性到社会脆弱性:灾害研究的范式转型》,《思想战线》2012年第2期。

朱姗姗:《基于新经济增长理论的区域可持续发展评价研究》,硕士学位论文,西北大学,2014年。

Acosta-Michlik, L., Mark, R., "From Generic Indices to Adaptive Agents: Shift Foci in Assessing Vulnerability to the Combined Impacts of Climate Change and Globalization", *IHDP Newsletter*, 2005, 1: 14 – 16.

Adger, W. N., Brooks, N., Bentham, G., et al., *New Indicators of Vulnerability and Adaptive Capacity* (Technical Report No. 7), Norwich: Tyndall Centre for Climate Change Research, 2004.

Adger, W. N., "Vulnerability", *Global Environmental Change*, 2006, 16 (3): 268 – 281.

Anselin, L., Bera, A., "Spatial Dependence in Linear Regression Models with an Introduction to Spatial Econometrics", *Statistics Textbooks and Monographs*, 1998, 155.

Anselin, L. , Bera, A. K, Florax, R. , et al. , "Simple Diagnostic Tests for Spatial Dependence", *Regional Science & Urban Economics*, 1996, 26 (1): 77 – 104.

Anselin, L. , Rey, S. , "Properties of Tests for Spatial Dependence in Linear Regression Models", *Geographical Analysis*, 1991, 23 (2): 112 – 131.

Anselin, L. , Syabri, I. , Kho, Y. , "GeoDa: An Introduction to Spatial Data Analysis", *Geographical Analysis*, 2006, 38 (1): 5 – 22.

Anselin, L. , "Local Indicators of Spatial Association – LISA", *Geographical Analysis*, 1995, 27 (2): 93 – 115.

Atkins, J. P. , S. Mazzi, C. D. Easter, et al. , "A Commonwealth Vulnerability Index for Developing Countries: The Position of Small States", *Commonwealth Secretariat*, *Economic Paper*, 2000, No. 40.

Beck, U. , "Risk Society: Toward a New Modernity", *Social Forces*, 1992, 73 (1) .

Belliveau, S. , Smit, B. , Bradshaw, B. , "Multiple Exposures and Dynamic Vulnerability: Evidence from the Grape Industry in the Okanagan Valley, Canada", *Global Environmental Change*, 2006, 16 (4): 364 – 378.

Birkmann, J. , *Measuring Vulnerability to Natural Hazards: Towards Disaster Resilient Societies*, Tokyo: United Nations University Press, 2006.

Blaikie, P. , Cannon, T. , Davis, I. , et al. , *At Risk: Natural Hazards, People's Vulnerability and Disasters*, London: Routledge, 1994.

Blaikie, P. , T. Cannon, I. Davis and B. Wisner, *At Risk: Natural Hazards, People's Vulnerability, and Disasters*, New York: Routledge, 1996.

Bogard, W. C. , "Bringing Social Theory to Hazards Research: Conditions and Consequences of the Mitigation of Environmental Hazards", *Sociological Perspectives*, 1988, 31 (2): 147 – 168.

Bohle, H. G. , "Vulnerability and Criticality: Perspectives from Social Geography", *IHDP Update* 2/01, 2001.

Bootle, R. , "How Much is the Financial Sector Contributing to the Real Economy?" (Take 15 Series), *Webcasts & Podcasts*, 2016.

Briguglio, L. , Kisanga, E. J. , Secretariat, C. , "Economic Vulnerability and Resilience of Small States", *Oxford Development Studies*, 2009, 37 (3): 229 – 247.

Briguglio, L. , *Preliminary Study on the Construction of an Index for Ranking Countries According to Their Economic Vulnerability*, UNCTAD/ LDUMisc. 4 (Geneva: UNCTA D), 1992.

Briguglio, L. , "Small Island States and Their Economic Vulnerabilities", *World Development*, 1995, 23 (9): 1615 – 1632.

Briguglio, L. G. , N. Farrugia Cordina and S. Vella, "Economic Vulnerability and Resilience: Concepts and Measurements", *Oxford Development Studies*, 2009, 37 (3): 229 – 247.

Burton, I. , R. W. Kates and G. F. White, *The Environment as Hazard*, New York: Oxford University Press, 1978.

Chambers, R. , Conway, G. R. , "Sustainable Rural Livelihoods: Practical Concepts for the 21st Century", IDS Discussion Paper No. 296, Brighton, Institute of Development Studies, 1991, 296.

Chun-chieh, Wang, "Reconsidering the Economic Vulnerability Index of the United Nations", *Canadian Journal of Development Studies / Revue canadienne détudes du développement*, 2013, 34 (4): 553 – 568.

Cordina, G. , "Economic Vulnerability and Economic Growth: Some Results from Aneo-Classical Growth Modelling Approach", *Journal of Economic Development*, 2004, 29 (2): 21 –39.

Crowards, T. , *An Economic Vulnerability Index for Developing Countries with Special Reference to Caribbean (Alternative Methodologies and Provisional Results)*: *A Summary of the Draft for Consultation*, 1999.

Cullen, A. C. , O'Kelly, F. , Flanagan, X. , et al. , "Mental Impairment in the Elderly", *Irish Medical Journal*, 1978, 71 (15): 496 –499.

Cutter, S. L, *Living with Risk*: *The Geography of Technological Hazards*, London: Edward Arnold, 1993.

Cutter, S. L. , Boruff, B. J. , Shirley, W. L. , "Social Vulnerability to Environmental Hazards", *Social Science Quarterly*, 2003, 84 (2): 242 –261.

Cutter, S. L. , "The Vulnerability of Science and the Science of Vulnerability", *Annals of the Association of American Geographers*, 2003, 93 (1): 1 –12.

Cutter, S. L. , "Vulnerability to Environmental Hazards", *Progress in Human Geography*, 1996, 20 (4): 529 –539.

Denevan, W. M. , "Adaptive Responses of Native Amazonians", *Economic Geography*, 1984 (1): 91 –93.

DFID, *Sustainable Livelihoods Guidance Sheets*, Department for International Development, 2000.

Dietz, T. , Ostrom, E. , Stern, P. , "The Struggle to Govern the Commons", *Science*, 2003, 302: 1907 –1912.

Dow, K. , "Exploring Differences in Our Common Futures: The Meaning of Vulnerability to Global Environmental Change", *Geoforum*, 1992, 23 (3): 417 –436.

Eriksen, S. H. , Brown, K. , Kelly, P. M. , "The Dynamics of Vulnerability: Locating Coping Strategies in Kenya and Tanzania", *Geographical Journal*, 2005, 171 (4): 287 – 305.

FAO, *Rome Declaration on World Food Security and World Food Summit Plan of Action*, Rome: FAO, 1996.

Gaiha, R. , Imai, K. , "Measuring Vulnerability and Poverty: Estimates for Rural India", *General Information*, 2009, 81 (2): S329.

Gallopin, G. C. , "Linkages Between Vulnerability, Resilience, and Adaptive Capacity", *Global Environmental Change*, 2006, 16 (3): 293 – 303.

Getis, A. , Ord, J. K. , "The Analysis of Spatial Association by Use of Distance Statistics", *Geographical Analysis*, 1992, 24 (3): 189 – 206.

Gilberto C. Gallopin, "Generating, Sharing and Using Science to Improve and Integrate Policy", *International Journal of Sustainable Development*, 1999, 2 (3): 397 – 410.

Gogu, R. C. , Hallet, V. , Dassargues, A. , "Comparison of Aquifer Vulnerability Assessment Techniques Application to The Néblon River Basin (Belgium)", *Environmental Geology*, 2003, 44 (8): 881 – 892.

Greenwald, "Aversive Learning, Individual Differences, and Psychophysiological Response", *Druy Alcohol Dependence*, 1992, 113 (1 – 2): 70 – 73.

Griffith, D. A. , "Spatial Econometrics: Methods and Models", *Economic Geography*, 1989, 65 (2): 160.

Guillaumont, P. , *On the Economic Vulnerability of Low Income Countries*, mimeo, CERDI-CNRS, Université d'Auvergne, France, 1999.

Guillaumont, P. , "An Economic Vulnerability Index: Its Design and Use for International Development Policy", *Oxford Development Studies*,

2009, 37 (3): 193 – 228.

Haining, R., Zhang, J., *Spatial Data Analysis: Theory and Practice*, Cambridge University Press, 2003: 1077.

Haining, R. P., *Spatial Data Analysis in the Social and Environmental Sciences*, Cambridge University Press, 1993.

Hallegatte, S., "Economic Resilience: Definition and Measurement", *Social Science Electronic Publishing*, 2014, a2 (2): 291 – 299.

Henri, G., Theil, H., "Linear Aggregation of Economic Relations", *Revue De L Institut International De Statistique*, 1955, 52 (6): 283.

Holling, C. S., "Understanding the Complexity of Economic, Ecological, and Social Systems", *Ecosystems*, 2001, 4 (5): 390 – 405.

IPCC, *Climate Change: Impacts, Adaptation and Vulnerability*, Cambridge, UK: Cambridge University Press, 2001: 3 – 26.

IPCC, *Technical Summary: CLIMATE CHANGE* 2001: *Impacts, Adaptation, and Vulnerability*, Cambridge: Cambridge University Press, 2001.

IPCC, *Climate Change* 2007: *Climate Change Impacts, Adaptation and Vulnerability (Summary for Policymakers of the Report)*, Cambridge: Cambridge University Press, 2007.

Jones, D. J., Hall, K. L., Haus, H. A., et al., "Asynchronous Phase-modulated Optical Fiber-ring Buffer", *Optics Letters*, 1998, 23 (3): 177 – 179.

Kates, R. W., Clark, W. C., Corell, R., et al., "Environment and Development: Sustainability Science", *Science*, 2001, 292: 641 – 642.

Kienberger, S., Hagenlocher, M., "Spatial-Explicit Modeling of Social Vulnerability to Malaria in East Africa", *International Journal of Health Geographics*, 2014, 13 (1): 29.

Kienberger, S. , "Participatory Mapping of Flood Hazard Risk in Munamic-
ua, District of Búzi, Mozambique", *Journal of Maps*, 2014, 10 (2):
269 – 275.

Knaap, T. , *Models of Economic Geography: Dynamics, Estimation and
Policy Evaluation*, University of Groningen, 2004.

Lankao, P. R. , Qin, H. , "Conceptualizing Urban Vulnerability to Glob-
al Climate and Environmental Change", *Current Opinion in Environ-
mental Sustainability*, 2011, 3 (3): 142 – 149.

Linstone, H. A. , Turoff, M. , "The Delphi Method: Techniques and Appli-
cations", *Journal of Marketing Research*, 1976, 18 (3): 363 –364.

Luers, A. L. , Lobell, D. B. , Sklar, L. S. , et al. , "A Method for Quan-
tifying Vulnerability, Applied to the Agricultural System of the Yaqui
Valley, Mexico", *Global Environmental Change*, 2003, 13 (4):
255 – 267.

Luers, A. L. , "The Surface of Vulnerability: An Analytical Framework for
Examining Environmental Change", *Global Environmental Change*,
2005, 15 (3): 214 – 223.

Meadows, D. H. , Meadows, D. L. , Randers, J. , et al. , "Technology
and the Limits to Growth", *Meadows D*, 1972, 19 (4): 325 – 335.

Meadows, D. H. , Meadows, D. L. , Randers, J. , "Beyond the Limits:
Confronting Global Collapse Envisioning a Sustainable Future", *Post
Mills Vermont Chelsea Green Publishing Company*, 1992, 73 (9):
1204 – 1208.

Meadows, D. H. , Randers, J. , Meadows, D. , "Limits to Growth: The
30-Year Update", *World Future Review*, 2005, 201 (1): 12 – 27.

Metzger, M. J. , Leemans, R. , Schroter, D. , "A Multidisciplinary Multiscale Framework for Assessing Vulnerabilities to Global Change", *International Journal of Applied Earth Observation and Geoinformation*, 2005, 7 (4): 253 –267.

Metzger, M. J., Rounsevell, M. D. A., Acosta-Michlik, L., et al., "The Vulnerability of Ecosystem Services to Land Usechange", *Agriculture, Ecosystems and Environment*, 2006, 114 (1): 69 –85.

Olley, G. S., Pakes, A., "The Dynamics of Productivity in the Telecommunications Equipment Industry", *NBER Working Papers*, 1992, 64 (6): 1263 –1297.

Ord, J. K., Getis, A., "Local Spatial Autocorrelation Statistics: Distributional Issues and an Application", *Geographical Analysis*, 1995, 27 (4): 286 –306.

Ord, J. K., Getis, A., "Testing for Local Spatial Autocorrelation in the Presence of Global Autocorrelation", *Journal of Regional Science*, 2001, 41 (3): 411 –432.

O'Brien, M., Holland, T. D., "The Role of Adaptation in Archeological Explanation", *American Antiquity*, 1992, 57: 36 –69.

O'Brien, K., Eriksen, S., Schjolden, A., et al., "What's in a Word? Conflicting Interpretations of Vulnerability in Climate Change Research", *Oslo: CICERO Working Paper*, 2004.

O'Brien, K., Leichenkob, R., Kelkar, U., et al., "Mapping Vulnerability to Multiple Stressors: Climate Change and Globalization in India", *Global Environmental Change*, 2004, 14 (4): 303 –313.

Polsky, C., Neff, R., Yarnal, B., "Building Comparable Global Change Vulnerability Assessments: The Vulnerability Scoping Diagram", *Global Environmental Change*, 2007, 17 (3): 472 –485.

Ray, M., Northam, "Declining Urban Centers in the United States: 1940 – 1960", *Annals of the Association of American Geographers*, 1963, 53 (1): 50 – 59.

Richardson, S., Guihenneuc-Jouyaux, C., "Impact of Cliff and Ord (1969, 1981) on Spatial Epidemiology", *Geographical Analysis*, 2009, 41 (4): 444 – 451.

Rose, A., Krausmann, E., "An Economic Framework for the Development of a Resilience Index for Business Recovery", *International Journal of Disaster Risk Reduction*, 2013, 5: 73 – 83.

Rubinstein, R. Y., Kroese, D. P., *The Cross-Entropy Method*, Springer New York, 2004.

Saaty, T. L., "A Scaling Method for Priorities in Hierarchical Structures", *Journal of Mathematical Psychology*, 1977, 15 (3): 234 – 281.

Saldaña-Zorrilla, Sergio, Omar, *Reducing Economic Vulnerability in Mexico: Natural Disasters, Foreign Trade and Agriculture*, Doctoral thesis, WU Vienna University of Economics and Business, 2006.

Sen, A. K., *Poverty and Famines: An Essay on Entitlement and Deprivation*, Oxford University Press, 1982.

Shannon, C. E., Weaver, W., *The Mathematical Theory of Communication*, The University of Illinois Press, Urbana, 1947.

Simon Kuznets, "Economic Growth and Structure: Selected Essays", *Journal of Political Economy*, 1966 (1): 1 – 12.

Sims, C. A., Goldfeld, S. M., Sachs, J. D., "Policy Analysis with Econometric Models", *Brookings Papers on Economic Activity*, 1982 (1): 107 – 164.

Sims, C. A., "Macroeconomics and Reality", *Econometrica*, 1980, 48

(1): 1 – 48.

Smit, B., Burton, I., Klein, R. J. T., et al., "An Anatomy of Adaptation to Climate Change and Variability", *Climatic Change*, 2000, 45 (1): 223 – 251.

Smit, B. J., Wandel, J., "Adaptation, Adaptive Capacity and Vulnerability", *Global Environmental Change*, 2006, 16 (3): 282 – 292.

Srinivasan, T. N., Sen, A. K., "Poverty and Famines: An Essay on Entitlement and Deprivation", *American Journal of Agricultural Economics*, 1983, 65 (1): 200.

Steward, H. J., *Theory of Culture Change*, University of Illinois Press, 1955: 401 – 402.

Suárez-Lledó, J., "The Black Swan: The Impact of the Highly Improbable", *Academy of Management Executive*, 2011, 25 (2): 87 – 90.

Theil, H., *Economics and Information Theory*, North Holland: Amsterdam, 1967.

Timmerman, P., *Vulnerability, Resilience and the Collapse of Society: A Review of Models and Possible Climatic Applications*, Toronto, Canada: Institute for Environmental Studies, University of Toronto, 1981.

Tobler, W. R., "Lattice Tuning", *Geographical Analysis*, 1979, 11 (1): 36 – 44.

Turner, I. I. B. L., Kasperson, R. E., Matson, P. A., et al., "A Framework for Vulnerability Analysis in Sustainability Science", *PNAS*, 2003, 100 (14): 8074 – 8079.

Turner, I. I. B. L., Matson, P. A., McCarthy, J. J., et al., "Illustrating the Coupled Human-Environment System for Vulnerability Analysis: Three Case Studies", *PNAS*, 2003, 100 (14): 8080 – 8085.

UNISDR, *Living with Risk: A Global Review of Disaster Reduction Initiatives*, *Biomed Central*, 2004.

Vogel, C. , "Vulnerability and Global Environmental Change", *LUCC Newsletter*, 1998, 3: 15 – 19.

Watts, M. J. , Bohle, H. G. , "The Space of Vulnerability: The Causal Structure of Hunger", *Progress in Human Geography*, 1993, 17 (1): 43 – 67.

White, G. F. , *Natural Hazards*, Oxford University Press, 1974.

Young, Stephen, *The Multilateral Investment System and Multinational Enterprises*, Oxford University Press, 2000.

附　　录

附录1　中国经济子系统经济敏感性数据
（1993—2014 年）

年份	经济增长波动幅度（%）	第一产业扰动度	第二产业扰动度	第三产业扰动度	投资扰动度	城乡居民消费支出比	外贸依存度（%）	汇率波动幅度（%）	存贷比	财政赤字率（%）	通货膨胀率绝对值（%）
1993	0.40	0.08	0.10	0.11	0.12	2.71	31.86	0.05	1.11	0.83	7.80
1994	0.35	0.06	0.09	0.10	0.10	2.80	42.16	0.49	0.99	1.19	8.20
1995	0.12	0.04	0.07	0.08	0.09	2.70	39.00	0.03	0.94	0.97	5.64
1996	0.03	0.03	0.06	0.07	0.08	2.49	34.17	0.00	0.89	0.75	7.51
1997	0.04	0.02	0.05	0.06	0.08	2.59	34.17	0.00	0.91	0.74	5.08
1998	0.20	0.01	0.04	0.05	0.07	2.72	31.82	0.00	0.90	1.09	3.50
1999	0.22	0.01	0.04	0.04	0.06	2.93	33.29	0.00	0.86	1.94	0.60
2000	0.14	0.01	0.03	0.04	0.06	2.99	39.57	0.00	0.80	2.51	1.83
2001	0.15	0.01	0.02	0.03	0.05	3.05	38.47	0.00	0.78	2.29	0.30
2002	0.06	0.00	0.02	0.02	0.04	3.29	42.70	0.00	0.77	2.62	1.49
2003	0.03	0.00	0.01	0.01	0.03	3.35	51.86	0.00	0.76	2.16	2.02
2004	0.04	0.01	0.01	0.01	0.02	3.29	59.77	0.00	0.74	1.31	2.67

续表

年份	经济增长波动幅度（%）	第一产业扰动度	第二产业扰动度	第三产业扰动度	投资扰动度	城乡居民消费支出比	外贸依存度（%）	汇率波动幅度（%）	存贷比	财政赤字率（%）	通货膨胀率绝对值（%）
2005	0.16	0.02	0.02	0.01	0.01	3.11	62.98	0.01	0.68	1.23	2.02
2006	0.31	0.03	0.03	0.02	0.01	3.07	64.88	0.03	0.67	0.77	0.29
2007	0.46	0.04	0.05	0.04	0.03	3.10	62.26	0.05	0.67	-0.58	3.25
2008	0.01	0.05	0.07	0.07	0.05	3.07	56.69	0.09	0.65	0.40	1.05
2009	0.05	0.07	0.09	0.08	0.08	3.07	44.23	0.02	0.67	2.28	6.23
2010	0.07	0.08	0.10	0.10	0.12	3.07	50.14	0.01	0.67	1.69	4.03
2011	0.04	0.10	0.13	0.13	0.15	2.90	49.72	0.05	0.68	1.14	2.03
2012	0.21	0.11	0.15	0.15	0.18	2.82	45.81	0.02	0.69	1.59	2.66
2013	0.21	0.13	0.15	0.17	0.22	2.72	44.18	0.02	0.69	1.90	0.02
2014	0.24	0.13	0.16	0.20	0.25	2.38	41.69	0.01	0.72	1.80	0.61

附录2 中国社会子系统经济敏感性数据
（1993—2014 年）

年份	城乡收入比	基尼系数	城镇登记失业率（%）	农村贫困发生率（%）	学龄儿童失学率（%）	居民年住院率（%）
1993	2.80	0.36	2.60	8.25	28.75	8.99
1994	2.86	0.44	2.80	7.70	26.80	8.34
1995	2.71	0.45	2.90	7.10	18.50	7.64
1996	2.51	0.49	3.00	6.25	17.50	6.67
1997	2.47	0.40	3.10	5.40	16.20	5.71
1998	2.51	0.40	3.10	4.60	15.10	4.82
1999	2.65	0.39	3.10	3.70	14.80	3.84
2000	2.79	0.42	3.10	3.50	15.50	3.63
2001	2.90	0.49	3.60	3.20	14.30	3.31

续表

年份	城乡收入比	基尼系数	城镇登记失业率（%）	农村贫困发生率（%）	学龄儿童失学率（%）	居民年住院率（%）
2002	3.11	0.45	4.00	3.00	11.10	3.09
2003	3.23	0.48	4.30	3.10	11.60	3.20
2004	3.21	0.47	4.20	2.80	9.40	2.88
2005	3.22	0.49	4.20	2.50	10.40	2.56
2006	3.28	0.49	4.10	2.30	8.80	2.35
2007	3.33	0.48	4.00	1.60	8.25	1.63
2008	3.31	0.49	4.20	4.20	7.70	4.38
2009	3.33	0.49	4.30	3.80	7.10	3.95
2010	3.23	0.48	4.10	2.80	6.25	2.88
2011	3.13	0.48	4.10	12.70	5.40	14.55
2012	3.10	0.47	4.10	10.20	4.60	11.36
2013	3.03	0.47	4.05	8.50	3.70	9.29
2014	2.97	0.47	4.09	7.20	3.50	7.76

附录3　中国自然—资源—环境子系统经济敏感性数据（1993—2014 年）

年份	自然灾害直接经济损失增长率（%）	能源消费弹性系数	工业废水排放量增长率（%）	工业废气排放量增长率（%）	工业固体废物排放量增长率（%）
1993	-16.51	0.45	-6.14	3.45	-16.81
1994	47.33	0.44	-1.81	4.32	-100.00
1995	-20.14	0.63	2.96	10.28	-65.78
1996	31.91	0.31	-7.21	3.46	-24.62
1997	-38.79	0.06	-8.53	1.96	-8.34
1998	42.48	0.03	6.53	6.90	355.00
1999	-38.59	0.42	-1.66	4.62	-44.95

续表

年份	自然灾害直接经济损失增长率（%）	能源消费弹性系数	工业废水排放量增长率（%）	工业废气排放量增长率（%）	工业固体废物排放量增长率（%）
2000	-5.79	0.42	-1.55	8.94	-17.88
2001	-14.09	0.41	4.51	16.45	-9.17
2002	-19.41	0.66	2.07	8.95	-8.94
2003	-2.80	1.53	2.46	13.49	-26.34
2004	-27.76	1.60	4.17	19.50	-9.22
2005	10.18	0.93	9.93	13.16	-6.07
2006	5.84	0.76	-1.20	23.05	-21.32
2007	-23.94	0.59	2.83	17.27	-8.07
2008	320.96	0.41	-2.02	4.04	-34.67
2009	-80.22	0.57	-3.14	7.97	-9.08
2010	79.65	0.58	1.32	19.06	-29.93
2011	-50.79	0.76	-2.74	29.92	-13.03
2012	20.01	0.51	-4.08	-5.78	-66.72
2013	26.80	0.48	-5.32	5.33	-10.33
2014	-46.57	0.30	-2.12	3.71	-54.06

附录4 中国经济子系统经济适应性数据 (1993—2014 年)

年份	资本生产率	劳动生产率（元/人）	全要素生产率	非财政支出占GDP比例（%）	非国有经济占工业总产值比例（%）	实际利用外资占GDP比例（%）	每万人专利授权数（项/万人）	R&D经费支出占GDP比例（%）	人均GDP（元）	工业增加值占GDP比例（%）	第三产业增加值占GDP比例（%）	居民消费支出占GDP比例（%）
1993	0.72	5341.09	1.07	86.90	53.05	6.34	0.52	5.78	2998.00	46.42	33.61	61.78

续表

年份	资本生产率	劳动生产率（元/人）	全要素生产率	非财政支出占GDP比例（%）	非国有经济占工业总产值比例（%）	实际利用外资占GDP比例（%）	每万人专利授权数（项/万人）	R&D经费支出占GDP比例（%）	人均GDP（元）	工业增加值占GDP比例（%）	第三产业增加值占GDP比例（%）	居民消费支出占GDP比例（%）
1994	0.60	7198.07	1.33	88.02	65.93	7.70	0.36	6.12	4044.00	46.40	33.45	60.45
1995	0.54	8836.63	1.52	88.65	66.05	6.68	0.37	6.92	5046.00	47.68	33.22	61.10
1996	0.51	10230.36	1.65	88.75	63.68	6.46	0.36	6.92	5846.00	47.97	33.07	62.26
1997	0.50	11310.94	1.72	88.31	68.38	6.77	0.41	7.93	6420.00	47.54	34.17	60.96
1998	0.51	11948.74	1.71	87.21	71.76	5.75	0.54	8.11	6796.00	46.21	36.23	61.12
1999	0.53	12560.87	1.69	85.29	71.79	4.86	0.80	9.48	7159.00	45.76	37.77	62.04
2000	0.53	13763.56	1.74	83.99	52.66	4.95	0.83	11.40	7858.00	45.92	39.02	62.00
2001	0.53	15016.12	1.78	82.76	55.57	3.75	0.90	12.09	8622.00	45.15	40.46	61.04
2002	0.53	16318.51	1.80	81.67	59.22	3.78	1.03	13.71	9398.00	44.79	41.47	59.68
2003	0.54	18247.90	1.85	81.85	62.46	3.42	1.41	14.61	10542.00	45.97	41.23	57.20
2004	0.53	21260.41	1.96	82.18	64.76	3.32	1.46	15.94	12336.00	46.23	40.38	54.76
2005	0.53	24390.03	2.02	81.65	66.72	2.83	1.64	17.27	14185.00	47.37	40.51	53.72
2006	0.53	28313.40	2.09	81.31	68.76	2.47	2.04	18.20	16500.00	47.95	40.94	52.29
2007	0.51	34525.30	2.27	81.27	70.46	2.24	2.66	18.24	20337.00	47.34	41.89	49.75
2008	0.51	41560.19	2.39	80.07	71.62	2.11	3.10	19.30	23912.00	47.45	41.82	48.85
2009	0.57	44957.38	2.26	77.62	73.26	1.84	4.36	22.35	25963.00	46.24	43.43	49.65
2010	0.59	52757.74	2.32	77.62	73.39	1.83	6.08	23.11	30567.00	46.67	43.24	48.35
2011	0.58	61908.40	2.43	76.91	73.82	1.61	7.13	24.12	36018.00	46.59	43.37	49.06
2012	0.61	69471.23	2.43	76.41	76.40	1.34	9.27	26.04	39544.00	44.13	43.43	49.14
2013	0.65	75762.46	2.37	75.96	76.71	1.26	9.65	27.35	43320.00	42.81	44.96	50.10
2014	0.70	82073.63	2.30	76.06	77.01	1.16	9.52	27.91	46629.00	42.80	48.38	51.96

附录5　中国社会子系统经济适应性数据
（1993—2014 年）

年份	城镇化率（%）	失业保险人数占就业人数比例（%）	基本养老保险人数占总人口比例（%）	社区服务机构覆盖率（%）	教育经费占GDP比例（%）	卫生总费用占GDP比例（%）
1993	27.46	11.35	8.07	8.30	3.20	4.07
1994	28.51	11.86	8.82	8.84	3.08	3.65
1995	29.04	12.10	9.06	11.04	3.12	3.54
1996	30.48	12.09	9.08	12.70	3.21	3.81
1997	31.91	11.40	9.06	13.52	3.21	4.05
1998	33.35	11.22	8.98	16.20	3.49	4.36
1999	34.78	13.80	9.93	18.00	3.73	4.51
2000	36.22	14.44	10.74	22.37	3.88	4.62
2001	37.66	14.18	11.11	25.50	4.23	4.58
2002	39.09	13.81	11.47	26.90	4.55	4.81
2003	40.53	13.94	12.00	27.52	4.57	4.85
2004	41.76	14.07	12.58	28.53	4.53	4.75
2005	42.99	14.04	13.37	28.70	4.55	4.68
2006	44.34	14.64	14.28	22.70	4.54	4.55
2007	45.89	15.12	15.24	24.70	4.57	4.35
2008	46.99	16.41	16.48	23.70	4.62	4.63
2009	48.34	16.77	17.65	25.60	4.84	5.15
2010	49.95	17.58	19.17	22.40	4.87	4.98
2011	51.27	18.73	21.07	23.61	5.05	5.15
2012	52.57	19.85	58.19	29.50	5.20	5.41
2013	53.73	21.33	60.24	36.90	5.21	5.57
2014	54.77	22.06	61.58	36.90	5.17	5.55

附录6　中国自然—资源—环境子系统经济 适应性数据(1993—2014 年)

年份	每万人次自然灾害救济费（万元/万人次）	能源生产弹性系数	能源加工转换总效率（%）	工业污染源治理投资占工业总产值比例（%）	工业废水排放达标率（%）	工业SO$_2$排放达标率（%）	工业固体废物综合利用率（%）
1993	0.40	0.26	67.32	0.42	54.89	16.41	37.71
1994	0.40	0.53	65.20	0.37	55.54	21.95	43.26
1995	0.97	0.80	71.05	0.34	55.37	24.20	39.14
1996	0.95	0.31	70.19	0.28	59.11	29.77	39.66
1997	0.60	0.03	69.76	0.31	61.84	31.40	42.09
1998	1.17	(0.78)	69.28	0.31	61.40	38.88	41.70
1999	1.01	0.21	69.25	0.37	66.70	46.35	45.60
2000	0.77	0.29	69.04	0.53	76.90	53.83	45.90
2001	1.10	0.80	69.34	0.35	85.20	61.30	52.10
2002	1.06	0.52	69.04	0.35	88.30	70.20	51.90
2003	1.06	1.41	69.40	0.36	89.20	69.10	54.80
2004	1.51	1.43	70.91	0.42	90.70	75.60	55.70
2005	1.54	0.88	71.55	0.52	91.20	79.40	56.10
2006	1.82	0.58	71.24	0.47	90.70	81.90	60.20
2007	2.01	0.46	70.77	0.44	91.70	86.30	62.10
2008	12.76	0.56	71.55	0.36	92.40	88.80	64.30
2009	4.16	0.59	72.01	0.28	94.20	91.00	67.00
2010	5.57	0.78	72.83	0.21	95.30	97.90	66.70
2011	2.97	0.76	72.32	0.20	96.15	98.47	59.80
2012	5.55	0.57	72.43	0.21	96.33	99.03	60.90
2013	2.65	0.31	72.96	0.35	97.00	99.60	62.20
2014	4.05	0.07	73.00	0.37	97.38	99.50	62.10

附录7　多级可拓评价方法的源代码

%将原始数据文件存放在 Excel 中，并将文件命名为 EV_ data. xls。

% 如果采用其他文件名，则需相应地改变 MATLAB 程序。

% 特别提醒，在给 Excel 文件命名时，避免使用中文字符作为文件名，否则易出错。

%% -

clear;

clc;

% -

% 重要变量说明

%R0 存放经典域的上下限的所有数据

%x 存放一个待评对象 n 个特征的数据

%w 存放权重向量，权重用其他方法获得后直接载入

%n 表示特征个数，即评价指标的个数

%m 代表评价类型或者类型的个数

%a 代表经典域下限矩阵

%b 代表经典域上限矩阵

%ap 代表节域下限向量

%bp 代表节域上限向量

%kp 指在考虑指标重要性程度的基础上，待评事物（对象、方案等）各指标关于各类型（或类型）的关联度的组合值

%jstar 指级别变量特征值

disp（´请在弹出来的 Excel 表格中指定经典域´）;

R0 = xlsread（´EV_ data. xls´，−1）;

```
disp（´请从 excel 表格中指定待评价物元的数据´）;

x = xlsread（´EV_ data. xls´, -1）;% 读入一个评价单元的一组数
据, 对应 n 个特征

disp（´请从 excel 表格中指定各指标的权重´）;

w = xlsread（´EV_ data. xls´, -1）;% 读入权重, 权重通过熵权
法方法给出

[n, mm] = size（R0）;     % n 代表特征个数

m = mm/2;                  % m 代表评价类型个数

a = R0（:, 1: 2: end）;% a 代表经典域下限矩阵

b = R0（:, 2: 2: end）;% b 代表经典域上限矩阵

ap = min（R0´）´;        % ap 代表节域下限向量

bp = max（R0´）´;        % bp 代表节域上限向量

for i = 1: n

    for j = 1: m

        % 判断经典域中某区间上下限是否相同

        if a（i, j） = = b（i, j）

            % 指标值与区间上下限相同时, 距为 0

            if x（i） = = a（i, j）

                k（i, j） = 0;

            else

            pp = abs（x（i） - 0. 5 *（ap（i） + bp（i）））-
0. 5 *（bp（i） - ap（i））;

                k（i, j） = abs（x（i） - a（i, j））/（pp -
（abs（x（i） - a（i, j））））;

            end

        else
```

% 指标值落在区间内（含区间端点）时的算法

if（x（i）> = a（i, j）&& x（i）< = b（i, j））

p = abs（x（i）- 0.5 * （a（i, j）+ b（i, j）））-

0.5 * （b（i, j）- a（i, j））;% 计算距（点与经典域区间的距）

k（i, j）= - p/abs（b（i, j）- a（i, j））;

% 计算关联函数（x 值在考察区间内）

else

% 指标值落在区间外时的算法

p = abs（x（i）- 0.5 * （a（i, j）+ b（i,

j）））- 0.5 * （b（i, j）- a（i, j））; % 计算距（点与经典域区间

的距离）

pp = abs（x（i）- 0.5 * （ap（i）+ bp

（i）））- 0.5 * （bp（i）- ap（i））; % 点与节域区间的距离

k（i, j）= p/（pp - p）;   % 计算关联函数

（x 值不在考察区间内）

end

end

end

end

kp = w * k;

% 计算最大的 kp 值以及对应的类别号

[kpmax, j0] = max（kp）;

if kpmax < 0

warning（´所有的 kp 值小于 0´）;

end

% 计算级别变量特征值

```
for j = 1： m
    avkpp （j） = （kp （j） - min （kp）） / （max （kp） - min
（kp）） ;
end
jup = 0;
for j = 1： m
    jup = jup + j * avkpp （j）;
end
jstar = jup/sum （avkpp）;
% 数据的输出代码，默认路径为 MATLAB 的 work 目录，文件名为
EV_ output. xls
% 将 kp 值输出到 EV_ output. xls 第一页 sheet1 从单元格 A2 开始
的区域中
string_ a = ´kp 值´;
xlswrite （´beijings_ output. xls´, string_ a, 1, ´A1´）;
xlswrite （´beijings_ output. xls´, kp, 1, ´A2´）;
% 将 j * 值输出到 EV_ output. xls 第一页 sheet1 中单元格为 A6 的
位置
string_ b = ´j * 值´;
xlswrite （´EV_ output. xls´, string_ b, 1, ´A5´）;
xlswrite （´EV_ output. xls´, jstar, 1, ´A6´）;
% 判断被评价对象属于的类别
string_ c = ［´被评价对象属于类别´, num2str （j0）］;
xlswrite （´EV_ output. xls´, string_ c, 1, ´A8´）;
```

附录8　中国31个省域空间权重矩阵

省域	北京	天津	河北	山西	内蒙古	辽宁	吉林	黑龙江	上海	江苏	浙江	安徽	福建	江西	山东	河南	湖北	湖南	广东	广西	海南	重庆	四川	贵州	云南	西藏	陕西	甘肃	青海	宁夏	新疆
北京	0	1	1	0	0	0	0	0	0	0	0	0	0	0	0	0	0	0	0	0	0	0	0	0	0	0	0	0	0	0	0
天津	1	0	1	0	0	0	0	0	0	0	0	0	0	0	0	0	0	0	0	0	0	0	0	0	0	0	0	0	0	0	0
河北	1	1	0	1	1	1	0	0	0	0	0	0	0	0	1	1	0	0	0	0	0	0	0	0	0	0	0	0	0	0	0
山西	0	0	1	0	1	0	0	0	0	0	0	0	0	0	0	1	0	0	0	0	0	0	0	0	0	0	1	0	0	0	0
内蒙古	0	0	1	1	0	1	1	1	0	0	0	0	0	0	0	0	0	0	0	0	0	0	0	0	0	0	1	1	0	1	0
辽宁	0	0	1	0	1	0	1	0	0	0	0	0	0	0	0	0	0	0	0	0	0	0	0	0	0	0	0	0	0	0	0
吉林	0	0	0	0	1	1	0	1	0	0	0	0	0	0	0	0	0	0	0	0	0	0	0	0	0	0	0	0	0	0	0
黑龙江	0	0	0	0	1	0	1	0	0	0	0	0	0	0	0	0	0	0	0	0	0	0	0	0	0	0	0	0	0	0	0
上海	0	0	0	0	0	0	0	0	0	1	1	0	0	0	0	0	0	0	0	0	0	0	0	0	0	0	0	0	0	0	0
江苏	0	0	0	0	0	0	0	0	1	0	1	1	0	0	1	0	0	0	0	0	0	0	0	0	0	0	0	0	0	0	0
浙江	0	0	0	0	0	0	0	0	1	1	0	1	1	1	0	0	0	0	0	0	0	0	0	0	0	0	0	0	0	0	0
安徽	0	0	0	0	0	0	0	0	0	1	1	0	0	1	1	1	1	0	0	0	0	0	0	0	0	0	0	0	0	0	0
福建	0	0	0	0	0	0	0	0	0	0	1	0	0	1	0	0	0	0	1	0	0	0	0	0	0	0	0	0	0	0	0
江西	0	0	0	0	0	0	0	0	0	0	1	1	1	0	0	0	1	1	1	0	0	0	0	0	0	0	0	0	0	0	0

续表

省域	北京	天津	河北	山西	内蒙古	辽宁	吉林	黑龙江	上海	江苏	浙江	安徽	福建	江西	山东	河南	湖北	湖南	广东	广西	海南	重庆	四川	贵州	云南	西藏	陕西	甘肃	青海	宁夏	新疆
山东	0	0	1	0	0	0	0	0	0	1	0	1	0	0	0	1	1	0	0	0	0	0	0	0	0	0	0	0	0	0	0
河南	0	0	1	1	0	0	0	0	0	1	0	1	0	0	0	0	0	0	0	0	0	0	0	0	0	0	1	0	0	0	0
湖北	0	0	0	0	0	0	0	0	0	0	0	1	0	1	1	1	1	1	0	0	0	1	0	0	0	0	1	0	0	0	0
湖南	0	0	0	0	0	0	0	0	0	0	0	0	0	1	0	0	0	0	1	1	0	1	0	1	0	0	0	0	0	0	0
广东	0	0	0	0	0	0	0	0	0	0	0	0	1	1	0	0	1	1	0	1	1	0	0	0	1	0	0	0	0	0	0
广西	0	0	0	0	0	0	0	0	0	0	0	0	0	0	0	0	0	1	1	0	1	0	0	1	0	0	0	0	0	0	0
海南	0	0	0	0	0	0	0	0	0	0	0	0	0	0	0	0	0	0	0	1	0	0	1	0	0	0	1	0	0	0	0
重庆	0	0	0	0	0	0	0	0	0	0	0	0	0	0	0	0	1	1	0	0	0	0	0	1	0	1	0	0	1	0	0
四川	0	0	0	0	0	0	0	0	0	0	0	0	0	0	0	0	0	0	0	0	0	1	1	1	1	0	0	1	0	1	0
贵州	0	0	0	0	0	0	0	0	0	0	0	0	0	0	0	0	0	1	0	0	0	0	1	0	0	0	0	0	0	0	0
云南	0	0	0	0	0	0	0	0	0	0	0	0	0	0	0	1	1	0	0	0	0	0	0	1	1	1	0	0	1	0	0
西藏	0	0	0	0	1	0	0	0	0	0	0	0	0	0	0	0	0	0	0	0	0	1	0	0	0	0	0	0	0	1	1
陕西	0	0	0	0	1	0	0	0	0	0	0	0	0	0	0	0	1	0	0	0	0	0	0	0	0	0	1	1	1	1	0
甘肃	0	0	0	0	0	0	0	0	0	0	0	0	0	0	0	0	0	0	0	0	0	0	1	0	0	0	1	0	1	1	1
青海	0	0	0	0	0	0	0	0	0	0	0	0	0	0	0	0	0	0	0	0	0	0	0	0	0	0	0	1	0	0	1
宁夏	0	0	0	0	1	0	0	0	0	0	0	0	0	0	0	0	0	0	0	0	0	0	0	0	0	0	1	0	1	1	0
新疆	0	0	0	0	0	0	0	0	0	0	0	0	0	0	0	0	0	0	0	0	0	0	0	0	0	1	0	1	1	0	0

后　记

　　本书是在我的博士学位论文基础上修改润色而成。在南京大学读博的过往岁月，有过离别之痛，有过思念之苦，有过成功的期盼，有过失败的懊恼，有留恋，有取舍，有获得，记录了我人生中最重要的一段旅程。

　　在这样的记忆空间转换中，人和事逐渐清晰。深秋午后的阳光，投在南京大学东北楼的一角，在忐忑不安中得遇人生恩师，有幸忝列翟门。感谢翟国方教授的容纳、接受、激励、敦敦教诲和悉心关怀。在翟门的五年间，恩师一直注重我在学术上的成长，对我进行高屋建瓴的专业指导，不辞劳苦地给我开思路、解方法。记得盛夏时，全体例会后恩师留我探讨小论文的逻辑结构和结论；记得冬日时，恩师多次长时间和我面谈，为我解惑博士学位论文的学科体系、技术路线和框架。在我写博士学位论文坚持不下去时，恩师安排我去巢湖市调研，把宾馆最好的房间留给了我，让我释放压力。恩师在潜移默化中让我获得了春华秋实，博士学位论文顺利通过了盲审，并且我有幸获得了2017 年度教育部人文社科基金项目。恩惠间自责未能达恩师的最大期望，今后只能勤勉自励，不负师恩。希望恩师翟国方教授身体健康，桃李满园。

南京大学"诚朴雄伟，励学敦行"的校训，造就了一批在学术上有信仰与坚守、令我高山仰止的教授，有幸听到他们的指导和教海，对此我深表谢意。他们是建筑与城市规划学院的徐建刚教授、张京祥教授、甄峰教授、罗小龙教授、王红扬教授、尹海伟副教授、何仲禹副教授，地理与海洋科学学院的张捷教授、鹿化煜教授、李满春教授、王腊春教授和已经退休的宗跃光教授。此外，还感谢在学习生活中给予我关心和帮助的地理与海洋科学学院的杨得志老师、季晓敏老师、顾国琴老师。特别感谢参加论文最后答辩指导的南京师范大学杨山教授、东南大学王兴平教授、南京大学徐建刚教授、甄峰教授、江静教授和顾福妹答辩秘书。

在南京大学读博期间，有幸遇见一帮卓越的兄弟姐妹战友，谢谢你们的陪伴、鼓励，他们是孙景荣博士、张凤太博士、李明博士、杨悉廉博士、马金海博士、翟青博士、张玉玲博士、陈炎明博士、杨康博士、吴魏博士、栾海军博士、孙东琪博士等。

翟门温暖的大家庭，成为我一辈子的家。感谢李莎莎师妹的帮助，你的坚强和韧性是我学习的榜样，感谢吴云清教授的指导和帮助，感谢在清华做博士后的范晨璟师弟的帮助，感谢陈伟和靳文博师弟提供宿舍的无私援助，感谢周殊天师妹的英文翻译，感谢施益军师弟和顾福妹师妹答辩的帮助，感谢翟门中每一位的兄弟姐妹们。

母亲已经80岁了，独立，坚强，乐观。感谢我亲爱的妈妈，儿子这些年对您亏欠太多了，儿子多想在家梓之地，每天和您一起包饺子共享天伦。感谢我的双胞胎哥哥、嫂子、姐姐对母亲的照顾和支持，你们在我身后支起了一片天，你们每一个人的孝心让母亲成为了左邻右舍和亲朋好友中的荣光。在读博期间，我没能够陪女儿一起长大，希望她能快乐幸福成长，在今后她的人生中有我更多的陪伴。

特别感谢西北民族大学的尹伟先教授，是他让我这本拙作不断得以完善，能够顺利付梓出版。感谢西北民族大学经济学院的才让加院长、梁红绪书记、邓艾教授、祁永安教授、常青教授，以及我的硕士导师西北师范大学韩建民教授的指导和支持。在本书的写作过程中，我还得到赵永平、马子量、刘宏霞、王超、曹颖轶等老师的有益建议，衷心感谢他们。

感谢相关领域各位专家前期所做的重要研究。《诗经·小雅·鹤鸣》中"他山之石，可以攻玉"。在本书的写作过程中，我检索和参阅了大量国内外专家关于经济脆弱性方面的研究成果，这些丰硕的成果为本书的写作打下了厚实的基础，成为启发我思考和创作的学术源泉。本书中对于引用的研究成果和参考文献进行了逐一标注，若疏于遗漏，敬请专家批评指正。

最后，感谢出版单位的编辑老师的辛苦付出和意见。

本书的写作已完成，学术的前行道路将伴我不断成长。谢谢我的西北民族大学，谢谢我的南京大学，谢谢在我人生不同阶段每一个帮助我的人，我将不辜负期望，继续前行。由于本人学术水平和文献资料有限，书中难免存在不足之处，敬请专家批评指正。

任崇强

2020 年 3 月于兰州